Beth Kempton
Tu, was du liebst!

BETH KEMPTON

TU, WAS DU LIEBST!
... UND LEBE
SELBSTBESTIMMT
UND FREI

Aus dem Englischen von
Carina Tessari und Ulrike Kretschmer

Allegria

Die Originalausgabe erschien 2017 unter dem Titel
Freedom Seeker: Live More. Worry Less. Do What You Love
im Verlag Hay House.

MIX
Papier aus verantwor-
tungsvollen Quellen
FSC
www.fsc.org
FSC® C083411

Allegria ist ein Verlag der Ullstein Buchverlage GmbH

ISBN: 978-3-7934-2313-3

© der deutschen Ausgabe 2017 by Ullstein Buchverlage GmbH, Berlin
© der Originalausgabe 2017 by Beth Kempton
All Rights Reserved.
Übersetzung: Carina Tessari (S. 9–220),
Ulrike Kretschmer (S. 221–331)
Lektorat: Barbara Krause
Illustrationen: Liam Frost
Umschlaggestaltung: zero-media.net, München
Gesetzt aus der Minion
Satz: Keller & Keller GbR
Druck und Bindearbeiten: CPI books GmbH, Leck
Printed in Germany

Für Sienna und Maia
Möget ihr immer frei fliegen

Inhalt

Vorwort

Früher war Freiheit etwas für mich, das die Welt erobern wollte, mit im Fahrtwind wehenden Haaren, das Autoradio voll aufgedreht.

Ich stellte sie mir als Abenteurerin vor, als neugierig und gefühlvoll, als jemand, die ständig Neues entdecken wollte und immer auf der Suche nach dem Schönen war. Die mit Blumen im Haar und den Taschen voller Sternenstaub glücklich durch ferne Länder streifte. Die Wunder zum Frühstück verputzte und Adrenalin zum Mittagessen vernaschte. Abenteuer waren für sie wie die Luft zum Atmen. Selbstverständlich. Unentbehrlich.

Ich war zwanzig. Und hatte ein gesundes Selbstvertrauen. Freiheit war meine unerschrockene Reisegefährtin auf meiner aufregenden Jagd durchs Leben.

Wenn ich heute zurückschaue, weiß ich nicht mehr genau, wann unsere Wege sich trennten. Wir hatten keine Krise, und sie war auch nicht von heute auf morgen einfach weg. Sie verschwand vielmehr jeden Tag ein Stück mehr aus meinem Bewusstsein, bis ich eines Tages feststellte, dass sie nicht mehr da war.

Seitdem bin ich auf der Suche nach ihr.

Wo ist sie, wenn wir heiraten, Eltern werden, uns zu einem Rädchen im alltäglichen Getriebe entwickeln? Wenn uns der Karrieredruck auffrisst? Oder die Bedürfnisse von Kindern alles auf den Kopf stellen? Wenn uns Geldsorgen plagen und der Druck immer größer wird? Wenn wir ernsthaft krank werden oder miterleben, wie andere leiden?

Wo ist sie, wenn uns die Stimme in unserem Kopf sagt, dass unsere Träume eine Nummer zu groß für uns sind oder dass es zu spät dafür ist? Wenn wir von den Menschen, die uns nahestehen, zu hören bekommen, dass man mit Leidenschaft keine

Rechnungen bezahlen kann? Und überhaupt, wie kommen wir eigentlich dazu, solche Träume zu haben?

Was ist, wenn uns Abenteuer wie ein Luxus aus ferner Vergangenheit vorkommen? Und uns der Gedanke, das zu tun, was wir lieben, egoistisch und unrealistisch erscheint? Wo ist sie dann, die Freiheit?

Viele von uns bauen sich ein Leben auf, in dem Freiheit keinen Platz findet. Wir stopfen unsere Tage mit Arbeit voll, unsere Ohren mit Lärm und unsere Schränke mit Dingen. Wir laden uns Sorgen auf, Schulden, Verpflichtungen, den Kummer unserer Mitmenschen. Wir stellen Vermutungen an und laufen blind Trends hinterher. Wir halten uns viel zu oft an die Regeln.

Wir jagen genau dem Erfolg nach, der uns letzten Endes im Weg steht. Das, was wir dachten zu wollen, macht uns in Wirklichkeit nicht glücklich. Statt auf uns selbst zu hören, hören wir viel zu oft auf die falschen Menschen.

Dieses Buch ist das Ergebnis einer jahrelangen Suche nach meiner alten Freundin Freiheit, durch mein alles veränderndes Eheleben hindurch, die Widrigkeiten des Mutterseins und den Druck der Selbstständigkeit.

Und was soll ich sagen: Ich habe die ganze Zeit am falschen Ort gesucht.

Freiheit ist etwas, das wir in uns finden. In der Art, wie wir lachen, und der Art, wie wir lieben. In den Wahrheiten, nach denen wir leben, und den Geschichten, zu denen wir werden. Sie ist ein leichtes Herz, ein klarer Kopf, ein freundliches Lächeln. Sie streift durch unseren Geist und nährt die tiefsten Sehnsüchte unserer Seele.

Sie ist ich. Ich bin sie.

Aber die Sache ist die: Manchmal will es das Leben, dass wir in zwei Hälften geteilt werden. Der eine Teil gerät in einen Käfig – sitzt fest hinter Gitterstäben aus Schuld, Sorge, Verpflichtung,

Erschöpfung und vielem mehr. Die gute Nachricht ist, dass der andere Teil von uns immer frei ist, auch wenn es sich nicht so anfühlt. Das Entscheidende ist, zu erkennen, wenn wir in einer Falle sitzen, und zu wissen, wie wir wieder herauskommen, ganz gleich, was das Leben für uns bereithält.

Vielleicht gelingt es uns ja, dem einen Käfig zu entfliehen, nur um dann festzustellen, dass wir bereits im nächsten sitzen. Dieser Kreislauf von Eingesperrtsein und Entfliehen ist ein ganz natürlicher Prozess, etwas, woran wir Menschen reifen. Jedes Mal, wenn wir in einen Käfig geraten und uns wieder daraus befreien, lernen wir etwas dazu, wachsen wir ein Stück. Allerdings ist die Gefangenschaft kein Zuckerschlecken und der Geschmack von Freiheit so viel süßer.

Wann immer du das Gefühl hast, in einem Käfig zu sitzen, soll dir dieses Buch dabei helfen, dein freies Ich ausfindig zu machen und den Weg zurück zu dir als Ganzes zu finden. Es liegt in unserer Hand, nach Freiheit zu suchen. Es liegt in unserer Hand, sie zu finden. Es liegt in unserer Hand, ihr Gründe dafür zu geben, zu bleiben.

*Sich frei zu fühlen liegt in unserer Hand,
zu jeder Zeit, in jedem Alter.*

Dieses Buch soll dich daran erinnern, wie es sich anfühlt, frei zu sein, und es hält viele praktische Hilfsmittel bereit, mit denen dir die Flucht aus deinem Käfig gelingen kann.

Wie du habe auch ich nach Freiheit gesucht, und ich wünsche dir, dass du findest, was immer du brauchst, um dich zu befreien.

Lass uns zusammen in dieses Abenteuer aufbrechen und den Weg nach Hause finden.

Kapitel 1

Gefangen im Käfig:
Befreie dich

Ich weiß, wie es sich anfühlt, frei zu sein, und wenn ich in der Falle sitze, kommen die Erinnerungen daran wie von selbst …

⁓

Ich hielt es keine Viertelstunde auf dem Pferd aus. Bei jeder noch so sanften Biegung, die der Gebirgspfad machte, hatte ich das Gefühl, vom hin- und herschwingenden Rücken des edlen Rosses zu kippen, das man mir geliehen hatte, und über den Felsrand in die Tiefe zu stürzen.

Mein Magen kämpfte noch immer mit dem stark gewürzten Yak-Curry, in dessen Genuss ich am Vorabend völlig überraschend mit dem Prinz von Bhutan gekommen war. Während ich abstieg und mich daranmachte, den Rest des Aufstiegs zum heiligen Tigernest-Kloster zu Fuß zu meistern, dachte ich über meine völlig surreale Begegnung mit dem Königshaus nach.

Auf Einladung meines alten Freundes Hidetoshi Nakata war ich in das Land des Donnerdrachens gereist. Er ist ein kluger, liebenswerter, Italienisch sprechender Japaner, und obendrein

ein ziemlich berühmter Fußballspieler. Ich war einst seine Eng-
lischlehrerin, aber das ist eine andere Geschichte.

Die Bhutaner lieben Fußball. Junge Mönche raffen ihre alten
Gewänder hoch, um im Schatten jahrhundertealter Klöster auf
dem sandigen Boden zu kicken. Kinder spielen an Straßenecken,
Hemden dienen ihnen als Torpfosten. Taxifahrer halten einen
Moment inne, bevor sie einem das Wechselgeld geben, um zu
fragen: »Kennen Sie David Beckham?« Mit einem der bekann-
testen Sportler Asiens durch Bhutan zu reisen hielt folglich die
ein oder andere Überraschung bereit.

Das reiterlose Pferd war mit meinem Guide namens Namgay
schon weitergezogen, und ich blieb einen Moment allein an der
Bergkante stehen und atmete tief durch. Feiner Nebel lag über
den Reisfeldern des Paro-Tals fast eintausend Meter unter mir.
Vor mir erstreckte sich ein weites Nichts: nichts als die endlose
Weite eines leicht verschleierten Himmels und ein paar Wolken,
die auf den Schultern des Klosters thronten. Die weißen Tempel-
gebäude klammerten sich an den Berghang, Gebetsfahnen tän-
zelten über dem Bergeinschnitt wie ein geübter Seiltänzer.

Es war still hier oben. Und hoch. So hoch. Der Nebel stieg
immer weiter auf und kam mir so nah, dass ich ihn regelrecht
schmecken konnte. Der Legende nach war Guru Rinpoche vor
1300 Jahren auf dem Rücken einer Tigerin hier hinaufgeflogen
und hatte drei Jahre lang in einer Höhle meditiert, bevor er den
Bhutanern den Buddhismus brachte. Ich hatte keinen Zweifel
daran. Ich erwartete fast, dass jeden Moment die Tigerin aus
einer der Höhlen trotten, sich die Tatzen lecken und wieder da-
vonschleichen würde.

Dieser heilige Ort, dieses Kloster im Himmel, nahm mich gefangen. Und dennoch fühlte ich mich so leicht wie die Gebetsfahnen, die im Wind flatterten. Es lag ein Zauber in der Luft,

und ich hatte das Gefühl, als würde ich den Atem der fliegenden Tigerin selbst einatmen.

Dieses Gefühl von Freiheit war so kostbar und verheißungsvoll wie eine Offenbarung.

Acht Jahre später ist es genau das Bild dieses Mädchens, das mir in den Kopf schießt, als ich auf meinem Schlafzimmerboden zusammenbreche, erschöpft, tränenüberströmt, mit bebenden Schultern, ein Häufchen Elend. Mein Baby weint, das Kind in meinem Bauch tritt, meine Jeans spannt und ich bin völlig unvorbereitet auf den Vortrag, den ich später an diesem Abend halten soll. Alles, was ich will, ist, zurück ins Bett zu kriechen und tagelang zu schlafen.

Ich erinnere mich, damals aus einer Laune heraus nach Bhutan geflogen zu sein. Ich hatte eigentlich vorgehabt, beruflich nach Indien zu fliegen, als mein Freund Hide mir sagte, dass er gerade das alte Königreich besuchte. Ich weiß noch, dass ich es ziemlich cool fand, als Seine Königliche Hoheit Prinz Jigyel Ugyen Wangchuck plötzlich zum Abendessen auftauchte, aber ich bin mir nicht sicher, ob mir bewusst war, wie ungewöhnlich es war, dass wir den ganzen Abend über unser Liebesleben, Mode und Angeln plauderten und uns zum Abschied umarmten, was komplett gegen das Protokoll verstieß.

Durch meine Tränen hindurch sehe ich den heiligen Berg, sehe Nebel auf eine kleine Gestalt herabsinken, deren Augen vor Freude leuchten, deren Herz sich öffnet und von Wundern erfüllt wird. Wer ist sie, diese mutige, fröhliche Abenteurerin, die gerade mit dem Bruder des Drachenkönigs zu Abend gegessen hat?

Dann noch mehr Erinnerungen …

Wer ist dieses Mädchen, das in einem Waggon voller chinesischer Händler beladen mit Kronleuchtern in der Transsibirischen Eisenbahn reist? Dieses lachende Geschöpf, das in Flipflops auf der Chinesischen Mauer herumspaziert, weil es vor lauter Eile, den Bus zu erwischen, seine Wanderschuhe vergessen hat? Wer ist diese Naturliebhaberin, die Gin Tonic auf Eis trinkt, das sie von einem Eisberg in der Antarktis gekratzt hat, während um sie herum ein Buckelwal durchs Wasser tollt? Diese arglose Sternguckerin, die in der Silvesternacht den Mondaufgang über der Sahara bestaunt? Diese impulsive Abenteurerin, die mit jedem redet, überall hinreist, alles ausprobiert?

Das, ihr Lieben, bin ich, bevor meine ganze Welt auf diesen Schlafzimmerboden zusammengeschrumpft ist. Es fühlt sich nicht gut an, das zu sagen. Ich habe ein schlechtes Gewissen, so etwas überhaupt nur zu denken. Mir ist bewusst, dass ich egoistisch und undankbar klingen muss, aber es ist die Wahrheit, und wenn alles um einen herum zusammenbricht, dann ist die Wahrheit das Einzige, was bleibt.

In dem tagtäglichen Chaos von Windeln wechseln, kleinkindlichen Trotzanfällen und beruflichen Abgabeterminen weiß ich manchmal kaum mehr, wer dieses Mädchen auf dem Berg ist. Ja, ich schaue in den Spiegel und weiß noch nicht einmal, wer die Frau da mir gegenüber ist, mit dieser tiefen Furche auf der Stirn, den dunklen Ringen unter den Augen und den überschüssigen Pfunden, die einfach nicht weniger werden wollen. Immerhin, ich habe mir heute die Haare gewaschen.

Aber jetzt, Klarheit. Ich mache mir bewusst, dass es an mir ist. Es liegt in meiner Hand, und dieser Vogel, der da im Käfig sitzt, will frei sein und fliegen.

Eine Einladung

Dieses Buch ist eine Einladung, in allen Bereichen deines Lebens nach Freiheit zu suchen. Es soll dir dabei helfen, mehr zu leben, dich weniger zu sorgen und einen Weg zu finden, jeden einzelnen Tag das zu tun, was du liebst. Klingt einfach? Ist es auch, in gewisser Weise, doch wenn man mit gebrochenen Flügeln in einem Käfig sitzt, kann einem Freiheit wie ein tief vergrabener, unerreichbarer Schatz erscheinen. Ich weiß das, weil ich selbst in einem Käfig gesessen habe. Mehr als einmal.

Zuallererst möchte ich, dass du etwas weißt: Du bist nicht allein. Überall auf der Welt gibt es Menschen, die genauso empfinden. Viele, sehr viele Menschen haben das Gefühl zu ersticken, fühlen sich schuldig, lethargisch und verletzt. Ich sehe es in den Augen fremder Menschen auf der Straße, höre es zufällig aus Gesprächspausen heraus, spüre es in den Worten von Freunden und beobachte es in den Einträgen meiner Online-Community.

Tief in uns wissen wir alle, dass wir ein Recht auf Freiheit haben. Trotzdem fühlen sich Millionen von uns alles andere als frei. Wir fühlen uns gefangen in unseren Beziehungen und Lebensumständen, eingesperrt aufgrund des gesellschaftlichen Drucks, aufgrund unserer finanziellen Situation, unseres Bildungsstands, der Erwartungen an uns selbst, der Erwartungen von außen, unserer Überzeugungen, Zweifel und Ängste.

Wir lassen es zu, mit angezogener Handbremse durchs Leben zu gehen. Einzeln betrachtet ist das traurig. Gesamtgesellschaftlich gesehen ist es eine unglaubliche Verschwendung von Potenzial. Zusammen wollen wir das ändern. Indem wir den Mut und das Selbstvertrauen finden, unseren Käfigen zu entfliehen und zu leuchten, helfen wir anderen, das Gleiche zu tun.

Was meine eigene Geschichte angeht, so erlebte ich keinen dramatischen Absturz. Ich war nicht an einem absoluten Tiefpunkt angekommen. Ich hatte vielmehr nach und nach die Freude in meinem Leben verloren, habe mich dieser Entwicklung entgegengestellt und wieder zu mir selbst gefunden, zu meinem heutigen Ich, verliebt in das Leben, das ich führe.

Ich werde aber auch die Geschichten von Menschen erzählen, denen die Käfigtüren regelrecht vor der Nase zugeknallt wurden, die vor Dunkelheit fast den Verstand verloren hätten, sodass ihnen gar keine andere Wahl blieb, als zu entfliehen. Ihre Suche nach Freiheit hat ihnen das Leben gerettet.

Ganz gleich, mit welcher dieser Geschichten du dich identifizierst, jede einzelne wird dir etwas Wertvolles und Lehrreiches zu bieten haben. Ich hoffe, dass sie dir aufzeigen werden, dass es in Ordnung ist, nicht zu wissen, was genau die Zukunft bereithält, aber dass es in deiner Macht liegt, aktiv an ihrer Gestaltung mitzuwirken.

In der Falle

Du liest dieses Buch, weil du im Grunde deines Herzens weißt, dass da draußen eine größere Version deines Lebens auf dich wartet. Eine freiere Version. Was immer der Grund ist, weshalb du in der Falle sitzt, zusammen holen wir dich da raus.

Das Gegenteil von Glück ist nicht zwangsläufig Unglück. Es kann eine unbestimmte Düsterkeit sein, die sich nicht näher bestimmen lässt. Ein dumpfes Grollen, wo einst Lachen war. Es ist schwer, dieses Gefühl in Worte zu fassen, da wir nur selten darüber sprechen.

In einer Welt, in der wir statistisch gesehen zu den wahrlich Privilegierten gehören, sagt man nicht gern laut, dass man sich eingesperrt fühlt. Du weißt, was dann kommt. »Warum jammerst du ständig über deinen Job? Du hast wenigstens einen.« »Warum beschwerst du dich ständig über deinen Partner? Du hast wenigstens einen.« Wir vergleichen uns mit anderen, gehen davon aus, dass es besser ist, etwas zu haben, als es nicht zu haben, lassen zu, dass unsere echten und berechtigten Sorgen von diesem einen kleinen Wort herabgesetzt werden: »wenigstens«.

Natürlich müssen wir dankbar sein, aber es ist gefährlich, für die falschen Dinge dankbar zu sein oder aus den falschen Gründen. Wenn wir uns eingesperrt fühlen, sollten wir nicht anfangen, uns für die schützenden Gitterstäbe zu bedanken. Stattdessen sollten wir dankbar für die Lücken zwischen den Stäben sein, durch die wir sehen können, was auf der anderen Seite liegt.

Wir träumen davon, unserem Käfig zu entfliehen, hinauszufliegen und uns frei und glücklich durch die Lüfte zu bewegen. Doch oft fehlt uns die Kraft, das umzusetzen. Wir wissen, dass wir etwas ändern müssen, aber wir fühlen uns so abgekoppelt von unserem freien Ich, dass wir nicht einmal wissen, was wir eigentlich wollen. Dieses Buch ist eine Einladung, diese Gedanken und Gefühle näher zu beleuchten, um einen Weg hinauszufinden.

Sich zu befreien ist ein Prozess, kein Wundermittel. Der Weg aus dem Käfig hinaus ist nicht immer einfach. Aber er ist wichtig, und er ist nötig, denn nur so werden wir uns wieder lebendig fühlen. Es ist ein langer, mitunter unbequemer Weg, doch wir werden ihn zusammen gehen.

Ich habe jede Seite dieses Buches gelebt. Beim Schreiben habe ich getanzt, gelacht und geweint, bin gestolpert und gestürzt, geschrumpft und gewachsen, bin Tausende Kilometer gereist, habe mich mit fremden Menschen ausgetauscht, tief in mich hineingeblickt und meine eigenen Geschichten wiederentdeckt. Ich habe meine Mitte gesucht und bin gescheitert, viele Male.

Ich habe gegen den Lärm angeschrien und die Stille genossen. Ich bin der Sonne gefolgt, habe den Mond angeheult und mich bei den Sternen bedankt. Ich habe mit Hunderten Frauen und vielen Männern gesprochen, und sie alle haben mir Geschichten erzählt, die ich nie vergessen werde.

Ich hoffe, dass ich die besten von ihnen zusammengetragen habe, die eindringlichsten Lehren und inspirierendsten Erzählungen, um dir zu zeigen, wenn ich das schaffe und wenn sie das schaffen, dann schaffst du das auch.

Ich habe mich beim Schreiben dieses Buches so lebendig und geerdet gefühlt wie seit Jahren nicht mehr. Ich hoffe, dass auch du beim Lesen und beim Umsetzen der Übungen einen Weg findest, den Zauber, das Geheimnis und die Schönheit deines eigenen Lebens zu spüren, ganz egal, wo du bist, wie alt du bist oder wer du bist.

Was ist Freiheit eigentlich?

Während meiner zwanzigjährigen Suche nach Freiheit bin ich zu folgender Erkenntnis gelangt: Freiheit bedeutet, bereit und in der Lage zu sein, seinen eigenen Weg zu wählen und sein Leben als sein wahres Ich zu erleben.

Ganz gleich, in welche Umstände wir hineingeboren werden, wo wir leben oder woran wir glauben, uns allen ist die Fähigkeit gegeben, uns frei zu fühlen. Warum? Weil es Teil unseres Wesens ist, genau wie auch die Liebe unser Wesen ausmacht.

Im Laufe unseres Lebens finden wir uns jedoch in schwierigen Situationen wieder, und manchmal übernehmen unsere Reaktionen darauf die Führung. Je mehr wir uns einer bestimmten Situation widmen, desto stärker ergreift sie Besitz von uns. Die Gedanken, die wir uns darüber machen, unsere emotionale Reaktion darauf und die Geschichten, die wir uns darüber einreden – das alles nimmt irgendwann überhand, verwandelt sich schließlich in Gitterstäbe und schließt uns ein. Die gute Nachricht ist, wenn der Weg in den Käfig hinein in unserer Hand liegt, dann auch der Weg aus dem Käfig hinaus.

Wir können die Situation, in der wir uns befinden, nicht immer verändern, aber wir können die Art und Weise verändern, wie wir darauf reagieren.

Dieses Buch widmet sich unserer persönlichen Freiheit, nicht der Freiheit, die uns das Grundgesetz garantiert. Das ist ein wichtiger Unterschied. Freiheit per Gesetz bedeutet, frei zu SEIN. Freiheit, wie sie in diesem Buch behandelt wird, bedeutet, sich frei zu FÜHLEN, und die einzige Erlaubnis, die wir dazu brauchen, geben wir uns selbst.

Übungen

Jedes Kapitel in diesem Buch enthält Übungen, die dir dabei helfen sollen, die jeweiligen Ideen noch besser zu verstehen und auf deinem eigenen Weg einen Schritt weiterzukommen. Halte die einzelnen Schritte am besten in einem Notizbuch fest. Du wirst rückblickend verblüfft sein, wie weit du gekommen bist.

In manchen Übungen wirst du aufgefordert sein, tief in dich hineinzusehen. Tue das ganz in Ruhe und konzentriere dich auf das, was du wirklich sagen willst. Gehe nicht zu hart mit dir ins Gericht. Wenn eine Übung zu schmerzhaft ist, komme später darauf zurück oder hole dir Unterstützung, aber höre nicht auf zu lesen. Es kann sich etwas verändern, wenn die Worte eindringen.

Vor allem aber sei ehrlich. Niemand beobachtet dich. Du tust das für dich. Du schaffst das.

Übung 1
Entschlossenheit zeigen

Schreibe den untenstehenden Text ab, dann datiere und unterschreibe ihn. Wenn du möchtest, mache ein kleines Kunstwerk daraus und hänge es an die Wand, an einen Platz, wo du es jeden Tag siehst oder lade dir eine englischsprachige Vorlage unter www.bethkempton.com/flyfree herunter.

Ich bin auf der Suche nach Freiheit, und es liegt in meiner Hand.

Ich bin bereit und in der Lage, meinen eigenen Weg zu finden.

Ich bin entschlossen, mein Leben als mein wahres Ich zu erleben.

Die Wahrheit über das Entfliehen

Das Bild vom Vogel, der aus einem Käfig entflieht, ist vermutlich DAS Symbol für die Angst und den Mut des Menschen, seit es Vogelkäfige gibt. Für mich jedoch greift die Metapher zu kurz. Sie legt lediglich ein drinnen oder draußen nahe, Käfig oder nicht Käfig, gefangen oder frei. Aber so funktioniert es nicht.

Wir sind nicht entweder ängstlich oder mutig, wir sind für gewöhnlich beides. Wir entfliehen nicht plötzlich einem Käfig. Wir sind uns anfangs vielleicht nicht einmal bewusst, dass es ihn gibt, und wenn wir die Gitterstäbe schließlich bemerken und die Tür öffnen, wissen wir oft überhaupt nicht, wo wir hinsollen. Diese unendliche Weite jenseits der Tür kann bedrohlich sein. Manchmal saßen wir so lange in dem Käfig, dass es sich sicherer anfühlt, drinnen zu bleiben.

Dieses Buch wird dich zu deiner Käfigtür hinauslotsen und dazu ermutigen, dich kopfüber ins Leben zu stürzen. Und was noch wichtiger ist, es wird dich beknien, diese Erfahrung als dein wahres Ich zu machen, unverstellt und frei von allem.

Gemeinsam werden wir außerdem herausfinden, warum so viele von uns überhaupt in die Falle geraten. Wir werden die gesellschaftlichen Normen und Annahmen daraufhin beleuchten, was »das Beste für uns« ist, und wir werden hinterfragen, warum uns diese Dinge nicht glücklich machen. Ich möchte, dass du dich ganz bewusst entscheidest, zu tun, was du willst, statt immer nur zu tun, was man von dir erwartet oder was du glaubst, tun zu »müssen«.

Bitte nimm dir Zeit und schaffe Platz in deinem Leben für dieses Buch, denn es gibt keinen besseren Grund, morgens aufzustehen, als den Tag mit dem zu verbringen, was du liebst, und keinen schöneren Grund, als dich frei zu fühlen.

Hinterfrage alles. Durchbrich den Status quo. Vergiss den Status quo und fange noch einmal von vorn an, wenn es das ist, was du brauchst. Brich die Regeln. Mache eigene Regeln. Vergiss alle Regeln. Das ist deine Reise.

Vergiss niemals, es liegt in deiner Hand.

Finden wir jemals wirklich, wonach wir suchen, oder ist der Weg das Ziel? Das, meine Lieben, gilt es herauszufinden.

Sich auf die Suche nach Freiheit zu begeben ist ein großes Projekt. Es verlangt Mut. Aber es kann dir das Leben retten.

Warum ich?

Es ist wohl Ironie des Schicksals, dass wir uns oft genau von den Dingen eingesperrt fühlen, die unser größtes Geschenk sind: Familie, Kinder, Beziehungen, Karrierechancen, Erfolge.

Während meiner eigenen Reise habe ich gelernt, wie es möglich ist, dem Käfig zu entfliehen, ohne diese Dinge zu opfern.

Ich bin eine ganz normale Frau aus einer ganz normalen Familie, aber ich habe das große Glück, einige außergewöhnliche Erfahrungen machen zu dürfen, weil ich mich entschieden habe, nach Freiheit zu suchen. Und so hat alles angefangen, damals vor über zwanzig Jahren, als ich meinem ersten Käfig entflohen bin – eine Erfahrung, die mein restliches Leben prägen sollte.

~

Ich war siebzehn, und während die meisten meiner Altersgenossen im Pub saßen, Cider tranken, sich an ihre gefälschten Personalausweise klammerten und über die neueste Indie-Band quatschten, segelte ich auf einem Boot durch den Golf von Biskaya und hatte ein Aha-Erlebnis.

Bis zu diesem Tag war ich ein wissbegieriger, fleißiger Teenager, der sich allerdings noch nie weit von zu Hause fortgewagt hatte. Man könnte auch sagen, ich war eine Streberin, die den coolen Kids regelmäßig die Mathehausaufgaben zuschob, in der Hoffnung, die Mittagspause mit ihnen verbringen zu dürfen. Ich war eine Einserschülerin und auf dem besten Weg, VWL in Cambridge zu studieren. Nicht weil ich irgendeine Art von Genie war, sondern weil ich viel lernte und sowohl ein gutes Gedächtnis als auch ein Händchen für Prüfungsfragen hatte.

Nach dem Studium wollte ich Wirtschaftsprüferin werden, da man mir sagte, dass ich nach beruflicher Sicherheit und guter Bezahlung streben sollte. Alles war genau vorgezeichnet. Meine

Eltern und Lehrer bestärkten mich in meinen Plänen, da sie glaubten, es sei genau das Richtige für mich. Fairerweise muss ich sagen, dass ich damals wirklich dachte, es wäre das, was ich wollte. Ich sah die schicken Autos und Kostüme vor mir. Mir gefiel die Vorstellung von einer Visitenkarte mit einer eindrucksvollen Berufsbezeichnung und einem namhaften Firmenlogo. Ich stellte mir vor, wie ich um die Welt jettete, um Mandanten zu treffen, in piekfeinen Hotels abstieg und in angesagten Restaurants zu Abend aß.

Ich hatte das Ganze zweifellos nicht bis zu Ende gedacht, denn heute weiß ich, dass das tatsächliche Tagesgeschäft eines Wirtschaftsprüfers absolut nicht zu mir gepasst hätte. Aber es gab genug Menschen, die mir gut zuredeten, und genug gute Gründe, um an meinem »Plan« festzuhalten.

Dann bot sich mir die Gelegenheit, auf einem Segelschulschiff an der Regatta »The Cutty Sark Tall Ships' Race« von Großbritannien nach Spanien teilzunehmen. Ich finanzierte die Reise mit meinen Ersparnissen, die ich mir mit endlosem Autowaschen und Benefizschwimmen verdient hatte. Ich war erst einmal im Ausland gewesen und noch nie von meinen Eltern getrennt, die Reise war also ein enorm großer Schritt für mich.

Der Golf von Biskaya galt als gefährlich, was ich ziemlich aufregend fand, und ich verfasste sicherheitshalber ein Testament, das ich vor meiner Abfahrt in meinem Schreibtisch versteckte. Mein älterer Bruder sollte meinen Walkman von Sony bekommen. Mein jüngerer Bruder mein Fahrrad.

Nach ein paar Tagen und langen Nachtwachen auf See, das Wetter hatte es mitunter ganz schön in sich, klarte der Himmel auf, und wir segelten in ein nahezu windstilles Gebiet. Ich saß allein am Ruder, während die anderen unter Deck schliefen oder auf dem Vordeck faulenzten. Ich hatte das Gefühl, den ganzen

Ozean für mich allein zu haben, meine einzige Gesellschaft war eine muntere Gruppe von Delfinen. Während sie um den Bug herumtollten, sah ich aufs Meer hinaus und stieß einen tiefen, zufriedenen Seufzer aus. Die Sonne schien, und um mich herum war nichts als Weite. Es war, als hätte ich jahrelang den Atem angehalten und jetzt das erste Mal wieder ausgeatmet.

Drei Gedanken trafen mich in diesem Moment wie ein Blitz:

1. Ich wollte keine Wirtschaftsprüferin werden.

2. Ich hatte absolut keine Ahnung, was ich mit meinem Leben anfangen wollte (und fand das ziemlich aufregend).

3. Ich wollte mich für den Rest meines Lebens so fühlen wie in diesem Moment.

Wie fühlte ich mich in diesem Moment? Ich war glücklich. Ich fühlte mich zutiefst mit der Erde verbunden, reichte weit über mich hinaus, war Teil der Wellen, des Himmels und der Schönheit, die alldem innewohnte. Ich fühlte mich dazu berufen, die Welt zu entdecken. Ich war da draußen und tanzte mit den Delfinen. Ich fühlte mich frei.

In diesem Moment wusste ich, dass ich ein Leben voller Abenteuer wollte. Die Erkenntnis war erschreckend und elektrisierend zugleich. Ich hatte mir ein konkretes Bild davon gezeichnet, wonach ich dachte, streben zu müssen, und hatte jahrelang daran festgehalten. Doch in diesem einen Moment der Klarheit wurde mir bewusst, dass ich mich gründlich geirrt hatte.

Es war, als wären die Sonnenstrahlen auf meinen Käfig geprallt und hätten Gitterstäbe zum Vorschein gebracht, die bisher unsichtbar gewesen waren. Ich hatte mir einen Käfig aus Erwartungen, Pflichtgefühl und der Unabänderlichkeit meines beruflichen Weges gebaut. Ich war gefangen von dem Drang nach

materiellem Erfolg, noch bevor meine Karriere überhaupt angefangen hatte.

Ich wollte raus.

Ich beschloss, den ausgetretenen Karrierepfad zu verlassen,
alle Regeln in den Wind zu schlagen und auf den schnellen Weg
zu finanziellem Reichtum zu verzichten. Ich entschied mich,
nach Freiheit zu suchen und die Dinge auf meine Art zu machen.
In diesem Moment flog die Käfigtür auf, und ich sah eine ganze
Welt vor mir liegen.

Für den Rest der Reise waren meine Sinne wie im Alarmzu-
stand. Ich konnte gar nicht genug kriegen von der Natur, der
Sonne, dem Wind und den Sternen. Im Hafen feierte ich die
Nächte durch.

Und dann war ich wieder zu Hause und musste alles noch einmal überdenken. Ich hatte keinen Plan. Ich wusste viel genauer,
was ich nicht wollte, als was ich wollte, aber immerhin. Eine Antwort auf die Frage zu finden »Was soll ich mit meinem Leben
anfangen?« schien für einen Teenager, der gerade ein Aha-Erlebnis gehabt hatte, zu gewaltig, daher konzentrierte ich mich erst
einmal auf meine Kurswahl.

Ich hatte damals die Fächer Mathematik, Höhere Mathematik,
Wirtschaft, Physik und General Studies belegt. Die meisten
wählen drei Kurse. Ich rackerte mich mit fünf ab. Also strich ich
einen Kurs und schwor mir, wenn ich die Prüfungen hinter mir
hätte, wäre ich durch mit wissenschaftlichen Fächern.

Ich wollte stattdessen etwas lernen, das mich auf ein Abenteuer mitnehmen würde. Die Wahl eines Fachs, das ein Auslands-
jahr beinhaltete, schien die Lösung zu sein. Mir gefiel die Vorstellung, mehr von der Welt zu erfahren und Menschen in fernen
Ländern kennenzulernen. Dummerweise konnte ich keine Sprache gut genug, um sie zu studieren. Es sei denn, ich entschied

mich für etwas, wofür keine Voraussetzungen erforderlich waren, wie Chinesisch, Japanisch, Russisch oder Arabisch.

Heute sind das beliebte Fächer, doch 1994 waren so irrsinnig schwere Sprachen die Domäne echter Sprachtalente. Ich kannte in keiner von ihnen auch nur ein einziges Wort; ich konnte ja noch nicht mal einigermaßen Französisch. Also tat ich, was wohl jeder unbekümmerte Teenager tun würde, und traf die wichtigste Entscheidung meines Lebens mithilfe des Abzählreims »Ene, mene, muh, und raus bist du«. Ich landete bei Japanisch, und in diesem Moment ließ ich den Käfig hinter mir.

⌢

Wie sich herausstellte, stieß ich weder bei meinen Eltern noch bei meinen Lehrern auf Widerstand, da sie in diesem Sommer miterlebten, wie ich aufblühte. Japanisch war alles andere als einfach. Aber ich biss mich durch, und schon bald war ich in Sprache und Kultur verliebt.

Rückblickend kann ich sagen, dass alles, was seither passiert ist, auf diesen einen Moment auf dem Boot zurückzuführen ist und auf die Menschen, die ich seitdem kennengelernt habe. Ich verdanke dieser einen Entscheidung viele reiche Erfahrungen, die ich niemals hätte vorausplanen können, einfach weil ich beschlossen habe, frei sein zu wollen.

Es ist allerdings nicht so, dass ich dem Käfig entflohen bin und mich seither jeden Tag frei fühle. Ich bin immer wieder in die Falle geraten und habe mich befreien müssen. Heute weiß ich, dass ich jedes Mal meine Schlüssel zur Freiheit benutzt habe – ein einzigartiges und verlässliches Werkzeug, das ich dir in diesem Buch vorstellen möchte –, um den Weg zurück nach draußen zu finden.

Die Schlüssel zur Freiheit

Im Laufe der vergangenen sechs Jahre habe ich Tausende Menschen zur Tür ihres jeweiligen Käfigs hinausbegleitet. Meine Firma *Do What You Love* bietet Online-Seminare, Workshops und Retreats an, die Menschen auf der ganzen Welt dabei helfen, persönliche, berufliche und finanzielle Freiheit zu finden, indem sie tun, was sie lieben.

Als ich damals anfing, diese Seminare auszuarbeiten, war mir jedoch nicht bewusst, dass es dabei um Freiheit ging. Ich konzentrierte mich ganz auf das Konzept »Tu, was du liebst«, denn ich war fest davon überzeugt, dass wir glücklicher sind, wenn wir unseren Leidenschaften auf den Grund gehen, dass etwas Magisches passiert, wenn wir unseren Träumen folgen, und dass wir viel mehr zu uns selbst werden, wenn wir etwas tun, das uns leuchten lässt.

Dieser Überzeugung bin ich auch heute noch, allerdings ist mir nach sechs Jahren und unzähligen Geschichten von Seminarteilnehmern, in denen sie von Veränderungen berichten, klar geworden, dass es im Grunde immer um Freiheit ging. Zu tun, was man liebt, ist eine Art zu reisen, das Ziel ist es jedoch, sich frei zu fühlen.

Wenn wir uns gefangen fühlen, kann uns Freiheit wie ein teures Gut erscheinen, das anderen Menschen vorbehalten ist, wie etwas, das wir zu kennen glauben, woran wir uns aber nicht wirklich erinnern können. Selbst dann, wenn uns Freiheit so unendlich weit weg, so unerreichbar scheint, wollen wir glauben, dass der heutige Tag besser sein kann als der gestrige. Dass der morgige Tag besser sein kann als der heutige. Dass das Leben im Käfig nicht alles ist. Unser Istzustand trägt nicht das Siegel »lebenslänglich«. Zumindest wollen wir uns nicht länger gefangen, unterdrückt oder klein fühlen. Wir alle wollen entfliehen.

Freiheit ist der Heilige Gral.
Wir wollen spüren, dass wir die Kraft haben,
unser Leben selbst zu steuern,
unseren Weg selbst zu wählen und
unser Glück ganz bewusst zu zeigen.

Ich wurde neugierig. Also tauschte ich mich mit Hunderten Menschen in meiner Community aus, um zu verstehen, in was für einer Art Käfig sie sitzen, wie sie damit umgehen und, natürlich, wie sie es schaffen, ihn zu verlassen. Und ich habe meine eigenen Erfahrungen, die ich mit dem Eingesperrtsein und dem Entfliehen gemacht habe, analysiert und nach Gemeinsamkeiten und Mustern geforscht.

Und das ist das Ergebnis meiner Studien: Jeder Käfig hat eine Tür. Jede Tür hat ein Schloss. Wir müssen einfach nur den Schlüssel finden. So simpel ist das. Du hast die Kraft, dich zu befreien, wann immer du willst.

Jede Flucht verläuft nach einem ganz bestimmten Muster – es offenbart sich in jeder einzelnen Geschichte, in jeder einzelnen Situation, mit jeder einzelnen Person –, und aus diesem Muster habe ich acht Grundsätze abgeleitet, die ich »die Schlüssel zur Freiheit« nenne. Mit ihnen können wir die Tür zu jedem Käfig aufschließen. Sie sind mein Geschenk an dich.

Es geht nicht darum, ein Rezept gegen Schuldgefühle, Eifersucht, Stress und Verbitterung zu finden oder woraus deine Gitterstäbe auch immer bestehen mögen. Es geht darum, deinen Geist an einen Ort zu führen, an dem diese Dinge keine Beachtung finden – der Ort, an dem dein freies Ich lebt.

Ganz gleich, was dich gefangen hält oder wie tief die Dunkelheit ist, die Schlüssel zur Freiheit sind deine Fahrkarte hinaus.

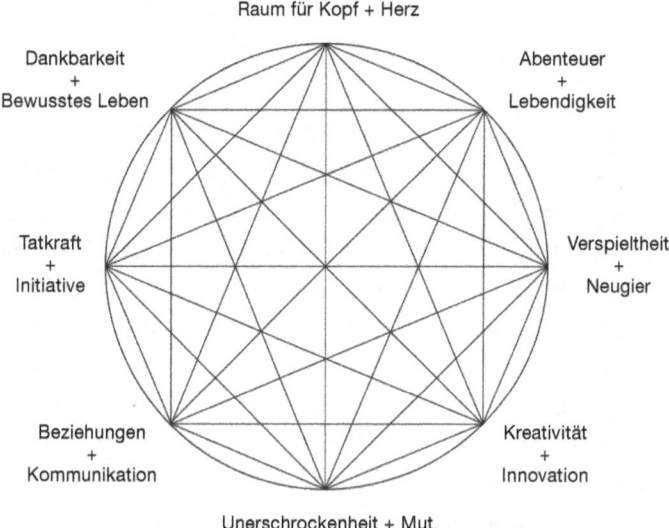

Abbildung 1: Die Schlüssel zur Freiheit

Die acht Schlüssel zur Freiheit sind:

1. Raum für Kopf + Herz
2. Abenteuer + Lebendigkeit
3. Verspieltheit + Neugier
4. Kreativität + Innovation
5. Unerschrockenheit + Mut
6. Beziehungen + Kommunikation
7. Tatkraft + Initiative
8. Dankbarkeit + Bewusstes Leben

Diese Schlüssel werden dir nicht nur dabei behilflich sein, deine Käfigtür aufzuschließen, sie können dir auch für den Rest deines Lebens als Fluglotsen zur Seite stehen.

Warum die Schlüssel zur Freiheit funktionieren

Ich habe erkannt, dass es zwei unterschiedliche Arten gibt »festzustecken«. Die eine ist schwarz und schwer und erfordert unsere sofortige Aufmerksamkeit. Sie kostet uns all unsere Kraft, schreit nach uns wie ein verzweifeltes Kind. Last. Druck. Schmerz. Wenn uns all das zu viel wird, können die Schlüssel zur Freiheit unmittelbar Entlastung verschaffen.

Dann gibt es die andere Form des »Feststeckens«. Sie ist grau und hüllt uns wie in einen Nebel. Sie kommt ganz unschuldig daher, doch nach und nach droht sie uns zu ersticken, trübt alles Bunte ein. Sie schleicht sich in unser Leben, kriecht in uns hinein, haucht uns Zweifel ein, verhöhnt uns für die Dinge, vor denen wir Angst haben. Sie saugt all unsere Energie und Hoffnung aus uns heraus.

Still und leise beraubt sie uns unserer Freiheit. Sie zeigt sich in den vergeudeten Tagen in einem Job, den wir hassen, in dem artigen Nicken, das wir für unseren furchtbaren Chef übrig haben, in der erdrückenden Enge auf dem täglichen Weg zur Arbeit. In dem nächsten Geburtstag, der uns vor Augen führt, dass wieder ein verlorenes Jahr hinter uns liegt. Den Freunden, die all das haben, was wir wollen. Dem Gefühl, das Leben zu vertrödeln: essen, arbeiten, schlafen und wieder von vorn, dazwischen ein Abendessen im Restaurant und zu viele Flaschen Wein. Dem Tag, an dem wir morgens aufwachen und uns fragen, wo unser altes Leben geblieben ist.

Oft kümmern wir uns nicht um diese Form des »Feststeckens«, sie ist wie der tropfende Wasserhahn, den niemand repariert. Sie wirkt harmlos, aber sie wird uns mit sich reißen, wenn wir es zulassen. Was wir brauchen, ist ein Funke, der unser inneres Feuer wieder entfacht – die Schlüssel zur Freiheit sind dieser Funke.

Entscheidungen, die wir auf Basis der Schlüssel zur Freiheit treffen, bringen uns unseren Leidenschaften näher. Eine Sofortmaßnahme sorgt umgehend für Erleichterung, da sie unseren Fokus weg von den Gitterstäben rückt. Diese Maßnahme kann klein oder groß sein. Das ist ganz egal. Sie ist nur ein erster Schritt. Wir versuchen an dieser Stelle, zur Tür hinauszufinden, nicht über das offene Meer zu fliegen, noch nicht jedenfalls. Fürs Erste machen wir einfach nur einen Schritt. Irgendeinen Schritt.

Nachdem wir die Tür aufgeschlossen haben, helfen uns die Schlüssel zur Freiheit, unser Leben so zu gestalten, dass wir uns freier fühlen, jeden einzelnen Tag. Und je freier wir sind, desto freier werden wir.

Wir alle haben eine mehr oder weniger genaue Vorstellung davon, wie unser Leben aussehen könnte, wenn die Umstände anders wären. Doch wenn wir in der Falle sitzen – dem Punkt, an dem wir unbedingt etwas ändern sollten –, tun wir häufig nichts. Uns erscheint einfach alles viel zu schwer.

Wenn ich mich gefangen fühle, verschwende ich viel zu viel Zeit darauf, mir zu wünschen, ich wäre frei. Statt irgendetwas zu tun, verfluche ich den Käfig, in dem ich sitze. Ich träume davon, durch uralte, exotische Wälder zu streifen, statt loszuziehen und einen Spaziergang durch den Wald vor meiner Haustür zu machen. Ich fantasiere von Kajakfahrten durch wilde Gletscherlandschaften, miete mir aber kein Kanu für eine Fahrt auf dem Fluss in meiner Gegend. Ich träume von Radtouren durch französische Weinberge, während mein Fahrrad verwaist in der Garage steht, und mache mir stattdessen eine Flasche Rotwein auf.

Die Schlüssel zur Freiheit sind ein Mittel gegen diese Untätigkeit.

Wie sie funktionieren

Die acht Schlüssel zur Freiheit sind alle gleich wichtig, doch je nach Situation werden dir manche wirksamer erscheinen als andere. Du kannst sie einzeln aktivieren oder in Kombination und in jeder beliebigen Reihenfolge.

Vielleicht wirst du dich von einem einzelnen Schlüssel angesprochen fühlen oder von einem bestimmten Schlüsselpaar. Vielleicht findest du im Dunkeln zu deinem Schloss und musst dann an sämtlichen Schlüsseln herumfummeln, einen nach dem anderen ausprobieren, bis schließlich einer passt.

Vielleicht willst du dich aber auch von den Schlüsseln überraschen lassen. In diesem Fall schließe die Augen und tippe mit dem Finger auf das Diagramm auf Seite 31, dann öffne die Augen und schaue, wo du gelandet bist. Deutest du auf einen bestimmten Schlüssel, probiere ihn aus. Deutest du auf eine Linie, probiere die Schlüssel aus, die mit dieser Linie verbunden sind. Deutest du auf eine Kreuzung mehrerer Linien im Diagramm, probiere alle Schlüssel aus, die mit diesen Linien verbunden sind. Ersatzweise kannst du auch spaßeshalber meine Random Freedom Key Generating Machine unter *www.bethkempton. com/flyfree* ausprobieren und schauen, was dabei herauskommt.

Sei offen. Gehe auf Erkundungstour. Du hast die Macht über die Schlüssel deines Käfigs. Stelle dir einen stabilen Metallring vor, an dem acht Schlüssel baumeln. Das ist das Einzige, was du auf deiner Reise bei dir tragen musst. Als Herr über die Schlüssel kannst du deine Käfigtür aufschließen, wann immer du willst, und zwar ab jetzt.

Anmerkung zu den Geschichten in diesem Buch

Einige persönliche Geschichten in diesem Buch haben mich aus weit entfernten Ländern erreicht, und unter normalen Umständen wären die Menschen, um die sie sich drehen, unerreichbar. Manche sind so außergewöhnlich, dass ich sie nicht glauben würde, hätte ich die Menschen nicht selbst kennengelernt.

Bitte denke nicht, dass du so sein musst wie sie, um dich von ihnen inspirieren zu lassen oder um etwas von ihnen zu lernen. Alles, was du wissen musst, ist, dass sie wie du nach Freiheit gesucht haben und dass wir alle mehr gemeinsam haben und enger miteinander verbunden sind, als uns bewusst ist.

Ich hoffe, dass du dich während deiner Reise auf deine eigenen Erfahrungen stürzen und den Befreiungsprozess mit deinen eigenen Erinnerungen, Augenblicken und Überzeugungen festhalten wirst. Irgendwann werden die Geschichten, die ich hier mit dir teile, in den Hintergrund rücken und deiner eigenen Geschichte Platz machen, der Geschichte, die du immer noch schreibst.

Übung 2
Blicke zurück

Durchforste deine Erinnerung und beantworte folgende Fragen:

1. Wann hast du dich das letzte Mal wirklich frei gefühlt?
2. Wo warst du in diesem Moment?
3. Warum warst du dort?
4. Was hast du gemacht?
5. Mit wem warst du zusammen? Oder warst du allein?
6. Wie hast du dich körperlich gefühlt?
7. Was ging in deinem Kopf vor?
8. Wer wärst du heute, wenn du die Kraft von damals zurückgewinnen würdest?

Der Weg zurück in die Freiheit

Wie gesagt, das letzte Mal schlug mir die Käfigtür vor der Nase zu, als ich gerade dabei war, mich selbstständig zu machen und meine beiden Kinder großzuziehen, die ich im Abstand von nur achtzehn Monaten zur Welt gebracht hatte. Mir gefiel ganz und gar nicht, wie ich mich an diesem Tag fühlte, und ich wusste, dass ich etwas ändern muss, bevor alles zusammenbricht. Ich musste den Weg zurück in die Freiheit finden.

Ich möchte meine Töchter dazu ermutigen, freundliche und starke Wesen zu werden, liebevoll und abenteuerlustig, großherzig und neugierig. Ich möchte ihnen zeigen, wie man so wird, indem ich es ihnen vorlebe. Ich möchte für sie da sein, für sie sorgen und ihnen Mut machen, wenn sie weinen und wenn sie lachen, wenn sie morgens aufstehen und wenn sie abends ins Bett fallen und bei allem, was dazwischenliegt. Und ich möchte, dass sie wissen, was für ein Mensch ich bin, nicht nur als ihre Mutter. Ich möchte sie dazu inspirieren, zu fliegen, indem ich meine eigenen Flügel ausbreite. Ich suche nach Freiheit für mich, und ich suche nach Freiheit für sie.

Und du suchst auch nach Freiheit. Überlege doch nur, welch aufregende Erlebnisse da draußen vor deinem Käfig auf dich warten könnten!

Dieses Buch gründet sich auf das einfache Konzept, dass es in deiner Hand liegt, dich frei zu fühlen. Egal, wie schwierig sich das jetzt anhören mag, glaube es mir. Sobald du erkennst, dass es in deiner Hand liegt, eröffnet sich dir die ganze Welt.

Glück ist das, was passiert, wenn wir aufhören zu versuchen, glücklich zu sein, und stattdessen versuchen, uns frei zu fühlen.

Kapitel 2

Perspektivwechsel:
Das ist dein Käfig

Wenn wir aussprechen, wie wir uns fühlen – eingeengt, isoliert, kurz davor, durchzudrehen –, bringen wir häufig Ursache und Symptome durcheinander. Wir wissen, dass etwas nicht stimmt, können es aber nicht klar formulieren. Und wenn wir frustriert sind, erschöpft, uns keinen Rat mehr wissen, klingen unsere Worte, von denen wir uns eigentlich Zuwendung und Unterstützung erhoffen, oft wie Schuldzuweisungen und verärgern unser Gegenüber.

Um diesen Gesprächen eine neue Richtung zu geben, müssen wir zunächst verstehen, dass unser Käfig nicht in einem Vakuum schwebt; er steht in einem Kontext.

Der Kontext und der Käfig

Lass es mich so erklären. Wenn ich an den Moment zurückdenke, als ich auf meinem Schlafzimmerboden zusammengebrochen bin, gibt es zwei Dinge, die ich sicher weiß:

1. Ich bin Mutter von zwei kleinen Töchtern.
   Das ist eine Tatsache.

2. Ich fühle mich eingesperrt hinter Gittern aus
   Schuldgefühlen, Frust, Überlastung und einem
   geringen Selbstwertgefühl aufgrund meiner
   überschüssigen Pfunde.

Was ist der Unterschied? Der erste Satz ist eine konkrete Tatsache meine Situation betreffend. Es ist der Kontext, in dem sich mein Leben gerade abspielt.

Der andere Satz beschreibt ein reales Gefühl. Er ist psychologisch. Er beschreibt eine Empfindung. Er ist eine *Reaktion* auf den Kontext. Er beschreibt, ob und in welchem Ausmaß ich es der Situation, in der ich mich befinde, gestatte, Einfluss auf meine Gefühle zu nehmen. Er beschreibt, ob und in welchem Ausmaß ich es anderen Menschen gestatte, Einfluss auf meine Gefühle zu nehmen. Das ist der **Käfig**.

Kontext und Käfig sind nicht dasselbe.
Es ist wie der Unterschied zwischen
Alleinsein (eine Situation)
und Einsamkeit (eine Reaktion auf
eine Situation).

Wir können uns noch so sehr über den Kontext aufregen, es ist der Käfig, dem wir entfliehen müssen. Dass ich mich von den Gegebenheiten des Mutterseins eingesperrt fühle, bedeutet nicht, dass ich keine Mutter sein will. Meine Mädchen sind mein Glück, und die Liebe, die ich für sie empfinde, könnte die Sterne ewig am Leuchten halten. Aber vielleicht gerade weil ich den Kontext des Mutterseins so schätze, empfinde ich die Gitterstäbe als so frustrierend. Sie stehen allem anderen im Weg.

Vielleicht bist du unglücklich in deinem Job, reibst dich darin auf, hast kaum mehr Energie. Der Kontext ist, dass du einen Job hast. Der Käfig ist, wie du auf diesen Job reagierst oder was du dir darüber einredest. Dass dich dein Chef frustriert. Dass du unmittelbar jegliche Motivation verlierst, sobald du einen Fuß über die Schwelle setzt. Dass dich die Bedeutungslosigkeit nach unten zieht.

Oder vielleicht fühlst du dich in einer ungesunden Beziehung gefangen, die dich deiner Selbstachtung beraubt. Der Kontext ist, dass du in einer Beziehung bist. Der Käfig ist, wie du auf diese Beziehung reagierst oder in welchem Ausmaß du es der Beziehung gestattest, Einfluss auf deine Gefühle zu nehmen. Dass du angefangen hast zu glauben, du seiest dumm oder nichts wert oder solltest dankbar sein, weil dich sowieso kein anderer nehmen würde. Dass du das Gefühl hast, wie auf Eiern gehen zu müssen. Dass du dich jedes Mal schämst, wenn du versuchst, mit jemandem darüber zu reden.

Den Käfig zu erkennen ist der erste Schritt aus ihm hinaus. Indem wir uns eingestehen, dass es ihn gibt, werden wir uns der Hürden und der Welt jenseits der Gitterstäbe bewusst. Dieses Bewusstsein für all das, was möglich ist, kann eine so große Sehnsucht auslösen, eine so beflügelnde Vision hervorrufen, dass wir ihn schließlich einfach verlassen müssen.

Übung 3
Ich bin

Fülle, frei von jeder Bewertung, die Lücken in folgendem Satz, um deine Rolle, deine Situation und wie du dich darin fühlst, zu beschreiben: »Ich bin [Rolle], die/der [deine Situation].« Schreibe so viele Sätze, wie du möchtest.

Beispiele:

> Ich bin … alleinerziehende Mutter von vier Kindern mit einer Hypothek auf dem Haus, für die sich jeder Tag wie ein Kampf anfühlt und die das Gefühl hat, ihren Kindern nicht geben zu können, was sie brauchen.

> Ich bin … Familienvater mit einem sicheren Job in einem Unternehmen, der davon träumt, Filme zu machen, aber das Gefühl hat, nicht kündigen zu können, weil wir das Geld brauchen.

> Ich bin … berentete Witwe mit Gelenkrheumatismus, die jeden Tag Schmerzen hat und traurig ist, weil sie ihren Enkeln keine Pullover mehr stricken kann.

> Ich bin … eine Mittdreißigerin ohne festen Freund, die sich Kinder wünscht und die sich in einem Job gefangen fühlt, den sie hasst, während ihre biologische Uhr unermüdlich tickt.

> Ich bin … eine Frau in den besten Jahren auf der Suche nach Freiheit, die sich um ihre kranken Eltern kümmert und sich schuldig fühlt, weil sie sich nichts mehr wünscht, als um die Welt zu reisen, und es ihren Eltern verübelt, dass sie sie daran hindern.

Anmerkung: Diese Übung funktioniert nur, wenn du eine Personenbeschreibung an den Satzanfang stellst (z.B. Frau, Mann, Mutter, Tochter, Australier in Europa o.Ä.). Beispiel:

In dem Satz »*Ich bin ... verzweifelt, weil mir das Selbstvertrauen fehlt, meiner Leidenschaft als Schriftsteller nachzugehen*« fehlt das »du«.

Nun lies dir die Sätze noch einmal durch und unterstreiche die Teile, die Fakten darstellen und zum gegenwärtigen Zeitpunkt unveränderlich sind. Sie sind dein Kontext.

Beispiel: »*Ich bin Mutter eines Kleinkinds und eines Babys und habe keine Zeit für mich.*« Der Kontext ist, dass ich »Mutter eines Kleinkinds und eines Babys« bin. Dass ich »keine Zeit für mich« habe, trifft nur teilweise zu. Ich habe nicht *viel* Zeit, aber ich habe nicht *keine* Zeit. Dazwischen besteht ein großer Unterschied.

Was bleibt von deinem »Ich bin...«-Satz übrig, wenn du den Kontext wegnimmst? Was hast du NICHT unterstrichen? Dieser Teil des Satzes legt offen, wie du mit dem Kontext umgehst oder wie du auf ihn reagierst oder was du dir darüber einredest. Es sind die Gitterstäbe deines Käfigs.

Anmerkung: Solltest du feststellen, dass du »Ich fühle mich...« statt »Ich bin« geschrieben hast, ist das ein klares Zeichen dafür, dass du von deinem Käfig sprichst, nicht von deinem Kontext. Auch wenn du dich so fühlen magst, so stellt es keine Tatsache deine Situation betreffend dar, sondern ist vielmehr eine Beobachtung, wie du darauf reagierst. Achte darauf, dass du dich auf die wirklichen Tatsachen konzentrierst.

Den Käfig erkennen

Die folgende Geschichte über Burn-out habe ich viele Male gehört: von verschiedenen Menschen, aus verschiedenen Ländern, mit verschiedenen Berufen, aber immer war es die gleiche Abwärtsspirale.

∼ Burn-out ∼

Nicola Moss fing direkt nach der Uni einen Job in einer Werbe-agentur an und zeigte vollen Einsatz, indem sie morgens als Erste kam, abends als Letzte ging und häufig ihre Wochenenden opferte. Während es in der Firma so wirkte, als hätte sie alles im Griff, brach sie zu Hause regelmäßig auf dem Sofa zusammen, körperlich und psychisch am Ende. Dann eines Tages, sie wollte gerade die Tür zur Agentur öffnen, spürte sie, wie sich kräftige Hände um ihren Hals legten und ihr die Luft abdrückten. Ihr ganzer Körper spannte sich an, aber da war niemand außer ihr. Es war reine Panik, die über sie hergefallen war, und sie war gnadenlos.

Was als Nächstes geschah, war ein Segen, denn Nicolas Chef nahm sie beiseite und hörte ihr zu, während sie ihm alles anvertraute, was sich in ihr angestaut hatte. Seine Frau hatte einige Jahre zuvor einen Nervenzusammenbruch gehabt, und er wusste, dass es entscheidend war, Nicola jetzt die richtige Hilfe zukommen zu lassen. Er stellte Nicola für drei Monate von der Arbeit frei.

Nach weniger als drei Wochen, nachdem sie 14 Tage durchgeschlafen hatte, stieg Nicola in ein Flugzeug nach Bangkok und reiste in den kommenden Monaten durch die Welt, größtenteils per Bahn, Bus oder zu Fuß. Langsames Reisen entpuppte sich als das Heilmittel, das ihr zurück ins Leben half.

Inzwischen hat sie umgeschult, arbeitet als Life-Coach und hilft anderen Menschen, das Tempo zu drosseln und einen Burn-out abzuwenden.

Zu einem Burn-out kommt es, wenn wir uns selbst in einen Käfig aus Erwartungen sperren, die auf einer materialistischen, hochleistungsorientierten Vorstellung der Gesellschaft von Erfolg gründen, auf der »Nummer sicher«-Vorstellung unserer Eltern von Erfolg, auf der Vorstellung unseres Arbeitgebers von Erfolg oder auf irgendeiner anderen Vorstellung, die nichts damit zu tun hat, was für uns tatsächlich von Bedeutung ist.

Wir machen unser Selbstwertgefühl von unserer Arbeitsleistung abhängig, von unserem Kontostand oder von unserem Aussehen, und geraten dann, wie nicht anders zu erwarten, in eine Krise, wenn die Dinge schieflaufen, oder wir werden unzufrieden in unserem Job oder nehmen an Gewicht zu oder die Wirtschaft bricht zusammen und wir werden entlassen. Oft vergehen Jahre, bis wir uns dessen überhaupt bewusst werden, und erst dann stellen wir fest, wie sehr wir wirklich feststecken. Wir verlangen uns alles ab, leben ständig in der Angst, einen der vielen Teller fallen zu lassen, die wir jonglieren. Kommt es jedoch zum Burn-out, krachen sie alle auf einmal zu Boden.

Viel zu oft muss erst etwas Schlimmes passieren – wie in Nicolas Beispiel ein körperlicher Zusammenbruch –, bevor wir uns eingestehen, was los ist. Doch letztlich kann dieser Weckruf ein wahrer Segen sein, wenn es uns gelingt zu erkennen, was er uns sagen will.

Wie wir erkennen, dass wir in der Falle sitzen

Ich habe Hunderte Menschen in meiner Community gefragt, wie genau es sich anfühlt, in der Falle zu sitzen, sowohl geistig als auch körperlich. Immer wieder wurden mir dieselben Symptome beschrieben. Sie zu erkennen ist der erste Schritt, sich aus ihrem Würgegriff zu befreien.

Wie viele der folgenden Symptome kommen dir bekannt vor?

Körperliche Symptome

> Kopfschmerzen
> Stirnfalten
> nervöses Zucken
> blutunterlaufene Augen
> schlechte Haut
> Zähneknirschen
> Kieferschmerzen
> hängender Kopf
> schlechte Körperhaltung
> verspannter Nacken-/Schulterbereich
> flache Atmung
> Druck auf der Brust
> Herzpochen
> Panikattacken
> Klumpen im Bauch
> Reizdarmsyndrom
> Blähungen
> Übelkeit
> Schmerzen im Solarplexus
> Erschöpfung
> Labilität
> Stress
> Überlastung/Druck
> Muskelverspannung

- das Gefühl, zerdrückt zu werden
- Antriebslosigkeit
- Schwerfälligkeit
- Kraftlosigkeit
- Lethargie
- träge Verdauung
- Lärmempfindlichkeit
- schlechtes Gedächtnis
- Schlafstörungen
- Verschlechterung chronischer Erkrankungen

Geistige Symptome

- Leidenschaftslosigkeit
- mangelnde Gesprächsbereitschaft
- Ungeduld
- Wut
- Sturm der Gedanken
- Gedankenkarussell
- Angst, Beklemmung
- Launenhaftigkeit
- Distanziertheit
- das Gefühl, gegen den Strom zu schwimmen
- Depression oder Niedergeschlagenheit
- Teilnahmslosigkeit
- innere Leere

Manchmal hilft es zu wissen, dass wir nicht allein damit sind. Es kann außerdem helfen zu wissen, dass manche Symptome mit den Entscheidungen zusammenhängen können, die wir im Leben getroffen haben, denn das bedeutet, dass wir in der Lage sind, uns selbst zu heilen.

Übung 4
Blick in den Spiegel

Schaue in einen Spiegel und stelle dir vor, du bist dein freies Ich, das sein gefangenes Ich hinter dem Glas ansieht. Stelle deinem gefangenen Ich folgende Fragen und antworte so ehrlich wie möglich:

1. Wie fühlst du dich gerade?
2. Wie fühlst du dich körperlich?
3. Was geht in deinem Kopf vor?
4. Welche Gefühle empfindest du regelmäßig?
5. Wie gehst du momentan damit um, und worin findest du einstweilen Zuflucht?
6. Wer ist noch davon betroffen?
7. Wie gehen sie damit um?
8. Was würdest du gern loslassen? Wenn du das jetzt tun würdest, was wäre dann anders?

Jetzt schaue deinem gefangenen Ich direkt in die Augen und sage Folgendes laut:

»Du bist nicht allein. Ich werde dich da rausholen.«

»Da draußen, jenseits der Käfiggitter, liegt eine große weite Welt.« (Wenn du willst, beschreibe die Schönheit und das Potenzial, die Weite und die Grenzenlosigkeit. Beschreibe, *wie dir die Sonne den Rücken wärmt und wie du von der Luftströmung weit fortgetragen wirst.)*

»Du wirst wieder frei fliegen.«

Beobachte, wie sich die Gesichtszüge deines gefangenen Ichs verändern, während du sprichst. Vielleicht sieht es dich jetzt mit großen Augen verwundert an. Vielleicht entspannt sich die Stirnfalte ein wenig. Vielleicht lächelt es sogar.

Erinnere dich daran, dass DU es warst, die/ der deinem gefangenen Ich soeben Geist, Augen und Herz geöffnet hat, um zu erkennen, was für ein Leben außerhalb des Käfigs möglich ist. Und du kannst das wieder für dich tun, jederzeit.

Du kannst Spiegel zum Anlass nehmen, um mit deinem gefangenen Ich in Kontakt zu treten, wann immer du willst. Jedes Mal, wenn du dein Spiegelbild irgendwo aufblitzen siehst – im Flur, in einem Schaufenster, während du dir die Zähne putzt –, nimm dir einen Moment Zeit für einen Plausch. Wie geht es ihm? Welche Worte würden ihm gerade guttun? Wie kann heute besser werden als gestern? Was könnte der morgige Tag bringen?

Reaktionen auf den Schmerz

Manchmal kann der seelische Schmerz so schlimm sein, dass es sicherer erscheint, im Käfig zu bleiben, als darüber zu sprechen. In solchen Momenten ist es wichtig, Folgendes zu wissen:

Schmerz zu erleiden und auf Schmerz zu reagieren ist nicht dasselbe.

Hinter den Gitterstäben müssen wir den Schmerz nicht analysieren. Wir können darauf reagieren – mit Wut, Enttäuschung,

Verbitterung, Schuldgefühlen oder Rachegelüsten –, ohne uns tatsächlich damit auseinanderzusetzen. Aber zuzulassen, von den eigenen Gedanken über den Schmerz aufgefressen zu werden, ist schrecklich und hält uns gefangen.

Das habe ich von einer Freundin gelernt, die als Kind missbraucht wurde und die seitdem das Gefühl hatte, in einem Käfig aus Wut, Schuldgefühlen und Scham gefangen zu sein. Erst als sie die Wahrheit über den Missbrauch aussprach und sich mit der Situation auseinandersetzte, gelang es ihr schließlich, sie zu verarbeiten. Das war kein einfacher Prozess, denn obwohl sie einerseits begriff, dass es nicht ihre Schuld war, musste sie sich anderseits eingestehen, dass ein Elternteil den Missbrauch zugelassen hatte. Diese Erkenntnis veränderte verständlicherweise ihre Beziehung zu diesem Menschen. Letzten Endes verdankte sie es aber einzig dem Erkennen ihrer Gitterstäbe aus Schuldgefühlen und Scham und dem Aussprechen der Wahrheit, dass sie sich endlich befreien konnte.

Wenn wir Schmerzen haben, ist die ursprüngliche Wunde tief und offen. Lassen wir aber zu, den Schmerz wirklich zu empfinden, ihn zu fühlen, kann die Wunde zu einer Narbe verheilen. Diese Narbe ist real. Sie ist ein Zeichen für etwas, das uns widerfahren ist. Sie ist Zeichen unserer Lebenserfahrung und unseres Kontexts. Im Laufe der Zeit wird die Narbe selbst nicht mehr wehtun; sie hin und wieder anzusehen kann uns daran erinnern, was wir durchlebt haben. Bleiben wir jedoch im Käfig und nehmen der Wunde jegliche Möglichkeit zu heilen, machen wir uns angreifbar für Infektionen und weiteren Schmerz.

Das Gute im Kontext finden

Oft kommt es im Leben anders, als wir es uns vorgestellt haben, und wir finden uns in einem Kontext wieder, den wir nie für möglich gehalten hätten, und müssen uns mit Dingen auseinandersetzen, von denen wir keine Ahnung haben.

Indem wir einen Weg finden, den Kontext vorläufig zu akzeptieren, nur für den Moment, und uns darauf konzentrieren, das Gefühl von Freiheit zu finden, wird das Erleben nicht nur erträglicher, sondern auch tatsächlich erfreulicher.

So gut wie jedem Kontext wohnt etwas Gutes inne. Es kann eine neue Chance sein oder eine Gelegenheit nachzudenken, ein Anlass, mit einem alten Freund Kontakt aufzunehmen oder ein Aufruf zu Dankbarkeit. Eltern zu sein birgt ohne Zweifel jede Menge Gutes – Liebe, Lachen, Reifen, Nähe. In einem anspruchsvollen Job kann das Gute die Freundschaft zu Kollegen sein, das Wissen, dass man seine Rechnungen bezahlen kann oder dass man freitags von zu Hause aus arbeiten darf. Selbst ein Kontext wie Arbeitslosigkeit kann etwas Gutes bieten, wenn wir bereit sind, danach zu suchen.

Glück im Unglück

Nimm Kerry Roy, zum Beispiel. Kerry wurde im Jahr 2012 betriebsbedingt gekündigt, und zunächst war sie unendlich enttäuscht und fand, dass sie das nicht verdient hatte. Doch Kerry war nicht der Typ Mensch, der sich lange grämte. Sie sah darin die Chance, noch einmal von vorn anzufangen, und ihr wurde bewusst, dass sie nun endlich Zeit hatte, sich mit einer Idee auseinanderzusetzen, mit der sie schon seit Jahren liebäugelte – den perfekten Glamping-Platz zu schaffen.

Kerry handelte einen Pachtvertrag für ein Grundstück inmitten eines wunderschönen, 100 Hektar großen Stücks Land in Yorkshire, im Norden Englands aus. Sie nahm ihre Abfindungszahlung und etwas Eigenkapital und gründete das Camp Kátur, benannt nach dem isländischen Wort für »glücklich«. Das Motto ihrer Firma lautet: »Finde dein Glück im Freien«, was nicht besser passen könnte, denn indem sie den Segen ihrer Kündigung erkannt hat, hat Kerry genau das getan.

Manchmal ist es nicht leicht, das Gute zu sehen. Manchmal können wir uns noch nicht einmal vorstellen, dass da irgendwo etwas Gutes sein soll. Aber ich verspreche dir, es ist da. Solltest du dich gerade an den Spruch erinnert fühlen: »Alles im Leben geschieht aus einem bestimmten Grund«, sage dir stattdessen lieber: »Das passiert gerade, und ich finde einen Weg da durch«.

In manchen Fällen kann das Beste am Kontext sein, zu erkennen, dass man etwas Bestimmtes nie wieder erleben will, oder sich der eigenen Stärke bewusst zu werden, weil man so vieles so lange durchgestanden hat. In meinem Fall hat mich der Weckruf, den ich vorhin beschrieben habe, dazu veranlasst, meine zweite Schwangerschaft, Geburt und den Mutterschutz völlig anders anzugehen als beim ersten Mal.

Du kannst deinen Kontext als einen einzelnen, herausfordernden Aspekt deines Lebens betrachten, oder du kannst dein gesamtes Leben als einen Kontext sehen und dort nach Gutem suchen. Du lebst. Du bist immer noch jung, und sei es nur im Geiste. Vielleicht hast du eine liebevolle Familie oder besondere Träume, die dich weitermachen lassen.

Allein der Glaube, dass da etwas Gutes sein könnte, und die aktive Suche danach können schon reichen, um eine Veränderung herbeizuführen. Ganz gleich, wie tief vergraben es sein mag, zu wissen, dass es da ist, kann dir dabei helfen, die Tatsachen deiner gegenwärtigen Situation zu akzeptieren und deine Reaktion darauf abzuschwächen.

~ Das Gute sehen ~

Lisa McArthur-Edwards, eine tapfere Frau aus einem meiner Online-Kurse, war aufgrund chronischer Rückenschmerzen an ihr Haus gefesselt. Im Laufe des Kurses wurde ihr bewusst, dass es einen Unterschied gibt zwischen den Schmerzen selbst und ihrer Wut und dem Frust darüber.

Nachdem sie ihren Blick auf den Kontext verändert hatte, begann sie das Gute darin zu sehen: Wie geliebt sie sich zum Beispiel fühlte, wenn ihre Freunde alle zusammen vorbeikamen, um ihr zu helfen. Sie fing an auf die Dinge zu achten, die sie tun konnte, statt sich ständig darüber Gedanken zu machen, was nicht ging. Sie konnte Auto fahren, also waren Unternehmungen weiterhin möglich, wenn auch mit mehr Organisationsaufwand verbunden als früher. Und so wagte sie sich zum ersten Mal seit Monaten hinaus, und inzwischen ist sie dabei, sich einen Online-Arbeitsplatz einzurichten, sodass sie nicht länger krankgeschrieben sein muss, sondern von zu Hause aus arbeiten kann.

Übung 5
Das Gute finden

Sieh dir den Kontext an, den du in Übung 3 (siehe Seite 40) aufgeschrieben hast, und suche darin nach etwas Gutem. Wenn du nichts finden kannst, erweitere deinen Kontext. Was trifft noch auf deine momentane Situation zu? Ich verspreche dir, irgendwo steckt etwas Gutes. Solltest du wirklich nicht weiterkommen, bitte jemand anderen, dir zu sagen, was sie/er sieht.

Schreibe das Gute auf und hänge es irgendwo auf, wo du es jeden Tag sehen kannst, damit es dich daran erinnert, wofür du selbst in schwierigen Zeiten dankbar sein kannst.

Sich hinter den Gitterstäben verstecken

Ironischerweise finden wir es in unserem Käfig mitunter ganz bequem. Wir können uns wieder und wieder mit dem Problem beschäftigen – besonders, wenn wir von Menschen umgeben sind, die ein Faible für Kummer und Leid haben. Wir können uns an ihr Mitgefühl gewöhnen, die Aufmerksamkeit regelrecht genießen. Und haben wir eine geheime Identität, die wir vor anderen versteckt halten, ist es auf kurze Sicht fast immer einfacher, im Verborgenen zu bleiben, als jemanden ins Vertrauen zu ziehen.

Wenn wir anfangen, unsere eigenen Geschichten zu glauben, hallen sie von allen Seiten wider, und wir untermauern eine Version von uns, die nicht der ganzen Wahrheit entspricht. Es ist gefährlich, sich eine Leidensgeschichte so oft zu erzählen, bis wir schließlich nicht mehr wissen, wer wir ohne sie sind. Wir haben Angst davor, was wir verlieren könnten, wenn wir sie loslassen, und vergessen dabei, was wir finden können, wenn wir es tun.

Viele von uns wiegen sich in falscher Sicherheit, wenn sie akzeptieren, dass ihre Möglichkeiten begrenzt sind. Wir klammern uns an das, was wir kennen oder was wir glauben, innerhalb unserer Welt tun zu »müssen«, auch wenn es uns bremst. Wir zerbrechen uns den Kopf über die Folgen der Antworten, statt tiefer in die Fragen einzutauchen. In diesem paradoxen Sicherheitsdenken neigen wir dazu, draußen nach Rat zu suchen statt in uns selbst, dem einzigen Ort, an dem wir wirklich wissen, was das Beste für uns ist.

—

In den Anfangsjahren meiner Firma hielt ich mich konsequent im Hintergrund. Ich war die Strategin, die Regisseurin, die Vorkämpferin für andere. Ich tat das einerseits, weil ich gut darin war, andererseits weil ich Angst davor hatte, ins Rampenlicht zu treten.

Wer keine Risiken eingeht, kann nicht scheitern, richtig? Falsch. Keinerlei Risiken einzugehen ist die gravierendste Niederlage von allen. Alle anderen Niederlagen sind Gelegenheiten, dazuzulernen. Nie etwas zu versuchen lehrt uns gar nichts, außer dass wir nie wissen werden, was hätte sein können. Sich dazu zu entscheiden, in der Enge und der vermeintlichen Sicherheit des Käfigs zu bleiben, mag auf kurze Sicht einfacher sein, doch langfristig beraubt es uns der Möglichkeit auf ein reicheres Leben.

Es ist eng und dunkel und begrenzt im Käfig, aber es ist wohlgeordnet. Wir fühlen uns sicher, weil wir jede Ecke in- und auswendig kennen. Draußen ist alles so groß und ungeordnet, so hell und grenzenlos, und offen gestanden, die unendliche Weite des Unbekannten ist furchteinflößend. Aber dort ist das Licht. Dort sind die Möglichkeiten. Dort ist der Spaß. Nur dort können wir erleben, wie viel Freude es macht, zu fliegen.

Es gibt im Deutschen den spannenden Begriff der Zugunruhe. Er bezeichnet bei Zugvögeln ein tagelanges nervöses, aufgeregtes Verhalten kurz vor dem Abflug in das Sommer- oder Winterquartier. Man könnte es auch »Fernweh« oder »Freiheitsdrang« nennen. Es ist das Bedürfnis nach Bewegung, das verzweifelte Verlangen nach Freiheit.

Tief in uns wissen wir, dass wir nicht eingesperrt sein sollten, doch die Aussicht auf das, was außerhalb des Käfigs liegt, ist uns unheimlich. Wir spähen durch die Gitterstäbe, um einen Blick auf einen neuen Kontext in der großen weiten Welt zu erhaschen, und schauen vor lauter Zweifel und Furcht sofort wieder weg: »Wer bin ich, dass ich so etwas tue?« »Wer bin ich, dass ich so etwas überhaupt will?« »Das ist so egoistisch.« »Das würde nie funktionieren.« »Was würde soundso sagen?«

Dies trifft vielleicht vor allem auf Frauen zu, da es in unserer Natur liegt, uns um andere Menschen zu kümmern, sie zu ernähren und aufzuziehen. Frauen nehmen mögliche Chancen oft nicht wahr, weil sie der irrigen Ansicht sind, dass es egoistisch wäre, einen Schritt vorwärts zu machen.

Wie die folgende Geschichte von Pia zeigt, neigen wir dazu, dies auf Kosten unseres eigenen Wohlergehens zu tun, und erkennen dabei nicht, dass es letztlich niemandem dient, wenn wir uns immer weiter gefangen fühlen. Solange wir unseren Blick nur auf das richten, was sich innerhalb des Käfigs befindet, lassen wir uns all die Möglichkeiten entgehen, die außerhalb des Käfigs liegen.

～ Der Ruf des wahren Ichs ～

Pia Jane Bijkerk besaß ein Geschäft für Wohnaccessoires in Sydney, sie hatte einen Freund und ein gemütliches Zuhause, und nach außen hin wirkte alles bestens. Doch zu ihrem Kontext gehörte auch, ihre Mutter zu pflegen, die seit vielen Jahren schwer krank war, und im Laufe der Zeit deprimierte Pia die Last dieser Verpflichtung, da sie ihrer Reiselust nicht nachgehen konnte.

Mit 28 beschloss Pia auszubrechen. Sie regelte die Pflege ihrer Mutter, lagerte ihr gesamtes Hab und Gut ein und reiste nach Paris, wo sie den Mann kennenlernte, den sie später heiraten und mit dem sie Kinder haben würde.

Pia experimentierte mit dem Leben auf einem Hausboot in Amsterdam, arbeitete verstärkt in den Bereichen Design und Fotografie und baute sich ein flexibles Geschäftsmodell auf, das sich mit ihrer Familie vereinbaren ließ. Sie schrieb vier Bücher, darunter der herzerweichend schöne Titel My Heart Wanders. *Und was am allerwichtigsten war, sie freundete sich wieder mit ihrem wahren Ich an.*

Schließlich zog sie zurück nach Australien, um sich die letzten Jahre selbst um ihre Mutter zu kümmern, und sie tat das mit großer Dankbarkeit und tiefem Respekt als die Tochter, die sie sein wollte.

Anlauf nehmen

Du weißt nun, wie dein Käfig von innen aussieht und wie es sich darin anfühlt. Jetzt wird es Zeit, die Perspektive zu wechseln und von außen hineinzuschauen, um die Dinge mit den Augen deines freien Ichs zu sehen. Indem du die Geschichten, die du dir selbst erzählst, aus einem weiteren Blickwinkel betrachtest, wirst du besser verstehen, was wirklich los ist.

Letzten Endes geht es darum, den Unterschied zu erkennen zwischen einem Leben, das man im Käfig führt, und einem Leben, das man draußen lebt. Darum richte deine ganze Energie und Aufmerksamkeit darauf, in die Weiten all dessen zu entfliehen, was möglich ist.

Dies ist dein Abflugsort. Niemand erwartet von dir, dass du dein Ziel bereits kennst. Bleibe aufgeschlossen. Bleibe aufmerksam. Schaue, wohin die Reise dich führt.

Sich auf die Suche nach etwas zu begeben erfordert Tatkraft und Neugier. Doch wir Menschen gehen von Natur aus gern auf die Suche, und die schönste Suche von allen ist die nach Freiheit.

Wir müssen nicht bis ans Ende der Welt reisen, um Freiheit zu finden. Sie ist genau hier, in den Entscheidungen, die wir jeden Tag treffen.

Sein freies Ich ausfindig machen

Als ich damals völlig verzweifelt auf dem Boden meines Schlaf-zimmers lag, war das Mädchen, das vom Berg zu mir herab-schaute, mein freies Ich, das mich daran erinnerte, dass es da draußen so viel mehr gibt. Als ich im zarten Alter von siebzehn Jahren auf dem Boot segelte, war es, als würde ich eins mit dem Ozean werden und als würde mir die Natur zeigen, wie man sich frei fühlt.

Dein freies Ich fliegt immer irgendwo in deiner Nähe; es ruft nach dir, versucht dir zu zeigen, wie schön die Welt außerhalb des Käfigs ist.

Manchmal sucht dich dein freies Ich in Form einer Erinnerung auf oder es taucht als ein Tagtraum oder einem Wunsch nach Veränderung auf. Manchmal ist es einfach nur so ein Gefühl, wie ein kleines Kind, das dich am Ärmel zupft. Dein freies Ich ist überirdisch, zart und mag die leisen Töne, du musst also zur Ruhe kommen, aufgeschlossen und aufmerksam bleiben, um zu bemerken, was es dir sagt.

Du musst nicht warten, bis dein freies Ich bei dir auftaucht. Du kannst es zu dir hereinbitten. Du kannst es dir vorstellen und zurückrufen.

Dein freies Ich, das sind all deine besten Seiten, ohne die Sor-gen, den Stress, die negativen Stimmen. Es ist die selbstsichere, mutige, glückliche Version von dir. Die neugierige, verrückte, abenteuerlustige Version. Die kreative, optimistische, flexible Version. Die Version aus reiner Liebe und purem Licht. Vielleicht hast du dein freies Ich schon eine ganze Weile nicht mehr ge-sehen, aber wenn du an das letzte Mal zurückdenkst, als du dich wirklich frei gefühlt hast, wirst du es dort finden.

Dein freies Ich zu beobachten schärft dein Bewusstsein. Indem du es dir ganz genau vorstellst, näherst du dich ihm an.

Übung 6
Dein freies Ich kennenlernen

Stelle dir dein freies Ich vor, wie es draußen vor deinem Käfig schwebt. Schaue genau hin und stelle folgende Fragen:

1. Was sieht dein freies Ich?
2. Was verleiht deinem freien Ich das Gefühl, frei zu sein?
3. Wie bewegt sich dein freies Ich?
4. Wie packt dein freies Ich das Leben an?
5. Um wen sorgt sich dein freies Ich?
6. Was weiß dein freies Ich zu schätzen?
7. Was versucht dir dein freies Ich zu zeigen?
8. Was bedeutet Freiheit für DICH, jetzt, in diesem Moment?

Die Zeichen, dass wir uns frei fühlen

Ich habe Mitglieder meiner Online-Community gefragt, wie sich Freiheit anfühlt, und sie haben mir ausnahmslos eine geistige und körperliche Leichtigkeit und Klarheit, ein Wohlgefühl und inneren Auftrieb beschrieben. Manche empfanden diese neue Energie als sanft und beruhigend, andere als explosiv und belebend. Es sind die Zeichen, dass wir uns frei fühlen.

Wie viele der folgenden Zeichen kommen dir bekannt vor? Welche klingen besonders verlockend?

Körperlich

› Leichtigkeit

› entspannt

- stark
- energiegeladen
- unbeschwert
- sich schön fühlen
- körperliche Beweglichkeit
- sich größer fühlen
- geschärfte Sinne
- Lebensfreude/Vitalität
- Lächeln
- sich lebendig fühlen
- beschwingt
- gesund
- tiefer atmen können

Geistig

- in der eigenen Mitte
- offen
- zufrieden
- fröhlich
- kreativ
- beflügelt
- sorgenfrei
- ausgelassen
- jünger
- lebendig
- munter

> mental gestärkt
> sicher
> geordnet
> Klarheit
> voller Ideen
> enthusiastisch
> unbeschwert
> motiviert
> verbunden
> das Gefühl zu wachsen
> aufgeschlossen
> fokussiert
> ruhig
> präsent
> selbstbewusst
> glücklich

Klingt das nicht alles herrlich? Würdest du dich nicht gern jeden Tag so fühlen? Male dir aus, wie sich Freiheit anfühlt, oder denke an das letzte Mal zurück, als du dich frei gefühlt hast, und sage dir, dass es nicht mehr lange dauern wird, bis du dich wieder so fühlst.

Übung 7
Vögel als Boten

Achte auf deiner Entdeckungsreise auf die Vögel um dich herum – in den Bäumen, auf der Erde, in der Luft. Stelle sie dir als Boten des Universums vor.

1. Achte darauf, was du tust, sagst oder denkst, wenn du Vögel siehst, alleine oder in Gruppen.

2. Achte darauf, wie sie sich verhalten, wohin sie fliegen und wie sie sich bewegen.

3. Denke darüber nach, welche Vorstellungen und Gefühle ihre Bewegungen und ihr Verhalten in dir auslösen.

4. Zeichne sie, wenn du möchtest, und mache dir Notizen. Tue das, wann immer du Vögel siehst, und schaue, ob du irgendwelche Muster entdeckst. Welche Botschaften transportieren sie für dich?

5. Halte die Augen nach anderen Vogelspuren oder -motiven offen. Halte einen Moment inne, wenn du eine Feder auf dem Weg vor dir entdeckst. Siehst du jemanden mit Federschmuck oder einer Vogel-Tätowierung, nimm Kontakt zu der Person auf. Sprich mit ihr darüber. Man weiß nie, wohin das Gespräch führt.

Mache Vögel zu einem Symbol für all das, was möglich ist, und lasse dich von ihnen beflügeln.

Kapitel 3

1. Schlüssel zur Freiheit: Raum für Kopf + Herz

Es ist nicht ganz einfach zu beschreiben, was es für mich bedeutet, Mutter zu sein. Es ist das Beste, was mir je passiert ist, und gleichzeitig ist es die größte Herausforderung meines Lebens. Um ehrlich zu sein, ich bin nicht mehr die Gleiche wie vor der Geburt meiner Kinder. Mein Herz ist größer geworden, und es wächst jeden Tag weiter. Die Gefahr, dass es brechen könnte, ist ebenfalls größer geworden, aber das ist ein Risiko, das ich gern eingehe.

Während mein Herz praktisch überquillt, herrscht in meinem Kopf geistige Leere. Oder nein, es herrscht Chaos. Dort, wo Gedanken einst ordentlich angeordnet waren, liegt wie nach einem Einbruch alles überall verstreut, doch Zeit, um aufzuräumen, ist keine da.

Kinder machen das mit einem. Sie machen Wahnsinnige aus uns, vollgepumpt mit Liebe und Hormonen und löchrig in der Birne. Die einstige Sahneschnitte, die mit einem Premierminister über Gott und die Welt plaudern konnte, bringt plötzlich keinen halbwegs vernünftigen Satz mehr zustande. Ich habe meine

Kreditkarte in den Kühlschrank gelegt, bin praktisch pausenlos von einem Zimmer ins andere gelaufen, um dann nicht mehr zu wissen, was ich eigentlich dort wollte. Habe mit falsch herum angezogenen Schuhen das Haus verlassen. Gerädert, verwirrt, trunken vor Liebe und zu wenig Schlaf.

Als meine erste Tochter Sienna sechs Monate alt wurde, war ich zu einem Roboter mutiert. Jede einzelne Sekunde des Tages war mit Aufpassen oder Arbeiten ausgefüllt. Die einzige Zeit, die ich »für mich« hatte, waren die hektischen fünf Minuten unter der Dusche oder mit viel Glück mal eine halbe Stunde in der Badewanne – wo ich es mir zur schlechten Angewohnheit gemacht hatte, Bücher über die Arbeit zu lesen.

Dazwischen gab es viele wertvolle Momente des Glücks: ihr dabei zusehen, wie sie größer wird und die Welt erkundet, und mit ihr zu kuscheln. Sienna war ein fröhliches Baby, das gern andere Menschen um sich hatte und sie zum Lachen brachte. Den Großteil meiner Energie verschlang jedoch schlicht das Funktionieren: Essen machen, Windeln wechseln, spazieren gehen, länger arbeiten, als es gesund war. Mr K (mein Mann) und meine Mutter nahmen mir einen Teil der Last bereitwillig ab, passten zwischen dem Stillen viele Stunden auf Sienna auf, wodurch enge Bindungen entstanden, für die ich sehr dankbar bin. Grandma war Siennas erste Freundin, und Daddy ist ihr Liebling. Ich für meinen Teil jedoch hatte das Gefühl, alles falsch zu machen. Zu wenig Zeit. Zu wenig Aufmerksamkeit. Egal, was ich auch machte, ich hatte dabei immer das Gefühl, nicht zu genügen.

Ich versuchte, Sienna vor dem Computer zu stillen, gratulierte mir im einen Moment zu dieser Multitasking-Leistung, um dann im nächsten Moment meinen schmerzenden Rücken zu verfluchen und mich dafür zu schelten, meine Kleine so dicht vor den

Bildschirm zu halten. Ich saß auf dem Boden und spielte mit ihr, in den Händen ein Spielzeug, mit den Gedanken in meinem E-Mail-Postfach. Abends war ich so erschöpft, dass ich nicht schlafen konnte. Nickte ich dann doch endlich ein, meldete sich kurz darauf Sienna, um gestillt zu werden. Mein Körper kam nie dazu, sich zu erholen. Ich weiß, dass es den meisten Eltern kleiner Kinder so geht, aber dieses Wissen macht es nicht leichter, wenn man selbst es ist, die da gerade durchmuss.

Ich schätze, das Schlimmste an allem war, dass ich größtenteils gar nicht wirklich anwesend war. Die Frau, die sich um meine süße Kleine kümmerte, sie liebte und im Arm hielt, war nur ein Schatten meines wahren Ichs. Mein Herz quoll regelrecht über vor Dankbarkeit, doch mit dem Kopf war ich ständig woanders, bei all den anderen Dingen, die ich zu erledigen hatte. Ich fühlte mich kraftlos, während ich mich doch eigentlich stark fühlen sollte, weil ich dieses kleine, wunderschöne, blauäugige Wunder geschaffen hatte.

Und dann kam der Zusammenbruch. In dem Moment, als mir klar wurde, dass ich wie ein Vogel im Käfig saß – es war der Moment, als ich auf meinem Schlafzimmerboden lag –, traf ich die Entscheidung, auszubrechen. Das Nächste, was ich tat, war wohl das Beste, was ich in dieser Verfassung tun konnte. Es war das Einzige, wozu ich in der Lage war.

Ich beschloss, Raum für mich selbst zu schaffen. Um wirklich für mein Baby, meine Familie und meine Arbeit da sein zu können, musste ich zunächst zu mir selbst zurückfinden.

Anfangs waren es nur fünf Minuten, die ich mir abrang, um durchzuatmen. Dann zehn Minuten, in denen ich barfuß im Garten stand und mein Gesicht in die Sonne streckte. Dann zwanzig Minuten, um mir einen Tee zu machen und das *Flow*-Magazin zu lesen.

Schon bald wurde daraus eine Stunde für einen Yogakurs hier, ein zweistündiger Strandspaziergang da. Und dann begann ich, Raum in meinem Arbeitsleben zu schaffen, widmete mich dienstags nur dem einen unserer Hauptprojekte und freitags nur dem anderen. Was mich am meisten überraschte, war, wie gut das auch den anderen in meinem Team tat. Ich war nicht die Einzige, die mehr Raum zu schätzen wusste.

Eines Nachmittags, ich machte gerade einen Spaziergang an der Strandpromenade von Hove, kam mir die Idee, eine der kultigen Strandhütten zu kaufen, die dort seit Jahren stehen. Ich stellte mir vor, wie es wäre, einen winzig kleinen Rückzugsort für mich ganz allein zu haben. Eine Insel der Ruhe, von der aus ich aufs Meer schauen, den Wellen zuhören und langsam und tief durchatmen könnte. Vielleicht ein Buch lesen. Oder zeichnen. Oder einfach nur dasitzen. Je länger ich darüber nachdachte, desto besessener wurde ich von der Idee.

Strandhütte 404 war ziemlich heruntergekommen, die Farbe stark abgeblättert, doch je länger ich sie betrachtete, desto überzeugter wurde ich, dass ich sie retten will. Mir war nicht bewusst, dass ich dadurch auch mich selbst retten würde.

Also kaufte ich sie. Das mag nach keiner großen Sache klingen, aber selbst klapprige Strandhütten kosten in Hove stolze 12.000 Pfund. Doch das war mir egal. Was nützte mir das Geld, wenn es auf meinem Konto lag? Da lag ich lieber auf einer Liege vor meinen Ersparnissen und schaute aufs Meer hinaus.

Kurz nachdem ich den Kaufvertrag unterschrieben hatte, musste ich feststellen, dass die Hütte so baufällig war, dass sie von Grund auf neu errichtet werden musste. Ich stellte außerdem fest, dass man nicht automatisch auch das Land erwirbt, auf dem die Hütte steht, sondern nur die Hütte selbst. Das Grundstück muss man von der Gemeinde pachten. Wir rissen die Hütte also ab, und alles, was mir in diesem Schreckmoment von meinen 12.000 Pfund blieb, war ein Haufen fauliges Holz. Hatte ich völlig den Verstand verloren?

Schließlich baute ich mithilfe eines befreundeten Zimmermanns eine neue Strandhütte. Vielmehr baute er sie, ich strich sie an – drinnen in Grautönen, um die Ruhe zu erzeugen, nach der ich mich so sehnte, und draußen bunt gestreift, um für gute Laune zu sorgen. Ich stattete sie mit weichen Kissen aus und einem kuscheligen Strickplaid für windige Tage. Ich bestückte das winzige Bücherregal mit Geschichten über das Meer und Büchern über Wellenbeobachtung, Inselleben und Abenteuern aus fernen Ländern. Ich stellte eine Kiste mit Spielsachen hinein – Seifenblasen, handgeschnitzte Stempel, ein Notizbuch und eine Polaroid-Kamera –, alles, was man für einen Tag fernab der Welt brauchen konnte.

Die Zeit, die ich in der Strandhütte verbrachte, war so erholsam, dass ich beschloss, sie für meine Community zu öffnen, um auch anderen Menschen die Chance zu bieten, inmitten ihres hektischen Alltags etwas Ruhe zu finden. Die »Little Beach Hut of Dreams« war geboren. Wir stellten einen Plan online, in den man sich eintragen und die Hütte kostenlos einen Tag lang mieten konnte, um zu träumen, Pläne zu schmieden, künstlerisch tätig zu sein, einen Roman fertig zu schreiben oder einfach nur, um für sich zu sein. Wir mussten die »Little Beach Hut of Dreams« verkaufen, als wir wegzogen, aber ich bin dankbar für die Zeit, in der sie mir gehörte.

Während ich nach und nach immer mehr Raum für mich schaffte, bemerkte ich, wie sehr mich das veränderte. Schließlich ging ich nach der Geburt unserer zweiten Tochter ganze fünf Monate in Mutterschutz – das ist eine lange Zeit für eine Selbstständige – und verlebte einen herrlichen Sommer, in dem ich unseren neuen Augenstern kennenlernte, unsere Maia.

Innehalten, nachdenken und durchatmen

Der Schlüssel zur Freiheit »Raum für Kopf + Herz« hilft dir dabei, Raum zum Innehalten, Nachdenken und Durchatmen zu finden. Es geht darum, Inseln der Ruhe zu schaffen, um Kopf und Herz wieder miteinander in Einklang zu bringen und deine innere Ruhe wiederherzustellen.

Das wichtigste Element dieses Schlüssels zur Freiheit ist es, Raum zu finden. Dies bezieht sich auf Raum innerhalb deines Tages (Zeit), Raum inmitten des Lärms (Ruhe) und Raum in der Welt (Platz), um so den Raum in deinem Herzen und deinem Geist zu vergrößern, was wiederum Klarheit, Gelassenheit und Ruhe schafft.

Indem du in deinen Körper hineinhörst, kannst du Raum für deinen Kopf finden. Indem du deine Sinne für die Liebe, das Schöne und das Wunderbare schärfst, kannst du Raum für dein Herz finden.

Unser Alltag ist oft sehr hektisch, und die meisten von uns sind permanent Lärm ausgesetzt – in Gedanken, in den Ohren, am Telefon, in der Welt um uns herum. Diese andauernde Geräuschkulisse hindert unser Inneres daran, uns mitzuteilen, was wir wollen, was wir brauchen, ja sogar was wir lieben. Statt uns zu öffnen, wollen wir dichtmachen.

Wir werden auf Schritt und Tritt mit Informationen bombardiert. Unser Gehirn ist gezwungen, Überstunden zu machen, um all das zu verarbeiten, was auf uns einprasselt. Sich zu fokussieren wird zur Herausforderung. Unser permanentes Streben nach mehr bringt uns an unsere Grenzen, und der Druck, unter dem wir stehen, flutet unseren Körper unaufhörlich mit Adrenalin, Cortisol und anderen Stresshormonen, was sich wiederum auf unser Immunsystem auswirkt, unsere Substanz angreift. Es ist somit nicht verwunderlich, dass so viele von uns anfällig sind für Krankheiten, vorzeitig altern und permanent erschöpft sind.

Raum für Kopf + Herz zu finden, ermöglicht es Gehirn und Herz, zur Ruhe zu kommen und sich sanft zu öffnen, damit sich die Quelle der Inspiration wieder füllen kann.

> *Indem wir Herz und Verstand öffnen,*
> *bitten wir Möglichkeiten herein und*
> *schaffen mehr Platz für die Liebe.*

Wenn wir uns Zeit und Raum schaffen, um unsere Batterien aufzuladen, gehen wir gestärkt daraus hervor. Das bedeutet jedoch nicht, dass wir zwangsläufig ein ruhiges Leben führen müssen. Es geht darum, zur Ruhe zu kommen, denn nur in der Ruhe hören wir die Stimme des Lebens, die mit Kraft, Klarheit und Schönheit zu uns spricht.

Dieser Schlüssel zur Freiheit hilft, wenn dir einfach alles zu viel scheint. Wenn dich der Fernseher verrückt macht. Wenn du dich nicht denken hören kannst.

Als Sienna noch ganz klein war, gab es Phasen, da hätte ich mich am liebsten zu den freundlichen, netten, hilfsbereiten Menschen in meinem Haus umgedreht und ihnen etwas weitaus Unfreundlicheres ins Gesicht geschrien als »Würdet ihr bitte einfach alle mal die Klappe halten?«. Wer mich kennt, weiß, dass das absolut nicht meinem Wesen entspricht, aber in der chaotischen Zeit als junge Mutter sehnte ich mich verzweifelt nach Ruhe und Frieden, nach Raum für Kopf + Herz.

Wenn du morgens kaum die Kraft findest, aufzustehen, geschweige denn durch den Tag zu kommen, kann dieser Schlüssel zur Freiheit deine Käfigtür aufschließen. Wenn dein Kopf voll ist und dein Herz schwer. Wenn dir das Konzept des »sich frei fühlen« oder zu »tun, was du liebst« wie ein lächerliches Hirngespinst erscheint, da du schon froh bist, wenn du zwischen all den beruflichen Terminen und familiären Pflichten nicht vergisst zu essen. Es kann genau das sein, was du brauchst, wenn du dich wie ausgelaugt fühlst vom permanenten Geben und von der emotionalen Unterstützung, die du anderen auf Kosten deines eigenen Wohlergehens zukommen lässt.

Raum für Kopf + Herz hilft dir dabei, den Nebel zu lichten, damit du anfangen kannst, vom Fliegen zu träumen.

*Raum für Kopf + Herz:
Wie aktiviere ich
diesen Schlüssel zur Freiheit?*

Du kannst diesen Schlüssel zur Freiheit aktivieren, indem du Zeit in der Natur verbringst, an einem Ort, der sowohl erholsam als auch kräftigend ist. Denke dabei an die vier Elemente: Erde, Luft, Feuer, Wasser.

Ist Wasser eine Quelle der Inspiration für dich, suche dir einen Platz an einem Flussufer oder eine Bank an einem See oder mache einen Spaziergang am Meer. Ist es Luft, die du brauchst, steige einen Berg hinauf, wandere durch eine hügelige Landschaft, setze dich mit einer Thermoskanne Tee auf eine windige Klippe. Beobachte die Wolken oder schaue in den Nachthimmel hinauf. Stehe vor dem Morgengrauen auf, um dir den Sonnenaufgang anzusehen. Bestaune den Sonnenuntergang.

In Japan gibt es eine Therapie namens *Shinrin-Yoku*, was wörtlich übersetzt so viel bedeutet wie »Waldbaden«. Die Idee dahinter: Nimm die heilende Kraft der Bäume in dich auf, sei ganz da, dankbar, achtsam. Laufe schweigend durch die Natur wie ein Fuchs. Erkunde, finde Ruhe, tauche ein, öffne dich. Wenn du keinen Wald in deiner Umgebung hast, laufe barfuß durch deinen Garten, gehe mit deinem Hund spazieren oder erkunde einen Park in deiner Nähe.

Die Natur hilft, ist aber nicht zwingend notwendig. Es kann genauso gut eine gemütliche Ecke bei dir zu Hause sein oder ein Sessel in deinem Lieblingscafé. Es muss noch nicht einmal ein Ort sein. Es kann irgendwo in deinem Tagesablauf sein, auf den Seiten deines Tagebuchs, in einer Yoga-Übung, beim langsamen Umrühren eines Risottos, im Flackern einer Kerze oder in den Flammen eines Kaminfeuers, auf einer langen Radtour, im Dampf deines morgendlichen Kaffees.

Es sollte einfach irgendwo sein, wo du tief durchatmen und dich ausklinken kannst, um dich wieder anzukoppeln.

Wenn du die Möglichkeit hast, irgendwo hinzugehen, um eine längere Pause zu machen, wirst du mit Sicherheit eine große Wandlung erfahren. Doch sollte das gerade nicht möglich sein, kannst du auch anfangen, diesen Schlüssel zur Freiheit an Ort und Stelle zu aktivieren, mit einer Stunde hier, einem Wochenende da. Schon ein paar Minuten pro Tag können etwas verändern.

In Zeiten wie diesen ist es wichtig, darauf zu achten, was du dir ansiehst, dich mit ruhiger Musik und nicht allzu anstrengenden Unternehmungen zu verwöhnen und dich vor brutalen Filmen, Sensationsmache und Reizüberflutung, auch in den sozialen Medien, zu schützen.

Indem du Raum in deinem Kopf und in deinem Herzen schaffst und jegliche aggressiven Reize herausfilterst, schaffst du Platz für Inspiration und Liebe.

Kapitel 4

2. Schlüssel zur Freiheit: Abenteuer + Lebendigkeit

Endlose To-do-Listen, finanzielle Belastungen und Verpflichtungen, das alles kann dafür sorgen, dass die Käfiggitter bedrohlich näher rücken. In diesen Zeiten empfinden wir Abenteuer meist als Luxus, doch genau dann sollten wir mehr Abenteuer wagen.

———

Als meine Firma, mein Team und damit auch die Verantwortung, die ich trug, innerhalb kürzester Zeit immer größer wurden, und ein geschäftiger Tag dem nächsten folgte, entwickelte ich mich mehr und mehr zu einem Roboter. Viel zu lange hatte ich das Gefühl, alles völlig mechanisch zu tun, das Leben zu beobachten, ohne selbst daran teilzuhaben, ohne wirklich etwas zu erleben. Also forderte ich mich selbst zu kleineren Abenteuern heraus. Traute mich, einfach einmal irgendwohin zu gehen, wo ich noch nie war, und dort fremde Menschen anzusprechen. Mit jedem dieser kleinen Schritte fühlte ich mich lebendiger. Und nicht nur das, ich kehrte mit frischen Ideen, mehr Energie und neuer Kreativität an meinen Arbeitsplatz zurück.

Mr K bemerkte diese Veränderung und schlug vor, dass ich doch einmal wegfahren solle, um eine richtige Auszeit vom Alltag zu nehmen. Meine alte Freundin Vigdis war etwa zehn Jahre zuvor nach Costa Rica ausgewandert, um eine Kajak-Lodge zu eröffnen, und ich hatte sie schon immer einmal besuchen wollen. Es schien die perfekte Gelegenheit. Anfangs war ich skeptisch, da Maia erst zehn Monate alt war, trotzdem buchte ich einen Flug. Ein paar Tage bevor es tatsächlich losgehen sollte, beschloss Maia von sich aus, nicht mehr gestillt werden zu wollen, als würde auch sie mir ihren Segen geben.

—

Beim Kajakfahren mit Vigdis in Costa Rica schießen silberne Funken aus meinen Fingerspitzen. Zisch, zisch, ich fühle mich wie eine Superheldin. Wenn ich mein Ruder in das tiefschwarze Wasser tauche, stieben Diamanten auseinander und funkeln über den feuchten Boden eines Tanzsaals.

Reiße ich mein Ruder durch die Schwärze wieder nach oben, steigt aus der Tiefe eine weiße, hexenartige Frau empor, die Haare schweben um ihren Kopf, eine Göttin der Tiefe. Ich befinde mich auf einer nächtlichen Kajaktour durch eine einsame Bucht in den Tropen und paddle inmitten von Biolumineszenz-Phänomenen. Der Himmel ist lautlos, und die Luft ist warm. Im Schatten einer winzigen Insel, die Stirnlampe ausgeschaltet, ist es pechschwarz und gespenstisch still. Ich bin wie verzaubert.

Ich schaue zu Vigdis rüber, die nur ein dunkler, gleichmäßig vorbeigleitender Schatten ist. Ein seltener Mondstrahl fällt auf ihr Gesicht, ihr Haar leuchtet golden auf, und sie strahlt. »Ist das nicht wunderschön?«, fragt sie. Vigdis hat dieses Naturspektakel schon Hunderte Male erlebt, doch sie ist so ehrfürchtig wie am ersten Tag. Das hier ist ihr Beruf, und ich besuche sie, um herauszufinden, wie sie ihrem Käfig entflohen ist und ihre Heimat

Norwegen verlassen hat, um hier zu landen, als Besitzerin einer Kajak- und Sportfischerei-Lodge in Paquera.

Ich kenne Vigdis seit zwölf Jahren und weiß, dass ihr Leben einem geschäftigen Alltag zum Opfer gefallen war. Jetzt treffe ich eine glücklich verheiratete Frau, die sich auf die Suche nach Freiheit gemacht hat und die sich genau das Leben aufgebaut hat, das sie sich wünscht. Sie lebt inmitten exotischer Tiere und Vögel, arbeitet von einem Baumhaus aus und verbringt jeden Tag zusammmen mit ihrem Mann in der Natur.

⌒ Freiheit in die Tat umsetzen ⌒

Vigdis Vatshaug und ihr Mann Thomas Jones hatten beide einen guten Job in Norwegen, doch sie sehnten sich nach Abenteuer und träumten von einem Ort in den Bäumen, in der Nähe eines Strandes, wo sie angeln und Kajak fahren und diese Erfahrung mit anderen Abenteurern teilen konnten. Und so begann eine Suche, die sie schließlich nach Costa Rica führte.

Trotz ihrer mutigen Entscheidung, dorthin auszuwandern, sind die beiden keine kopflosen Abenteurer. Sie machten eine Checkliste mit allem, was für sie wichtig war: endlose Natur, Wassersport, politische Stabilität, verhältnismäßig sicheres Reiseland, von Europa und den USA aus erreichbar und so weiter. Da sie entschlossen waren, Spanisch zu lernen, sortierten sie alle englischsprachigen Länder aus und fassten Mittelamerika ins Auge. Sie holten sich von unzähligen Seiten Rat ein und investierten Geld in eine sechswöchige Erkundungsreise, um den richtigen Ort zu finden. Es war eine aufregende Zeit, und als sie schließlich dieses Fleckchen Erde in der Nähe von Paquera entdeckten, wussten sie, dass ihre Suche ein Ende gefunden hatte.

Heute begrüßen Vigdis und Thomas ihre Gäste in einem riesigen offenen Wohnzimmer, dessen Holzdach von Frangipani-Baum-

stämmen getragen wird. Es gibt keine Wände, kein drinnen und draußen. Weiße und rosafarbene Bougainvilleen ranken durch den Frühstücksbereich, und wenn es regnet, ist die Atmosphäre spannungsgeladen. Von einem Hängesessel in der Lounge aus kann man hinunter bis zum kristallklaren Wasser und zum unberührten weißen Sandstrand sehen.

Gäste machen häufig Bemerkungen über ihre Art zu leben. Manche halten sie ganz klar für verrückt, bei anderen schwingt eine Spur Neid mit. »Ihr habt so großes Glück«, sagen sie alle. Aber mit Glück hat das nichts zu tun. Vigdis und Thomas haben das möglich gemacht. Sie haben entschieden, gewisse Opfer zu bringen, zu denen andere vermutlich nicht bereit wären, um sich das Leben aufzubauen, das sie wollten.

Sie mussten sich etlichen Herausforderungen stellen, doch sie haben einander immer zur Seite gestanden und ihr Ziel nie aus den Augen verloren.

Vigdis hat sich aus ihrem Käfig befreit, indem sie den Schlüssel zur Freiheit »Abenteuer + Lebendigkeit« benutzt hat. Sie stellte ihr gesamtes Leben auf den Kopf, zog auf einen anderen Kontinent, lernte eine neue Sprache und baute sich eine ganz neue Existenz auf, um dieses Gefühl von Abenteuer und Lebendigkeit jeden Tag zu spüren. Und so lange sie das tut, hält sie sich von dem Käfig fern und fliegt frei.

Zurück in den Kajaks, lachen Vigdis und ich miteinander, besprühen uns gegenseitig mit Funken. Wir tun so, als wäre sie Bio Woman und ich Lumio. Wir machen Witze, doch Vigdis verfügt wirklich über die Superkraft, ein leuchtendes Beispiel der Inspiration zu sein, einfach durch die Art, wie sie lebt.

Sich selbst herausfordern

Der Schlüssel zur Freiheit »Abenteuer + Lebendigkeit« hilft dir dabei, dich aus deinem grauen Alltag aufzuscheuchen und dich selbst dazu herauszufordern, etwas Neues, Anderes, Unvorhersehbares zu tun. Er ist ein Funke Spannung, eine Abkehr vom alten Trott.

Abenteuer sind Kopfsache. Es geht darum, dich in allen Bereichen deines Lebens auf die Suche nach dem Unbekannten zu begeben. Lust auf frischen Wind zu haben. Aktiv nach Inspiration zu suchen. Den Nervenkitzel verspüren zu wollen, in neues Terrain vorzudringen.

Abenteuer sind oft mit Risiken verbunden und manchmal sogar mit Gefahren. Das Gute an ihnen ist, dass sie unsere gesamte Aufmerksamkeit erfordern, sodass die Ansprüche der »normalen« Welt in dem Moment ausgeblendet werden.

Lebendigkeit bedeutet, im Hier und Jetzt zu sein, den Moment wahrzunehmen und wertzuschätzen. Ehrfürchtig sein zu dürfen.

Dieser Schlüssel zur Freiheit hilft dir dabei zu erkennen, dass du Teil von etwas Größerem bist als dir selbst, Teil einer faszinierenden und geheimnisvollen weiteren Welt, und diese Erfahrung persönlich erleben zu wollen und selbst tätig zu werden, um sie zu verwirklichen.

Was ist das Gegenteil von Abenteuer? Langeweile und Eintönigkeit vielleicht? Über das Gegenteil von Lebendigkeit wollen wir gar nicht erst nachdenken. Aus diesem Grund ist dieser Schlüssel zur Freiheit so wichtig. Es geht um den Herzschlag des Lebens selbst. Darum, mit der Welt um dich herum in Kontakt zu treten, sie zu entdecken und die Momente in dich aufzunehmen und zu bewahren. Es geht um so vieles, was das Leben auf dieser Welt aufregend machen kann.

Bewusster werden

Lange bevor ich mich selbstständig gemacht habe, arbeitete ich bei der UNO, und vor meiner ersten Dienstreise ins Ausland, musste ich ein Sicherheitstraining absolvieren. Dort wurde uns nicht nur beigebracht, wie wir verhinderten, gekidnappt zu werden oder auf Landminen zu treten, sondern auch, dass Routine zur Gefahr werden kann. Angenommen, ein Diplomat nimmt jeden Tag den gleichen Weg zur Arbeit, stets im selben Fahrzeug, entlang derselben Straßen, zur selben Uhrzeit. Es wäre praktisch eine Einladung für einen Überfall. Es ist also sicherer, regelmäßig etwas zu verändern und Überraschungen einzuplanen.

Von dieser Form von Bewusstsein können auch wir profitieren. Wir neigen dazu, in Routine zu verfallen, da uns das Leben so irgendwie leichter und sicherer vorkommt. Aber Routine ist trügerisch. Sie kann uns ein gutes Gefühl geben, da wir uns dank ihr beschäftigt fühlen, etwas, das viele von uns wie einen Orden an der Brust tragen. Aber beschäftigt zu sein bedeutet nicht zwangsläufig, nützlich zu sein. Bewegung bedeutet nicht zwangsläufig Entwicklung.

Alastair Humphreys, Berufsabenteurer und Autor der Bücher *Microadventures* und *Grand Adventures*, hat einmal zu mir gesagt:

»Körperliche Abenteuer sind ein wirksames Mittel, um dich aus deinem Alltagstrott herauszureißen, denn sie sind mit so ursprünglichen Dingen verbunden wie müde zu sein, zu frieren oder Angst zu haben. Diese Empfindungen haben wir in unserer keimfreien Welt nur noch selten. Indem wir uns großen Herausforderungen in wilder Natur stellen, tun wir aktiv etwas, um die Dinge wieder ins richtige Verhältnis zueinander zu setzen.«

Abenteuer + Lebendigkeit sind außerdem ein hilfreiches Mittel, um Probleme zu lösen. Nutze es, um Herausforderungen neu anzugehen und sie als Chance zu sehen, etwas anders zu machen. Ein abenteuerlustiger Geist wird dich von deinen Problemen fortlocken, dich über Hindernisse hinwegtragen, Hügel hinaufführen und dir die Schönheit all dessen zeigen, was dahinterliegt.

Der Wunsch nach Freiheit entspringt unserem tiefsten Inneren, und wir fühlen uns am stärksten mit unserem Inneren verbunden, wenn wir lebendig werden.

Der Schlüssel zur Freiheit »Abenteuer + Lebendigkeit« passt am besten, wenn du einen Weg suchst, um aus der Schinderei eines weiteren Tages wie gestern herauszukommen. Wenn du dich abgespannt fühlst, dein Glaube schwindet und du unglücklich und launisch bist. Wenn das Leben vorhersehbar geworden ist, du gelangweilt bist und dich nur noch fragst: »Und das soll alles sein?«

Der Schlüssel kann außerdem überraschend hilfreich sein, wenn du das Gefühl hast, rein gar nichts mehr in deinem Tag unterzubringen, denn indem du die Dinge, die du erledigen musst, einfach anders angehst, schaffst du Platz für Neues.

Im größeren Rahmen kann dieser Schlüssel zur Freiheit entscheidend sein, wenn du an einem Scheideweg stehst, wenn sich dir die Gelegenheit einer größeren Veränderung bietet, du aber nicht weißt, welche Richtung du einschlagen sollst. Warum? Er kann dir vor Augen führen, wie gewaltig deine Möglichkeiten sind, und dir dabei helfen, dein Potenzial zu erkennen.

Überlege doch nur, wie anders du wärst, wenn du zur abenteuerlustigsten und lebendigsten Version von dir selbst wirst!

Abenteuer + Lebendigkeit: Wie aktiviere ich diesen Schlüssel zur Freiheit?

Abenteuer + Lebendigkeit müssen nicht zwangsläufig bedeuten, dass du auf die andere Seite des Erdballs ziehst, im Dschungel lebst oder alles stehen und liegen lässt, um auf Weltreise zu gehen. Sieh diesen Schlüssel zur Freiheit einfach als eine Aufforderung, neue Dinge auszuprobieren oder alte Dinge anders zu machen.

Abenteuer müssen nicht teuer sein, und du kannst diesen Schlüssel auf ganz einfache Art und Weise aktivieren, zum Beispiel, indem du eine Stecknadel auf eine Landkarte fallen lässt und an diesen Ort fährst oder deine tägliche Routine über den Haufen wirfst oder einfach mal spontan bist.

Wenn es dir deine momentane Situation nicht erlaubt wegzufahren, reise im Geiste und schaue, wohin es dich führt. Wenn wir unterwegs sind, probieren wir neue Speisen aus, versuchen Worte in einer fremden Sprache zu sprechen, fahren in verschiedenen Transportmitteln herum, bleiben die ganze Nacht wach, um Sternschnuppen zu zählen. Versuche das bei dir zu Hause. Laufe durch deine Stadt und stelle dir vor, jeder hat eine Geschichte und alles ist interessant. Gehe in ein neues Restaurant, schließe die Augen und tippe blind auf die Speisekarte. Unterhalte dich mit Fremden. Bleibe eine Zeit lang sitzen und beobachte die Menschen.

Probiere das alles und lerne die Unterschiede kennen. Deine Sinne werden in höchste Alarmbereitschaft versetzt werden, und du wirst tief in den Moment eintauchen und die Herrlichkeit des Lebens genießen.

Kapitel 5

3. Schlüssel zur Freiheit:
Verspieltheit + Neugier

Nachdem ich beschlossen hatte, den Käfig zu verlassen, waren meine Sinne in höchster Alarmbereitschaft, und ich war überrascht, plötzlich festzustellen, dass in meinem Leben der Klang von Lachen fehlte. Nicht alles Lachen, doch das, bei dem man schier den Verstand verliert, war praktisch verschwunden. Für jemanden, der gern lachte, war das ziemlich traurig. Während ich darüber nachdachte, erinnerte ich mich an eine Zeit zurück, als mein natürlicher Sinn für Verspieltheit und Neugier etwas in Bewegung setzte, das ich nie vergessen werde.

—

Ich begleitete den Schauspieler und UNICEF-Botschafter James Nesbitt auf einer Reise zu mehreren Entwicklungsprojekten durch Sambia. Er war gerade mit einem Fernsehteam in einem winzigen, einfachen Haus und sprach mit einer jungen Familie, und da dort nicht genug Platz für uns alle war, stahl ich mich davon und begab mich alleine auf einen Streifzug durch die Umgebung.

Ich kam zu einer staubigen menschenleeren Lichtung, die von weiteren winzigen Behausungen gesäumt war. Ich entdeckte einen Stock auf dem Boden und fühlte mich seltsam davon angezogen, also hob ich ihn auf. Es war, als hätte der Stock Zauberkräfte. Wie von selbst begann ich im Weitergehen plötzlich zu hüpfen und mit den Armen hin- und herzuschlenkern, während ich den Stock wie einen Zauberstab in der Hand hielt. Und dann hörte ich Fußschritte hinter mir.

Ein Junge verfolgte mich. Sein rasierter Kopf federte rhythmisch auf und ab, während auch er hüpfte und dabei übers ganze Gesicht lachte. Sekunden später folgten ihm mehrere Freunde, Minuten später hüpfte ich über den Platz wie der Rattenfänger von Hameln, zusammen mit über fünfzig Kindern, die sich hinter mir drängelten, kicherten und vor Freude strahlten. Es war unglaublich.

Ich wurde neugierig, wie weit ich das Spiel treiben konnte. Ich ging in die Hocke und bewegte mich langsam weiter, als würde ich mich an einen Löwen heranpirschen. Ich legte einen Finger an die Lippen und signalisierte den Kindern damit, leise zu sein. Augenblicklich verstummten alle, auch wenn sie innerlich fast vor Lachen platzten. Zusammen schlichen wir hin und her, hin und her, bis ich unvermittelt anhielt, mich umdrehte und brüllte. Sie schüttelten sich vor Lachen und gaben mir zu verstehen, dass ich es noch mal machen sollte. Anpirschen, brüllen, lachen, so ging es immer weiter. Wir kannten die Sprache des anderen nicht, aber wir bildeten eine vollkommene Einheit. Der Fotograf François d'Elbée, der uns auf der Reise begleitete und ebenfalls gerade die Gegend erkundete, hielt einen dieser »Pst«-Momente heimlich mit seiner Kamera fest, und man kann in den Augen eines jeden Einzelnen von uns ein Funkeln sehen. Wir waren völlig in dem Moment versunken, stürzten einen berauschenden Cocktail aus verspielter Neugier und purer Freude hinunter.

Während meiner Zeit bei UNICEF machte ich insgesamt 17 solcher Reisen durch die ganze Welt und lernte viele außergewöhnliche Menschen kennen, von Friedensnobelpreisträgern bis Staatsführern, von Wahlkampfberühmtheiten bis kommunalen Aktivisten, und ganz viele Kinder, die einer schwierigen Zukunft entgegensahen. Doch von allen Momenten ist es dieser eine, auf einer staubigen Lichtung in Sambia, den ich für immer in meinem Herzen tragen werde.

*Unterm Strich ist alles, was uns bleibt,
die Summe der wertvollen Momente,
die wir erlebt haben, und viele davon
entstehen aus Verspieltheit und Neugier.*

Die Welt entdecken wie ein Kind

Die Erinnerung an Sambia machte mir bewusst, wie einfach es ist, Spaß zu haben, besonders mit Kindern in meinem Leben. Von diesem Tag an versuchte ich ganz bewusst, die Dinge spielerischer und unbeschwerter anzugehen, und meine beiden Mädchen waren meine Lehrerinnen.

Ich versuchte außerdem bewusst, noch einmal neugierig auf die Welt um mich herum zuzugehen, indem ich grund- und ziellos herumspazierte und mich umsah.

Oft versuchen wir, so viel in unseren Tag hineinzustopfen, dass alles, was keinen eindeutigen Sinn und Zweck hat, verworfen wird. Doch meist sind es genau diese Momente »sinnloser« Neugier, in denen wir etwas entdecken, das eine Idee zündet, das uns offen macht für Neues oder eine unerwartete Chance bereithält.

Der Schlüssel zur Freiheit »Verspieltheit + Neugier« lädt dich ein, die Welt zu entdecken wie ein Kind. Lockerer zu werden und die Dinge weniger ernst zu nehmen. Er spricht deine Neugier an. Er ermöglicht es dir, etwas über die Welt zu lernen und sie zu entdecken, ohne dass du dabei das Gefühl hast, dich anstrengen zu müssen. Es steckt etwas Freches, Unschuldiges und Offenes darin. Der Schlüssel ermuntert dich, zu entspannen und Freude zu finden. Und das Beste daran? Es ist ganz einfach.

Wenn man sich leicht und unbeschwert fühlt, wenn man Spaß hat und so herrlich tief aus dem Bauch heraus lacht, ist man wie befreit. Spielen ist immer mit Freude verbunden, es sorgt für gute Laune und fördert das Wir-Gefühl. Es ist gut für Körper und Geist. Das sagen auch die Wissenschaftler. Deren Ergebnisse (großartig zusammengefasst von Stuart Brown in seinem Buch *Play*) zeigen, dass dem Menschen wesentlich bessere kreative Lösungen einfallen, wenn er sich seinen Aufgaben spielerisch nähert und nicht ergebnisorientiert.

Spielen erfordert die gesamte Aufmerksamkeit, für Sorgen bleibt in diesem Moment kein Platz im Kopf. Vergangenheit und Zukunft verflüchtigen sich, und genauso geschieht es mit deinen Käfiggittern.

Neugierig zu sein ist nicht zuletzt wichtig, um unser Bewusstsein für die Welt zu schärfen: Je mehr wir entdecken, desto bewusster wird uns, was es alles zu entdecken gibt, und das wiederum weckt unseren Sinn für Aufregendes und Mögliches. Also, viel Spaß dabei!

Im Spiel erfahren wir außerdem das Gefühl dazuzugehören. Mithilfe von Verspieltheit + Neugier können wir also jene Orte ausfindig machen, an denen wir uns dazugehörig fühlen.

Der Meister des Spiels

Kevin Carroll hatte eine schwere Kindheit. Mit sechs Jahren wurde er schließlich von seiner Mutter in einer Wohnwagensiedlung ausgesetzt und wuchs fortan bei seinen Großeltern auf. Ganz in der Nähe war ein Spielplatz, und dort lernte er und reifte heran.

Kevin machte Karriere als Cheftrainer des NBA-Teams Philadelphia 76ers und wechselte später zu Nike, wo er mithilfe seines spielerischen und neugierigen Ansatzes immer wieder große Erfolge erzielte. Heute setzt er sich nachdrücklich für den gesellschaftlichen Wandel ein und ist als Autor und Redner tätig, wobei sich das Spielerische wie ein roter Faden durch alles hindurchzieht.

Seit über dreißig Jahren nimmt sich Kevin einmal in der Woche Zeit, um aufzublicken, den Blickwinkel zu ändern und alles aufzuschreiben, was er sieht. Dieses Ritual ermöglicht es ihm, die Dinge in allen Bereichen seines Lebens unterschiedlich zu betrachten und sich ein Leben lang seine kindliche Neugier zu bewahren. Wie wäre es, hast du Lust, das auch einmal auszuprobieren?

Neugieriger sein

Manchmal macht es Spaß, impulsiv etwas zu tun, einfach nur weil ...

Vor ein paar Jahren beschwerte ich mich bei meinem jüngeren Bruder Matt, dass nur noch Rechnungen und Werbung in meinen Briefkasten flatterten und keinerlei handgeschriebene Briefe mehr. Wir beschlossen daraufhin, etwas gegen diesen Trend zu tun, indem wir uns gegenseitig zum Spaß Sachen schickten. Und so starteten wir die Kampagne für Echte Post.

Wir forderten uns gegenseitig dazu heraus, wahllos Briefmarken auf irgendwelche Dinge zu kleben – Umschläge waren verboten –, um dann mit Spannung abzuwarten, was tatsächlich ankam. Zu den erfolgreich zugestellten Sendungen zählten unter anderem eine Scheibe Toast, eine Sonnenbrille, eine CD, eine Ananas und eine Dose Sardinen. Dann schickte mir Matt eine leere Rolle Klopapier. Doch als sie ankam, war sie nicht mehr leer.

In der Papprolle steckte eine zusammengerollte Zeitung. Aber es war nicht irgendein altes Lokalblatt, sondern *The Arnold Sentinel* aus Custer County, Arnold, Nebraska, USA, einer Stadt über siebentausend Kilometer weit weg. Wir konnten uns absolut keinen Reim darauf machen, wie die Zeitung in die Rolle gekommen war. Das weckte meine Neugier.

Ich fing an, die Zeitung zu lesen, und erhielt einen unerwarteten Einblick in das Leben von Custer County. Da war eine Geschichte über einen Hirsch, der in einen Schneesturm geraten war, und eine Anzeige, dass sich der »Good News Club« bald wieder traf. Das gefiel mir. Ich schickte eine E-Mail an die Zeitung, erzählte ihnen die Geschichte vom Rätsel um die Klorolle, und sie veröffentlichten einen Artikel darüber, was wiederum die Neugier ihrer Leser weckte. Und ich musste lächeln.

Matts und meine Aktion hatte keinerlei finanziellen Hintergrund oder irgendein erklärtes Ziel. Wir waren einfach nur neugierig, was passieren würde. Manchmal reicht das. Manchmal
entsteht daraus etwas, das man sich nie hätte vorstellen können.

Verspieltheit + Neugier ist der perfekte Schlüssel zur Freiheit,
wenn du das Gefühl hast, dein Leben ist zu ernst geworden.
Wenn du nur noch vor dem Computer hängst, wenn deine Arbeit
dich nicht fordert oder wenn dir der Kopf vor Sorgen zu platzen
scheint.

Und wenn du denkst, du hast keine Zeit für Spaß, dann ist die
folgende Geschichte genau das Richtige für dich.

Verspieltheit + Neugier: Wie aktiviere ich diesen Schlüssel zur Freiheit?

Ich lebe mit zwei Spieleprofis zusammen. Ihre Namen sind
Sienna und Maia, und sie tun den lieben langen Tag kaum
etwas anderes. Und so sieht ein ganz normaler Tag in ihrem
Leben aus: aufwachen, lächeln, essen, spielen, anziehen, plappern, spielen, lächeln, *Peppa Wutz* schauen, wieder spielen,
lachen, plappern, mich zum Lachen bringen, tanzen, erkunden,
Schnecken fangen, auf dem Sofa herumspringen, malen, Seifenblasen machen, kichern, essen, kitzeln, in einem Tutu und mit
einem Diadem auf dem Kopf durchs Haus spazieren, Ball spielen (immer noch in Tutu und mit Diadem), essen, Schlafanzüge
anziehen, singen, lesen, versuchen mich zu überreden, noch ein
bisschen spielen zu dürfen, einschlafen, alles von vorn.

Meine ältere Tochter lernt praktisch alles durch Verspieltheit +
Neugier. Es ist ihre Art, zu verstehen und zu begreifen, was um

sie herum geschieht. Es ist ihre Art, Freundschaften zu schließen und ihre Babysitter und uns in ihre Welt mit einzubeziehen. Von der Trotzphase einmal abgesehen, hat sie fast immer gute Laune. Davon muss man sich einfach eine Scheibe abschneiden. Stelle dir vor, was passieren könnte, wenn du neugieriger wärst und anfangen würdest, verspielter zu sein.

Versuche dich daran zu erinnern, was du als Kind besonders gern gemacht hast, und schaue, wie du irgendetwas davon in deinen heutigen Alltag integrieren kannst. Wenn es an deinem Arbeitsplatz alles andere als spielerisch zugeht, überlege: Verspieltheit kann herrlich subversiv sein. Falls du momentan nicht arbeitest, wie spielerisch könntest du deine täglichen Aufgaben erfüllen?

Wie steht es mit deiner Neugier? Wann hast du das letzte Mal eine unbekannte Zeitschrift in die Hand genommen, hast dich auf Schatzsuche begeben, bist einer Sache nachgegangen, die dich vor ein Rätsel gestellt hat? Folge deiner Neugier und schaue, wohin sie dich führt.

Kapitel 6

4. Schlüssel zur Freiheit: Kreativität + Innovation

Je mehr Raum ich in meinem Leben schuf, desto mehr Dinge nahm ich wahr und desto wichtiger wurde es mir, die zweite Hälfte meiner Schwangerschaft und die wertvolle erste Zeit in Maias Leben zu dokumentieren. Ich begann Tagebuch zu schreiben, um das Erlebte festzuhalten, um dem Wunder nachzuspüren und nicht zuletzt, um zu verstehen, wie unsere kleine Familie in dieser neuen Formation funktionierte. Je mehr ich schrieb, desto bewusster wurde mir mein Kontext und mein Käfig und desto deutlicher erkannte ich die Käfigtür und die Welt dahinter. Die Zeit, die ich mit Schreiben verbrachte, eröffnete mir immer mehr Raum, in meinem Kopf und in meinem Herzen. Meine Schlüssel zur Freiheit nährten sich gegenseitig, und ich schrieb mich frei.

Je mehr ich schrieb, desto bewusster wurde mir, wie wichtig mir das Schreiben war. Und während ich immer mehr Raum schuf, schlich sich etwas ganz Besonderes herein, um die Weite zu füllen – eine besondere Vorstellung von persönlicher Freiheit. Das wiederum beflügelte mich, noch kreativer zu werden, noch mehr Ideen und Möglichkeiten zu erkunden. Mir machte das so viel Freude, dass ich darüber nachzudenken begann, wie ich mein Leben und meinen Beruf so umgestalten könnte, dass ich darin noch mehr Raum, mehr Schreiben und mehr Freiheit unterbrachte.

Es war nicht das erste Mal, dass mir Kreativität den Anstoß zur Flucht gab. Schon sieben Jahre zuvor hatte ein einfaches Kunst-Retreat die Flugbahn meines Lebens verändert.

—

Die Anschnallzeichen leuchten, und die Flugbegleiterin demonstriert, wie im Notfall die Schwimmwesten anzuziehen sind. Ich bin unterwegs zu einem Kunst-Retreat in Kalifornien, wo ich keine Menschenseele kenne. Ich habe eine ellenlange To-do-Liste im Gepäck, einen Kalender voller Abgabetermine und im Grunde keinerlei Zeit für diese Reise. Ich male noch nicht einmal. Was in aller Welt mache ich also in einem Flugzeug über dem Atlantik?

Spulen wir ein paar Wochen zurück: Ich liege in meinem Bett und lese das Buch einer amerikanischen Mixed-Media-Künstlerin namens Kelly Rae Roberts, *Taking Flight*. Es ist ein Mallehrbuch, aber darüber hinaus ist es eine einfühlsame Anleitung, sein kreatives Ich zu umarmen. Irgendetwas in der Geschichte dieser Frau spricht mich an, also fahre ich meinen Computer hoch und google sie. Auf ihrer Homepage heißt es, dass sie in ein paar Wochen zusammen mit der Künstlerin Mati Rose McDonough einen Workshop in San Jose veranstaltet. Ich habe keine Ahnung, wo San Jose liegt, aber ich melde mich trotzdem für den Workshop an … Und dann stelle ich fest, dass San Jose an der Westküste der USA liegt, achttausend Kilometer weit weg.

Dort angekommen, will ich nichts anderes, als mich umdrehen und das nächste Flugzeug zurück nach Hause nehmen. Alle

scheinen einander zu kennen und packen die Art von Künstlerbedarf aus, die mir sofort klarmacht, dass sie bereits Künstler
sind. Was habe ich mir nur gedacht? Mit welchem Recht war ich
hier? Wofür hielt ich mich?

Aber mein Taxi ist schon wieder weggefahren, also kann ich
ebenso gut bleiben. Ich ahne nicht, dass dies eine der bedeu-
tendsten Erfahrungen meines Lebens werden wird.

Wir trafen uns alle zum Malen, und dort, im Schatten von
Mammutbäumen auf uraltem Stammesland, öffneten wir uns,
erkundeten und schlossen Freundschaft. Ich war vom ersten
Hahnenschrei am Morgen bis zum letzten Atemzug am Abend
glücklich.

———

Als Kind führte ich anderen für mein Leben gern selbst aus-
gedachte Tänze und Spiele vor. Ich verbrachte Stunden in der
Dunkelkammer, die mein Vater in der Garage eingerichtet hatte,
um Negative zu entwickeln. Und wie die meisten Kinder liebte
ich es, mich von oben bis unten mit Farbe zu beschmieren. Doch
mit dem Alter kamen die Zweifel: Ich hatte nie malen gelernt,
wusste nichts über Techniken oder was ich tun »sollte«. Wer war
ich, dass ich Kunst in die Welt setzte? Würde mich nicht jeder
für einen Scharlatan halten? Ich traute mich immer seltener,
meine Kreativität, in welcher Form auch immer, zu zeigen. Tatsächlich hatten die meisten meiner Freunde über Jahre hinweg
keine Ahnung, dass ich überhaupt gern künstlerisch tätig war.

Die Kunstwelt schien mir stets diese geheimnisvolle geschlos-
sene Clique wahnsinnig talentierter Leute zu sein, in die man es
nur mit einem Master of Fine Arts, etlichen Ausstellungen auf
dem Konto und den Kontaktdaten von zig Kunsthändlern im
Adressbuch schaffte. Ich hatte nichts davon, also kam ich immer weiter davon ab, nicht nur von der Malerei, sondern auch

vom Fotografieren, Schreiben und allen anderen kreativen Be-
tätigungen. Verliert man sein kreatives Selbstvertrauen, dann
schwindet es nicht einfach nur, es trocknet regelrecht aus.

Bis ich im Jahr 2010 zu diesem Kunst-Retreat flog. Es holte
mich zurück, und alles veränderte sich. Ich lernte dort eine
Gruppe Frauen kennen, die genauso waren wie ich. Mit dem
Unterschied, dass sie ihre Kreativität nicht versteckten – sie
umarmten und feierten sie. Ich fand dort Unterstützung, keine
Konkurrenz, und echten Zuspruch, wo ich bislang Beurteilung
vermutet hatte.

Ich war so froh, diesen Stamm gefunden zu haben, der fest
zusammengehalten wurde von einer gemeinsamen Leidenschaft
für Kreativität, einer Neugier zu lernen und einer Liebe zum
Leben. Es war eine einmalige Gelegenheit, in den Genuss eines
viertägigen Kreativabenteuers zu kommen, unter der Leitung
inspirierender Künstler, in Gesellschaft einiger ganz besonderer
Menschen. In dem Wissen, dass es keine Fehler gab, malten wir,
lachten wir und erzählten einander bis tief in die Nacht hinein
Geschichten. Es war herrlich.

Obwohl jede Teilnehmerin einen völlig anderen künstlerischen Hintergrund hatte – einige waren professionelle Künstle-
rinnen, andere arbeiteten als Kunstlehrerinnen, wieder andere
probierten sich gerade erst aus – breiteten wir alle, jede auf ihre
Art, unsere Flügel aus und machten uns bereit abzuheben. Und
in den Jahren, die seither vergangen sind, habe ich viele dieser
Frauen regelrecht emporsteigen sehen. Sie haben ihr Leben
umgekrempelt, sind beruflich neue Wege gegangen, auf andere
Kontinente gezogen, Lehrerinnen geworden, haben Bücher
geschrieben und sind Freundinnen geblieben.

Etwas Magisches ist auf diesem Stück Land der amerikanischen
Ureinwohner passiert, und keine von uns war anschließend noch
die Gleiche.

Was mich betrifft, so stellte dieses kreative Erwachen einen gewaltigen Wendepunkt in meinem Leben dar. Es gab den Anstoß zu einer Geschäftsidee, die fortan Tausende Frauen dazu ermutigen würde, ihre eigenen kreativen Wege zu gehen. Es sollte der Schlüssel dazu werden, mir eine völlig neue Existenz aufzubauen und andere dabei zu unterstützen, sich ebenfalls neu zu erfinden.

Kelly Rae Roberts würde im Laufe der Zeit eine Geschäftspartnerin und Freundin werden, und Tarotkartenleser würden mir sagen, dass wir zwei in einem früheren Leben Schwestern waren. Wer hätte gedacht, dass ein Buch und ein Pinsel das alles ins Rollen bringen können?

Kreativität und Innovation sind ein Mittel zum Zweck. Manchmal können sie zum Selbstzweck werden. Doch für viele von uns bedeuten sie einen Neuanfang.

Der Zauber der Kreativität

Der Schlüssel zur Freiheit »Kreativität + Innovation« fordert uns auf zu experimentieren, zu erfinden und wieder neu zu erfinden. Anders zu denken und anders zu handeln. Das Unerwartete oder das Unübliche zu tun. Es ist sowohl ein Verhalten als auch eine Einstellung. Und oft ist es auch eine Kunst. Wir alle sind einzigartig, und Kreativität ist unsere Art, das zum Ausdruck zu bringen, während wir die Innovation dazu nutzen, diese Einzigartigkeit auf die Herausforderungen der Welt anzuwenden.

Kreativität besitzt eine ganz besondere Kraft. Sobald du sie zulässt, kann sie dich an Orte führen, die du dir niemals hättest vorstellen können. Und dabei ist es ihr völlig egal, ob du »gut« bist. Sie will einfach nur willkommen geheißen werden. Ich selbst habe mich lange gequält, bis ich mich als kreatives Wesen anerkannt habe, aber das ist lächerlich, denn Mensch zu sein bedeutet, kreativ zu sein. Wir müssen einfach nur das richtige Ventil für sie finden.

Kreativität bedeutet, unsere Fantasie spielen zu lassen – es ist die gefühlvollste Art, unserem tiefsten Inneren Ausdruck zu verleihen und das Schöne und Mögliche zu umarmen. Es bedeutet, etwas zu realisieren, das es in dieser Form vorher so nicht gegeben hat. Es bedeutet, Initiative zu ergreifen: Dinge möglich zu machen und Dinge zu schaffen.

Wenn du Kreativität als einen Schlüssel einsetzt, um deinen Käfig zu verlassen, kommt es nicht auf das Ergebnis an, sondern auf den Prozess. Nicht auf das Geschaffene, sondern auf das Schaffen. Nicht auf die Neuerung, sondern auf das Erneuern. Und das heißt, dass Fehler keine Rolle spielen. Du hast also nichts zu verlieren, wenn du es versuchst.

> *Als Mensch zu wachsen bedeutet, sich ständig zu erneuern und neu zu erschaffen. Wenn bisher nichts funktioniert hat, sollten wir lieber etwas anderes ausprobieren.*

Kreativität als Therapie

In unseren Online-Seminaren erlebe ich immer wieder, wie es Menschen mithilfe von Kreativität gelingt, der Not chronischer Erkrankungen zu entfliehen, mit Verlusten fertigzuwerden oder über das Ende von Beziehungen hinwegzukommen. Ich sehe Menschen, die sich auf einer Leinwand ausdrücken, wie es ihnen mit Worten niemals möglich wäre, und andere, die durch Papier und Tinte zu sich finden.

Kreativ zu sein bedeutet, größtenteils das zu tun, was man liebt, und kann ein Weg in die Freiheit sein. Dabei beschränkt sich Kreativität nicht zwangsläufig auf das, was wir mit unseren Händen tun, sondern beginnt im Kopf – wie wir an unsere Situation, unsere Optionen, unsere Möglichkeiten herangehen. Es kann bedeuten, mehr Fotos zu machen oder häufiger Tagebuch zu schreiben, aber es kann auch bedeuten, mehr Fragen zu stellen, andere Entscheidungen zu treffen oder alte Probleme neu anzupacken.

Über Kreativität zu sprechen – und sie, in welcher Form auch immer, auszudrücken – kann Unbehagen auslösen und uns verwundbar machen. Viele von uns scheuen sich, anderen ihre Bilder zu zeigen, vorzulesen, was sie geschrieben haben, selbst komponierte Musik vorzuspielen oder laut über ihre Ideen und Träume zu sprechen. Oft denken wir, dass wir nicht gut genug sind, und haben Angst, etwas preiszugeben, das unserem Innersten entspringt. Doch indem wir es tun, kommen wir dem Leben als unser wahres Ich einen großen Schritt näher, und das wiederum ist ausschlaggebend, um uns frei zu fühlen.

Der Schlüssel zur Freiheit »Kreativität + Innovation« kann dir helfen, wenn du dich uninspiriert fühlst, wenn du dich nach Schönem und Interessantem in deinem Leben sehnst. Indem es dir gelingt, einen ersten Schritt zu tun, einfach irgendetwas Kreatives zu machen oder in irgendeinem Bereich deines Lebens etwas Neues auszuprobieren, setzt du einen positiven Kreislauf aus Inspiration und Offenbarung in Gang.

Kreativität und Innovation entstehen nicht aus dem Nichts. Wir brauchen Inspiration von außen, um Ideen zu haben. Wir müssen uns aktiv auf die Suche nach Inspiration begeben, und finden wir sie, entsteht daraus ein Kreislauf. Je kreativer und innovativer wir werden, desto freier und ungehinderter kann die Inspiration fließen.

Wenn du dich im Schatten deiner Gitterstäbe quälst, insbesondere wenn sie mit Gefühlen wie Verzweiflung, Wut und Enttäuschung zu tun haben, kann dir dieser Schlüssel zur Freiheit helfen. Indem du diese Gefühle in Inspiration umwandelst, statt zuzulassen, dass sie dich innerlich auffressen, gibst du der Kreativität und Innovation gewaltigen Auftrieb. Häufig schwingt in solchen Momenten eine Tür zu neuen Möglichkeiten auf.

Es ist praktisch unmöglich, »in Topform« zu sein und sich gleichzeitig Sorgen wegen seines Alltags zu machen. Während wir damit beschäftigt sind, innovativ zu sein oder etwas zu erneuern, setzt sich unser Unterbewusstsein mit den Problemen auseinander, die uns beunruhigt haben.

Wir sollten jedoch daran denken, dass Kreativität auch verborgene Themen und Schwierigkeiten zutage fördern kann, und es daher zu überlegen ist, in einem geschützten Rahmen kreativ zu werden, zusammen mit einem Lehrer, dem man vertraut, oder in einer Gruppe von Freunden.

Im Schwarm fliegen

Afrikanischen Legenden zufolge bringen Zugvögel Fruchtbarkeit über das Land; genauso können Schwärme gleichgesinnter, freiheitssuchender Menschen Brutstätten für Ideen sein und sie umsetzen. Zwei unserer Anbieter für Online-Kreativkurse, *www.makeartthatsells.com* mit Lilla Rogers und *www.makeit indesign.com* mit Rachael Taylor, sind für ihre ganz unglaublichen Klassengemeinschaften bekannt, in denen Gleichgesinnte aus der ganzen Welt miteinander in Kontakt kommen. Aus den engen Bindungen, die dort zwischen Künstlern und Designern entstehen, haben sich professionelle Kollektive zusammengeschlossen, in denen sie ihr Wissen und ihre Ideen bündeln, um zusammen auf internationalen Messen auszustellen und ihre Karrieren gemeinsam voranzutreiben.

⌒ Zusammen sind wir stärker ⌒

Emma McGowan, ausgebildete Werbetexterin, arbeitet heute als freiberufliche Textil- und Flächendesignerin. Sie hat an mehreren unserer Online-Kurse teilgenommen und gehört inzwischen dem Four Corners Art Collective an, einer Gruppe talentierter Künstler und Designer, die sich während ihrer Online-Kurse kennengelernt haben. Einige von ihnen stellen zusammen auf der Surtex Trade Show in New York aus.

Sie alle teilen die gleiche Leidenschaft, haben sich zu einem »Schwarm« zusammengefunden und helfen sich gegenseitig, beruflich durchzustarten. Statt um Kunden zu konkurrieren, haben sie erkannt, dass sie zusammen stärker sind, da sie eine breitere Produktpalette anbieten können, über unterschiedliche Stärken verfügen und sich gegenseitig die moralische Unterstützung zukommen lassen können, die in kreativen Berufen so wichtig ist. Und diese Unterstützung ist für Emma essenziell: Sie hat »Kollegen«, mit denen sie sich austauschen kann, die sie verstehen und die ihr Mut machen, und das macht für sie den entscheidenden Unterschied.

Kreativität + Innovation: Wie aktiviere ich diesen Schlüssel zur Freiheit?

Wenn du den Eindruck hast, dass es zwei Typen von Menschen gibt, »kreative« und »nicht kreative«, dann versichere ich dir, das stimmt nicht. Wir alle haben kreatives Potenzial, manche nutzen es nur mehr als andere. Und es ist durchaus möglich, unser kreatives Potenzial im Laufe der Zeit weiterzuentwickeln – manchmal aus einer Not heraus, manchmal aus einer Sehnsucht heraus –, und mit etwas Übung kommen wir ganz leicht mit unserer Kreativität in Einklang. Lass dir nicht einreden, du müsstest Kreativität erlernen. Das musst du nicht. Techniken, ja. Aber Kreativität steckt bereits in dir. Alles, was du tun musst, ist, deiner kreativen Seele Nahrung zu geben. Und aus deinem kreativen Denken wiederum entspringt Innovation. Wenn du also kreativ sein kannst, dann kannst du auch innovativ sein.

Für die meisten von uns hat unsere kreative Reise viel früher begonnen, als uns bewusst ist, und geht tiefer, als wir ahnen. Unterwegs entdecken wir neue Wege, uns auszudrücken, und erfahren Neues über uns selbst. Bei diesem Schlüssel zur Freiheit dreht sich alles darum, wie wir die Welt interpretieren und was wir mit dieser Information anstellen. Herauszufinden, was wir in unserem Leben tun, sein und fühlen wollen, und dieses Ziel zu verwirklichen ist eines der größten kreativen Abenteuer, in das wir uns stürzen können.

Schreibe. Male. Baue. Ganz egal. Nur tue etwas Kreatives. Bewerte nicht das Ergebnis, sondern fange einfach damit an.

Falls du nicht weiterkommst, versuche es einfach mit einem der folgenden Vorschläge:

> Verschönere den Einband deines Tagebuchs. Beschrifte es mit dem Wort »Freiheit«.

> ❯ Schreibe ein Gedicht über das Freisein.

> ❯ Mache einen Spaziergang und fotografiere Dinge, die dich inspirieren. Klebe die Bilder anschließend in dein Tagebuch und schreibe zu jedem etwas dazu.

> ❯ Wähle eine Farbe aus und schaue dich überall nach ihr um, wo du heute hingehst. Schreibe auf, was du siehst.

> ❯ Verschönere ein Zimmer bei dir zu Hause.

> ❯ Pflücke Blumen und stelle sie auf deinen Schreibtisch.

> ❯ Male Steine an.

> ❯ Melde dich zu einem Online-Kreativkurs an.

> ❯ Gehe in ein Bastelgeschäft und kaufe ein paar Sachen, mit denen du herumexperimentierst. Gehe raus in die Natur und sammle Dinge wie Zweige, Samenhülsen oder Blätter, oder suche nach unbrauchbaren Dingen wie einer alten Zahnbürste oder einem kaputten Stift. Dann tauche alles in Tinte oder Farbe und mache Abdrücke davon. Drehe die Musik voll auf und tanze dabei. Vergiss nicht: Bewerte nicht das Ergebnis, sondern hab einfach Spaß dabei.

> ❯ Bastle jemandem eine Karte und schicke sie ab.

Jetzt, da du deine Kreativität angeregt hast, denke an ein Problem, mit dem du dich zu Hause oder am Arbeitsplatz herumschlagen musst. Schreibe alles auf, was dir in Bezug auf dieses Problem als wahr erscheint. Nun schreibe genau das Gegenteil auf und stelle dir vor, dass dieses Gegenteil der Wahrheit entspricht. Schaue, ob dich das auf einen neuen Lösungsansatz für das Problem bringt. Diese Form kreativen Denkens ist der Partner der Innovation und kann dir dabei behilflich sein, neue Wege zu finden, um die Herausforderungen deines Alltags zu meistern.

Kapitel 7

5. Schlüssel zur Freiheit: Unerschrockenheit + Mut

Im Laufe der Zeit entwickelte sich aus meinen Vorstellungen über persönliche Freiheit die Idee zu einem Buch – ein Gedanke, den ich wahnsinnig aufregend fand. Was, wenn ich wirklich jemanden damit erreichen könnte? Was, wenn meine Ideen tatsächlich die Kraft besäßen, andere aus ihren Käfigen zu befreien?

Doch kaum war diese Hoffnung aufgekommen, da regten sich auch schon Zweifel und Ängste. Für wen hältst du dich, dass du glaubst, ein Buch schreiben zu können? Was ist so besonders an deinen Ideen? Warum sollte sich irgendwer dafür interessieren, was du zu sagen hast?

Kritik und Weisheit liefen in mir Sturm.

Ich wusste, ich könnte mich meinem inneren Kritiker beugen, und meine Zeilen würden niemals das Licht der Welt erblicken. Aber ich wusste auch, wenn ich mein Herz in beide Hände nehmen und meinen inneren Weisen siegen lassen würde, könnte das Wunder einfach geschehen. Unerschrockenheit + Mut waren gefragt: Unerschrockenheit, mich zu entscheiden, meine Idee von dem Buch vorzustellen, und Mut, einfach loszulegen und es zu schreiben. Was ich brauchte, war etwas, das mich daran erinnerte, dass ich früher schon einmal Mut bewiesen hatte. Mir fiel etwas ein, das in Japan passiert war, kurz nachdem ich meinen Uniabschluss gemacht hatte, damals, als ich noch jung war und mir weniger Gedanken über eventuelle Folgen machte. Es erinnerte mich daran, wie mutig ich sein konnte.

Tag für Tag, Stunde für Stunde, liefern sich unser Ego und unsere Seele einen Kampf. Fehlt der Mut, gewinnt das Ego. Tritt jedoch der Mut auf den Plan, gewinnt die Seele, immer.

Der Direktor verbeugte sich und gab mir mit einer Geste zu verstehen, auf dem niedrigen schwarzen Ledersofa Platz zu nehmen.

»Mögen Sie Nudeln?«, fragte er, als wäre das die Standardfrage, mit der er jede Unterhaltung mit einem Fremden begann.

»Klar«, antwortete ich. Nun ja, genau genommen sagte ich: »Es ist wirklich nicht nötig, meiner Wenigkeit eine solch gütige Freundlichkeit zukommen zu lassen, aber ich räume ehrerbietig ein, dass die so ehrenwerten Soba-Nudeln ganz nach meinem Geschmack sind.«

Der Mann war der Chef des Kabelfernsehsenders von Yamagata, und nach einer halben Stunde, in der wir kalte Nudeln aßen und uns über Äpfel, Apfelgelee und eine örtliche heiße Quelle unterhielten, in der Äpfel schwammen, um die Haut weicher zu machen (Yamagata ist berühmt für seine Äpfel), verließ ich sein Büro mit einer eigenen Fernsehshow in der Tasche. Auf Japanisch. Mit meinem Namen im Titel. Au Backe!

Ich erinnere mich noch, wie ich mich auf mein klappriges silbernes Fahrrad schwang, meine Handtasche in den Korb warf, den Berg hinaufstrampelte und immer wieder kopfschüttelnd über die Schulter zurückschaute. Ich konnte nicht glauben, was da gerade passiert war. Ich war damals im japanischen Austauschprogramm JET, arbeitete als Koordinatorin für internationale Beziehungen in der Präfekturverwaltung von Yamagata, einem abgelegenen, verschneiten Ort im Norden Japans – frisch von der Uni, mit einem Abschluss in Japanisch im Gepäck und Lust auf jede Menge Abenteuer.

Meine Aufgaben bestanden hauptsächlich darin, Briefe zwischen japanischen Verwaltungsbeamten und deren Amtskollegen in unseren Schwesterstädten in den USA und Indonesien zu übersetzen, Kulturveranstaltungen zu besuchen, Kindern mein Heimatland näherzubringen und bei Besuch aus dem Ausland als Dolmetscherin zur Verfügung zu stehen. Ganz unter uns, der Gouverneur von Colorado ist ein grandioser Karaoke-Sänger. Ich war sogar einen Tag lang Polizeichefin. Doch diese Fernsehshow war etwas anderes.

Eine Woche vor der Nudelbegegnung hatte mich mein Vorgesetzter gefragt, ob es etwas gäbe, das ich während meines Aufenthalts in Yamagata gern tun würde. Ich nahm an, dass Snowboarden während der Arbeitszeit nicht in Betracht kam, daher sagte ich halb im Scherz: »Es wäre lustig, im Radio aufzutreten.«

»*Eetou... Anou... Saa...*«, schnaufte er und sah weg. Übersetzt bedeutet das in etwa so viel wie: »Hmm... Ja... Also... Es tut mir schrecklich leid, aber das wird nicht möglich sein, allerdings kann ich Ihnen das so nicht sagen, da ich sonst mein Gesicht verlieren würde ...«

Doch dann hatte er eine Idee. »Ich habe da einen Bekannten ...«, begann er, was für gewöhnlich darauf hindeutete, dass gleich etwas Interessantes folgte. »Ich werde sehen, ob ich ein Treffen arrangieren kann.«

Eine Woche später wurde ich in den Fernsehsender zitiert, um den obersten Boss kennenzulernen. Ich hatte keine Ahnung, was mir bevorstand. In Japan gilt es als schwerwiegender Fauxpas, einen Rückzieher zu machen, wenn sich jemand die Mühe gemacht hat, etwas für einen zu arrangieren, also musste ich hin. Mir war angst und bange, gleichzeitig war ich schrecklich aufgeregt. Würde ich ein paar Sekunden in den Lokalnachrichten bekommen? Das wäre lustig.

Wenig später sollte ich feststellen, dass man mir einen Jahresvertrag für eine Sendung, die meinen Namen tragen sollte, gegeben hatte. Und das Erste, was mir gesagt wurde, war: »Wir brauchen ein paar Ausländer für den Trailer.« Also schmiss ich eine große Party, lud alle meine Freunde ein, in schicken Kleidern zu kommen, und trank ein bisschen zu viel. Wirklich real wurde die ganze Sache allerdings erst, als man mir ein Mikrofon ins Gesicht hielt und mich aufforderte, die Sendung anzusagen.

Wie sich herausstellte, ist mein Japanisch in leicht betrunkenem Zustand deutlich besser, und mein Job im Fernsehen wurde mit das Lustigste, was ich in dem verschneiten Ort erlebte. Im Laufe der Zeit schaffte ich es sogar, mich vor die Kamera zu stellen, ohne vorher ein Bier runterzustürzen. Und ich wurde von einem Mönch erkannt, 1000 Stufen einen einsamen Berg hinauf. Ich war allerdings vermutlich die einzige Ausländerin mit wasserstoffblonden Haaren im Umkreis von 150 Kilometern. Es war also nicht allzu schwer, mich zu enttarnen.

Was ich damit sagen will: Der Gedanke an die Fernsehsendung, die Gott sei Dank vor der Zeit von YouTube lag, erinnerte mich daran, wie mutig ich sein konnte. Wenn ich mir also wieder einmal überhaupt nicht vorstellen konnte, ein Buch zu veröffentlichen, erinnerte ich mich daran, dass ich einmal eine komplette Fernsehshow moderiert hatte, auf Japanisch, um Himmels willen! Wenn ich das geschafft hatte, dann konnte ich alles schaffen.

Und das Gleiche gilt für dich. Auch in deinem Leben gibt es irgendwo eine solche Geschichte. Nimm dir einen Moment, um dich an eine Zeit zu erinnern, in der du dich selbst damit überrascht hast, wie unerschrocken und mutig du sein kannst.

Was für andere mutig aussieht, muss sich für dich nicht mutig anfühlen. Häufig ist das der Grund, weshalb wir andere Menschen als mutiger empfinden als uns selbst. In Wahrheit sind wir alle unerschrockener, als wir denken, und mutiger, als wir wissen.

Entscheidungen treffen

Im Grunde dreht sich beim Schlüssel zur Freiheit »Unerschrockenheit + Mut« alles darum, uns zu entscheiden. Für das Schwierige, das Unbekannte, das Unheimliche. Für das, woran wir schon einmal gescheitert sind oder das uns andere nicht zutrauen. Für das, wovor wir Respekt haben, uns vielleicht sogar fürchten.

Wenn wir uns klein halten und immer auf Nummer sicher gehen, uns niemals selbst einen Schubs geben, wird unser Leben nie über den Käfig hinausreichen. Wir haben das Gefühl, festzustecken, überlastet zu sein und zu ersticken. Gefangen zu sein dient niemandem, am wenigsten uns selbst.

Um ein erfülltes Leben zu leben,
müssen wir uns aufbäumen, hervortreten
und die Gitterstäbe durchbrechen.
Manchmal geschieht dies mithilfe vieler kleiner
Schritte, manchmal in großen Sätzen.

Sich einlassen

Vor einigen Jahren besuchte ich ein Open-Air-Spa. Es war Februar, und es lag hoher Schnee. Draußen waren es −6°, daher kannst du dir sicher vorstellen, wie entsetzt ich war, als ich feststellte, dass man nur nackt baden durfte. Ich sprang so schnell ins Becken, wie ich nur konnte. Die Wärme, die mich umfing, war himmlisch.

Ich saß eine Weile da und schaute auf einen schneebedeckten Berg hinaus, der in der Ferne lag. Nach ein paar Minuten hob ich ein Bein und ließ einen Zeh aus dem Wasser spitzen. Das Gefühl eisiger Kälte, gefolgt von der wohligen Wärme, als ich den Zeh wieder zurück ins Wasser tauchte, war herrlich. Als Nächstes streckte ich den Fuß bis zum Knöchel aus dem Wasser und zog ihn wieder zurück. »Mmmm.« Dann das ganze Bein. »Hui, ist das kalt«, aber was für eine Wohltat, als es wieder im warmen Wasser war.

So ging es immer weiter, bis ich schließlich das warme Becken verließ und mich lachend im Schnee wälzte. Als ich wieder zu Sinnen kam, sprang ich schnell zurück ins Wasser und verbrachte dort zwanzig Minuten in vollkommener Glückseligkeit, sah der Sonne dabei zu, wie sie hinter dem Berg unterging.

Hätte mir jemand bei meiner Ankunft gesagt, ich solle da rausgehen und mich im Schnee wälzen, ich hätte ihn für verrückt erklärt und es höchstwahrscheinlich nicht getan. Wäre ich einfach nur in das Becken gestiegen und hätte es zwischendurch nicht verlassen, hätte ich diese Form von Wonne niemals erlebt. Und genau so funktioniert es mit unserer Komfortzone. Jedes Mal, wenn wir sie ein Stück verlassen, wird sie ein Stück größer, und wir erlangen die Gewissheit, dass wir ein klein wenig mehr können. Oder sogar viel mehr.

Taste dich ganz vorsichtig an etwas Neues heran, dann versuche es mit etwas Größerem, und ehe du es dich versiehst, wälzt du dich im Schnee und rekelst dich in deinem neu gewonnenen Mut. Was dir bisher schwer erschien, macht dich plötzlich glücklich. Überlege doch nur, was jenseits deiner Komfortzone alles auf dich warten könnte!

»Team See Possibilities«

Meine Freundin Alison Qualter Berna erkannte ihre Möglichkeiten, als sie vierzig wurde. Alison war verheiratet, hatte drei wunderbare Kinder, ein schönes Zuhause und ein gut gehendes Geschäft. Zusammen mit ihrem Mann Bobby und engen Freunden hatte sie die Firma Apple Seeds gegründet, als ihre Zwillinge noch klein gewesen waren. Gemeinsam betrieben sie mehrere Indoor-Spielplätze in New York City. Alison liebte ihren Job, trotzdem sehnte sie sich nach etwas, das sie ganz für sich allein hatte, etwas außerhalb von Arbeit und Familie. Sie hatte das Gefühl, ihre Abenteuerlust verloren zu haben, und sie wollte sie sich zurückerobern.

Am Abend vor ihrem runden Geburtstag kritzelte Alison eine Liste von Dingen auf ein Stück Papier, die sie in ihrem Leben noch ausprobieren wollte. Diese Liste wurde zu einer Art persönlichen Verpflichtung, einmal im Jahr ein richtig großes Abenteuer zu unternehmen. Diese Abenteuer mussten körperlich anspruchsvoll, neu und inspirierend sein.

Zusammen mit ihrem Freund Charles Scott belegte sie fünf-zehn Yogakurse in fünf Tagen. Als Nächstes nahmen die beiden an einem Halb-Ironman teil, bevor sie den »Rim to Rim to Rim«-Lauf machten, eine doppelte Durchquerung des Grand Canyon mit einer Laufstrecke von circa 75 Kilometern und knapp 7000 Metern Höhenunterschied auf engen Pfaden durch schroffes Gelände.

Bei dem Halb-Ironman lernte Alison Dan Berlin und Brad Graff kennen, die sich daraufhin ihrem Lauf durch den Grand Canyon anschlossen. Als wäre die Strecke nicht Herausforderung genug, war Dan infolge einer Zapfen-Stäbchen-Dystrophie, an der er in seinen Dreißigern erkrankt war, blind.

Dan wurde zu einer großen Inspiration für Alison, und zusam-men gründeten die vier das »Team See Possibilities«, pushten sich gegenseitig weit über die Grenzen ihrer Komfortzonen hinaus und wurden dabei zu echten Freunden. Nach dem Abenteuer im Grand Canyon verhalfen sie und das Team Dan dazu, zum ersten blinden Athleten zu werden, der den gesamten Inka-Pfad nach Machu Picchu in nur einem Tag bezwang.

Was mit ein paar im Dunkeln dahingekritzelten Ideen auf einem Blatt Papier begann, wurde Teil von etwas Größerem, mit dessen Hilfe inzwischen viele tausend Dollar für wohltätige Zwecke ge-sammelt wurden und das andere Menschen – nicht zuletzt ihre eigenen Kinder – inspiriert hat, zu erkennen, was möglich ist.

Der Schlüssel zur Freiheit »Unerschrockenheit + Mut« kann dir helfen, wenn du etwas praktisch verändern oder eine andere Richtung einschlagen willst. Fühlt sich eine Entscheidung oder Unternehmung zwar richtig an, erscheint dir aber eine Nummer zu groß, kann dir dieser Schlüssel zur Freiheit den nötigen Auftrieb geben, um sie in die Tat umzusetzen. Er kann deinem Bauchgefühl Ausdruck verleihen und deinen Träumen Flügel.

Es mag sich intuitiv falsch anfühlen, aber indem du diesen Schlüssel zur Freiheit genau dann aktivierst, wenn es dir an Selbstvertrauen fehlt, kannst du es ganz schnell wieder zurückgewinnen. Du hast kaum etwas zu verlieren, wenn ohnehin schon alles schwierig ist, aber alles zu gewinnen.

Was wäre, wenn du scheiterst?
Okay, aber was wäre, wenn du Erfolg hast?

Unerschrockenheit + Mut: Wie aktiviere ich diesen Schlüssel zur Freiheit?

Unerschrockenheit + Mut können auf ganz unterschiedliche Art in Erscheinung treten. Manchmal sind es große, drastische Entscheidungen, Sinneswandel, die dein Herz in die Hose rutschen und dein Adrenalin in die Höhe schießen lassen. Andere wiederum sind ganz unauffällig, die Ermutigung etwa, die längere Strecke zu nehmen oder die unbequemere Entscheidung zu treffen oder einfach nur zu vertrauen. Und wenn du das tust, dann geschieht das Wunder.

Um etwas zu riskieren, bedarf es manchmal nicht mehr, als sich ganz bewusst dafür zu entscheiden, unerschrocken und mutig zu sein. Es ist ganz einfach, diesen Schlüssel zur Freiheit zu benutzen, wenn du optimistisch und selbstsicher bist, aber viel wichtiger ist es, ihn einzusetzen, wenn du dich klein fühlst, es dir an Alternativen und Hoffnung fehlt.

Nur wenn du den Mut hast, Ja zur ersten Verabredung zu sagen, wirst du auch den Mut haben, Ja zum Heiratsantrag zu sagen. Nur wenn du den Mut hast, mehr Respekt einzufordern, wirst du den Mut finden, die Scheidung einzureichen und noch mal von vorn anzufangen. Nur wenn du den Mut aufbringst, Grenzen zu setzen, wirst du die Grundlage für ein gesünderes Arbeitsklima schaffen. Nur wenn du den Mut hast, ein Gespräch anzufangen, kann sich dir eine neue Chance bieten.

In allen Bereichen unseres Lebens unerschrocken und mutig zu sein, auch dann, wenn es gar nicht darauf ankommt, kann uns helfen, unerschrocken und mutig zu sein, wenn es wirklich darauf ankommt.

Manchmal kann es klug sein, etwas *noch* nicht zu tun. Du räumst dir Zeit ein, um weitere Informationen einzuholen, um zu prüfen und dich innerlich auf etwas einzustellen. Aber »noch« ist keine Ausrede. Zu entscheiden, etwas »noch nicht zu tun«, ist etwas ganz anderes, als zu entscheiden, »nichts zu tun«.

Entscheidest du dich dafür, nichts zu tun, ist das mit Langeweile, Selbstgefälligkeit, Schuldgefühlen und Bedauern verbunden.

Entscheidest du dich dafür, etwas zu tun, das Unerschrockenheit und Mut erfordert, warten Spannung, Stolz und unermessliche Möglichkeiten auf dich.

Also, wofür entscheidest du dich?

Kapitel 8

6. Schlüssel zur Freiheit: Beziehungen + Kommunikation

Als ich zum ersten Mal schwanger war, meldete ich mich beim National Childbirth Trust (NCT) an, und Mr K und ich gingen einmal in der Woche zusammen mit anderen werdenden Eltern zu einem Geburtsvorbereitungskurs. In der ersten Stunde fragte uns die Kursleiterin, wovor wir im Hinblick auf unsere Rolle als zukünftige Eltern Angst hätten. Mr K und ich wussten zu diesem Zeitpunkt schon, dass wir eine Tochter erwarteten, und er antwortete: »Jungs.« Zweifellos dachte er ein ganzes Stück voraus. Alle mussten lachen, und es war ein Band zwischen uns Teilnehmern geknüpft.

Im Anschluss an die letzte Kursstunde trafen wir Frauen uns noch ein paar Mal allein, drückten uns unser Mitgefühl für unsere riesigen Bäuche aus, für unsere Schmerzen und Wehwehchen und für unsere Angst vor allem, was vor uns lag, denn wir wussten, dass sich das Leben, wie wir es kannten, nach der Geburt ein für alle Mal verändern würde. Innerhalb von sechs Wochen kamen schließlich alle unsere Kinder zur Welt, und wir veränderten uns, unwiderruflich.

Die meisten Frauen nahmen sich eine einjährige Auszeit. Ich nahm mir vier Tage. Im Ernst. Am fünften Tag nach Siennas Geburt verschickte ich eine E-Mail, im Kopf noch ganz benommen von den Schmerzmitteln, das Hirn benebelt vor Erschöpfung, doch das interessierte meine To-do-Liste nicht, die mich am Ärmel zupfte, um mich daran zu erinnern, dass ich eine Zusage für etwas im Januar gemacht hatte. Sienna war zwei Wochen zu spät auf die Welt gekommen, der Januar stand also fast vor der Tür, und plötzlich raste alles ungebremst auf mich zu. Heute frage ich mich, ob das der Moment war, in dem mein freies Ich aufstand und ging. Es sah mich in einer lautlosen Trostlosigkeit versinken, tagein, tagaus zerrissen und gespalten, sowohl im siebten Himmel als auch am Boden zerstört. Und das aufgrund der Gegensätzlichkeit der Gefühle: ein überbordendes Herz, die aufgebrauchten Energiereserven.

Je weiter es mit mir bergab ging, desto mehr zog ich mich von anderen Menschen zurück, auch von meinen Freundinnen vom NCT. Ich erinnere mich an einen Tag, als wir uns alle bei uns im Ort im Kino trafen, um uns eine Vorführung speziell für Eltern mit Babys anzuschauen. Ich hatte über eine Stunde gebraucht, um das Haus zu verlassen, es fühlte sich daher schon wie eine Meisterleistung an, es überhaupt bis ins Kino geschafft zu haben. Anschließend gingen wir zum Teetrinken in ein Café. Ich war eine glückliche, frischgebackene Mutter, unterwegs mit ihrem entzückenden Baby und ihren neuen Mama-Freundinnen. Einen Augenblick lang war alles perfekt.

Doch dann wachte Sienna auf und fing an zu weinen. Ich nahm sie auf den Arm und knuddelte sie, wollte ihr ein Fläschchen geben, wickelte sie, trug sie herum, schaukelte sie, redete mit ihr, tat alles Erdenkliche, doch nichts half. Ich versuchte mich mit den anderen Müttern zu unterhalten, wohl wissend, dass meine Kleine gerade den ganzen Laden zusammenschrie und alle anderen störte, aber ich hatte nicht die geringste Ahnung, was ich machen sollte. Ich wollte so wirken wie diese coolen, entspannten Mütter, die weiter ins Kino gingen und Tee tranken und mit Freundinnen plauderten, während ihr Baby auf ihrem Schoß quiekte. Stattdessen war mir die Situation furchtbar peinlich, ich war frustriert und verunsichert, weil ich einfach nicht wusste, was ich tun sollte.

Schließlich stammelte ich eine Entschuldigung und ging. Ich rannte den ganzen Weg bis nach Hause, in der Hoffnung, so eine Antwort zu finden. Ich schob den Kinderwagen vor mir her und weinte, weil ich mein Baby nicht glücklich machen konnte, weil ich keine Unterhaltung führen oder mit anderen darüber reden konnte, wie schwer das alles war. Zu Hause angekommen, hatte Sienna vor lauter Geschaukel im Kinderwagen offenbar vergessen, was immer sie geärgert hatte, und gluckste wieder engelsgleich. Und ein winziger Pfeil traf direkt in mein Herz. Es war so ermüdend, dieses ewige Auf und Ab, dieses Zusammenbrechen und wieder Aufblühen, dieses nicht wissen können und doch wissen sollen und sich ständig fragen, wie es sein konnte, dass alle anderen es zu wissen schienen.

Nach dieser Episode traf ich mich kaum noch mit den anderen Frauen. Jene Frauen, die gerade das Gleiche durchmachten wie ich, die genauso verletzlich und voller Hoffnung waren wie ich, die gleich um die Ecke wohnten und so freundlich waren und nett. Ich hielt sie für bessere Mütter, als ich es war. Sie waren entspannt und ruhig und schienen unendlich viel Zeit zu haben, um sich zu treffen und am Meer spazieren zu gehen. Sie genossen ein Jahr bezahlten Mutterschutz. Ich dagegen war selbstständig. Wenn ich nichts tat, verdiente ich kein Geld. Ich schlug eine Einladung nach der anderen aus, egal ob zum Kaffeetrinken, zum Joggen mit den Buggys, um Zeit in der Bücherei zu verbringen oder um »auf einen Tee rüberzukommen«.

Ich schob es damals auf die Arbeit – zu viel zu tun, keine Zeit, komme nicht weg. In Wirklichkeit habe ich mich versteckt, weil ich keine Antworten auf die Fragen wusste, die mich quälten: Was passiert gerade mit mir? Warum weiß ich nicht, was ich tun soll? Wo bleiben die Tage nur? Warum fühlt sich mein Leben an, als wäre es außer Kontrolle geraten? Ich hatte Angst, wenn ich anfangen würde darüber zu sprechen, könnte ich nicht mehr aufhören und würde mich komplett auflösen. Darum sagte ich nichts und arbeitete weiter, liebte weiter mein Baby, erledigte weiter die Hausarbeit, arbeitete noch ein bisschen mehr und fühlte mich weiter schlecht, weil mir nichts mehr zu gelingen schien. Und das war in etwa alles, was ich das nächste Jahr über tat, bis ich zum zweiten Mal schwanger wurde, mich auf dem Boden meines Schlafzimmers wiederfand und beschloss, genug war genug.

Gekappte Verbindungen wieder aufnehmen

Ich machte diese Erfahrung als junge Mutter, doch ich weiß von Hunderten Menschen aus meiner Community, dass viele von uns im Laufe ihres Lebens vor ähnlichen Herausforderungen stehen. Manche wenden sich von ihren Freunden ab, wenn sie das Gefühl haben, nicht so erfolgreich zu sein, wie sie »sein sollten«. Andere fühlen sich ihrer alten Clique nicht mehr zugehörig, wenn sie feststellen, dass die Interessen immer weiter auseinandergehen. Andere ziehen Mauern aus Scham um sich herum, weil Geldsorgen sie plagen, sie verlassen wurden oder irgendetwas anderes passiert ist, das zum Leben dazugehört.

Letztlich war es Teil meiner Flucht aus dem Käfig, gekappte Verbindungen wieder aufzunehmen, und es kann auch Teil deiner Flucht sein.

Wenn ich mich klein fühle, gefangen, ungelenk und unbeholfen, fällt es mir unendlich schwer, mich an andere Menschen zu wenden, dabei wäre es genau das, was ich in diesem Moment bräuchte. Mal abgesehen davon, dass ich selten allein das Haus verlasse, außer vielleicht, um spazieren zu gehen oder um mich zum Arbeiten in ein Café zu setzen, habe ich Angst davor, fremde Menschen kennenzulernen. Denn Menschen, die mich nicht kennen, stellen mir Fragen über mich und darüber, was ich mache. Und wenn ich mich klein, gefangen, ungelenk und unbeholfen fühle, habe ich Zweifel, ob ich die Antworten weiß.

Fühle ich mich dagegen frei, lebe den Moment und tue etwas, das ich liebe, ist es fast so, als würde mein Umfeld magisch von mir angezogen werden. Dann will ich raus in die Welt und interessante Gespräche führen, also sorge ich dafür, mit Gleichgesinnten in Kontakt zu kommen. In solchen Momenten geben mir diese Menschen so viel neue Energie, sie inspirieren mich und begegnen mir mit viel Herzlichkeit, die ich ihnen zurückgebe. In solchen Momenten weiß ich ganz genau, wer ich bin und was ich mache, und kann völlig frei darüber sprechen.

Wenn ich an den Moment auf meinem Schlafzimmerboden zurückdenke, würde ich sagen, dass ich einsam war. Doch dieses Gefühl war selbstverschuldet, denn es gab genug liebe Menschen, an die ich mich hätte wenden können. Je größer meine Selbstzweifel wurden, je mehr ich das Gefühl hatte, alles falsch zu machen, desto mehr zog ich mich zurück. Ich hatte Angst, beurteilt oder zurückgewiesen zu werden, wenn ich zugab, es allein nicht zu schaffen. Ich, die immer so großen Wert auf ihre Unabhängigkeit gelegt hatte, die niemals Hilfe brauchte. Ich meine, ich war doch die, die anderen half, nicht die, die um Hilfe bat, oder? Wem wollte ich etwas vormachen?

Ganz allmählich begann ich eine Hand auszustrecken, zunächst nach meiner Familie, dann nach ein paar Freunden, schließlich nach meinem weiteren Umfeld. Nicht alle hatten Verständnis dafür. Manche Menschen wollen nichts von Schwierigkeiten wissen. Vielleicht hatten sie sich ein Bild von mir gemacht, das nicht beschädigt werden sollte, und hörten mir deshalb nicht richtig zu oder wechselten so schnell wie möglich das Thema. Andere dagegen (nicht nur die, von denen ich es erwartet hatte) erkannten, was ich brauchte – echte Beziehungen und ehrliche Kommunikation –, und schenkten sie mir. Ihnen werde ich ein Leben lang dankbar sein.

Tiefergehende Beziehungen

Der Schlüssel zur Freiheit »Beziehungen + Kommunikation« kann dir dabei helfen, anderen dein wahres Ich zu zeigen und dich auf tiefergehende Beziehungen einzulassen. Es geht darum, zu reden und zuzuhören, und es geht um die unausgesprochenen Dinge, die wir spüren. Es geht darum, eine gemeinsame Basis zu finden, herauszufinden, was wirklich zählt, und das mit anderen zu teilen.

Es geht darum, deine Wahrheiten zu sagen und dafür einzustehen. Es geht darum, mit deinem Kämpferherz zu anderen Kämpferherzen zu sprechen: »Hier bin ich. Da seid ihr. Ich kann euch sehen.« Es geht darum, freundlich durch die Welt zu gehen und diese Freundlichkeit sowohl nach außen als auch nach innen auszustrahlen.

Beziehungen + Kommunikation ist ein wichtiger Schlüssel zur Freiheit, denn wenn wir nicht kommunizieren, wer wir wirklich sind, und keine Beziehungen zu Menschen eingehen, die uns schätzen, laufen wir Gefahr, ein Leben lang in der Falle zu sitzen. Worte und Empathie, Freundlichkeit und Freundschaft machen unser Wesen aus. Beziehungen geben uns das Gefühl, Teil von etwas Größerem als uns selbst zu sein.

Echte Beziehungen und ehrliche Kommunikation sind nicht immer einfach. Wir müssen uns anderen gegenüber öffnen, was bedrohlich sein kann. Wir müssen zuhören, was schwierig sein kann. Wir müssen aufmerksam sein, was nicht immer gelingt. Wir müssen die richtigen Worte finden, um das zu sagen, was wir wirklich meinen, und wir müssen achtgeben, was wir laut sagen. Denn das, was zwischen den Zeilen bleibt, das Ungesagte, kann genauso viel wiegen wie das, was wir aussprechen.

Wir alle sind anders, betrachten die Dinge aus unterschiedlichen Blickwinkeln, doch unsere Worte besitzen die Kraft, uns einander näherzubringen, und sie helfen uns, einander zu helfen.

Dieser Schlüssel zur Freiheit kann dir helfen, wenn du das Gefühl hast, nicht gehört zu werden oder immer nur die Oberfläche zu streifen, ohne jemals in die Tiefe vorzudringen. Wenn du das Gefühl hast, unter all der Last zusammenzubrechen, kann dir das richtige Gespräch Erleichterung verschaffen.

In engen Beziehungen kann dir der Schlüssel »Beziehungen + Kommunikation« dabei behilflich sein, einen Weg durch das alltägliche Geschnatter zurück zur Stärke deiner ursprünglichen Bindung zu finden. Er kann außerdem Wunder wirken, wenn du das Gefühl hast, einen Teil von dir vor anderen versteckt zu halten, wenn du dich gefangen fühlst hinter Gitterstäben aus Schweigen, Scham und Schuldgefühlen wegen etwas, worüber du nicht sprichst.

Vor allem mit Menschen, die uns sehr nahestehen, verlieren wir uns nicht selten in einem Meer von »Kram-«wörtern –

»müssen X machen, müssen Y kaufen, müssen an Z denken« –, eine Salve von Bemerkungen und Forderungen, die das Rad am Laufen halten, aber nicht das Feuer am Brennen. Wir verbringen Zeit nebeneinander, ohne Zeit miteinander zu verbringen.

Wenn wir im Käfig gefangen sind, dienen uns Worte oft als Schutzschild. Ich ertappe mich dann dabei, wie ich Dinge sage, die überhaupt nicht nach mir klingen. Fühle ich mich eingeengt, höre ich, wie ich meine Kinder oder meinen Mann anfahre, und denke mir: »Woher kommen diese Worte? Wer ist das, die da in so einem Ton spricht?«

Der Weg zurück führt immer über die Augen, die Ohren und das Herz, über wirkliches Hinschauen, Hinhören und Fühlen. Menschen können uns nur helfen, wenn wir sie wissen lassen, dass wir Hilfe brauchen. Eigentlich ist das sonnenklar, aber hat uns der geschäftige Alltag im Griff, vergessen wir das leicht oder eilen daran vorbei. Wir sind Menschen, keine Maschinen. »We are human beings not human doings« habe ich einmal irgendwo an einer Mauer gelesen. Es muss jemand dort hingesprüht haben, der zweifellos zu viel um die Ohren, aber niemanden zum Reden hatte. Ich glaube, Kurt Vonnegut hat das ursprünglich gesagt.

Zwischen den Zeilen versteckte Botschaften

Mr K und ich haben nicht nur eine gemeinsame Familie, wir leiten auch eine Firma zusammen. Manchmal ist das ein Segen, manchmal eine Herausforderung. In der Regel bekommen wir den Spagat zwischen Familie und Firma ganz gut hin, aber perfektioniert haben wir ihn noch nicht. Ich habe festgestellt, dass Dinge vor allem dann schiefgehen, wenn wir einander nicht genug Aufmerksamkeit schenken. Und dass sie fast immer klappen, wenn wir es tun.

Es ist verblüffend, was ein direkter Blick in die Augen, ein sanftes Lächeln, ein zarter Händedruck bewirken kann. Denn wir waren ein Liebespaar und Freunde, bevor wir Eltern und Geschäftspartner wurden. Wir brauchen Zeit für uns, andernfalls übernehmen Arbeit und Logistik das Ruder. Darum bringen wir uns oft bei einer Tasse Kaffee auf den neuesten Stand oder fragen nach, während wir im Park spazieren gehen und die Mädchen in ihren Buggys schlafen: »Wie geht es dir? Gibt es etwas Neues? Erzähle es mir.«

Echte Kommunikation fällt oft dem Tempo zum Opfer, mit dem wir durchs Leben hetzen, aber manchmal scheitert sie auch daran, dass wir nicht richtig zuhören oder versuchen, das Gespräch mit den falschen Menschen zu führen.

Im Japanischen bleibt der letzte Teil eines Satzes häufig unausgesprochen und dessen Bedeutung ist lediglich impliziert. »Ikitain desu ga ...« bedeutet »Ich würde gern gehen, aber ...« Im Deutschen fühlen wir uns gezwungen, den Grund anzugeben, warum wir nicht gehen können, obwohl wir es möchten. Im Japanischen liegt es beim Zuhörer, den Grund herauszuhören, sich einzufühlen und die Lücke zu füllen. Und um das zu tun, muss der Gesprächspartner wirklich zuhören, muss den Worten nachspüren und deren tieferen Sinn erkennen.

In jeder Sprache gibt es Botschaften zwischen den Zeilen, Andeutungen, die in Pausen, im Tonfall, im Gesichtsausdruck oder in der Körpersprache stecken. Echte Freundschaft entwickelt sich aus echten Gesprächen, und die bestehen sowohl aus dem, was gesagt wird, als auch aus dem, was unausgesprochen bleibt. Wenn es dir gelingt, in Beziehung zu deinem wahren Wesen zu treten und von dort aus zu sprechen, kannst du auch in Beziehung zum wahren Wesen anderer treten.

Auf der Schwelle innehalten

Gute Kommunikation ist fortwährende Arbeit, doch eine meiner wertvollsten Lektionen lernte ich beim Teetrinken.

Die traditionelle japanische Teezeremonie ist etwas Schönes, dessen bedächtigem Tempo man sich nicht entziehen kann. Jede Zeremonie hat einen Gastgeber, der den *Chashitsu* (Teeraum) durch eine eigene Schiebetür, *Sadōguchi*, betritt und verlässt. Sie besteht aus dünnen Holzleisten, ist von beiden Seiten mit Japanpapier bespannt und gleitet bei leichtem Druck zurück. Sie trennt den Teeraum vom Korridor.

Ich war jedes Mal fasziniert, wie viel Zeit sich der in einen Kimono gekleidete Gastgeber ließ, um den Raum zu betreten oder zu verlassen. Er ließ sich im Korridor auf die Knie nieder, schob die Tür zurück, legte die Handflächen vor seinen Knien auf dem Boden ab und verbeugte sich tief, bevor er wieder aufstand und in den Raum schlurfte, alles in ehrfürchtigem Schweigen. Dieses Innehalten, um sich zu verbeugen, verschaffte sowohl dem Gastgeber als auch den Gästen die Möglichkeit, das Draußen und Drinnen zu würdigen, das Überschreiten einer Grenze, den Eintritt des einen in den Raum des anderen.

Auf eine ihr ganz eigene Art bewirkte diese Geste, dass die Energie und Atmosphäre im Raum konstant gehalten wurde, unabhängig davon, ob die Tür aufging und noch jemand hereinkam. Niemand, weder der Gastgeber noch die Gäste, vermittelte das Gefühl, in den Raum einzudringen. Da war kein Hereinplatzen, kein lautes Vorstellen, kein gezwungenes Gespräch. Nur ein respektvolles Innehalten auf der Schwelle und eine stumme Einladung, Tee miteinander zu trinken.

Dieser »Türschwellenmoment« hinterließ einen solch starken Eindruck bei mir, dass ich begann, ihn in mein Leben zu übernehmen. Bevor ich einen Raum voller Menschen betrat, hielt ich einen Moment inne, überlegte, wer sich jenseits der Tür befinden und wie die Atmosphäre sein könnte, erst dann trat ich ein. Ich merkte, wie ich Räume fortan viel besser deuten konnte und wie ich von einigen Menschen angezogen wurde, ohne dabei das Gefühl zu haben, in deren Bereich einzudringen. Auch in Gesprächen erwies sich der »Türschwellenmoment« als wertvoll, denn er half mir zu verstehen, wann ich mich zurückhalten und wann ich mich einbringen sollte.

Besonders hilfreich ist er mir heute, da zwei kleine Kinder durch mein Haus wuseln. Es ist so einfach, etwas von einem Zimmer ins andere zu rufen oder in einen Raum zu poltern und sich über die undichte Waschmaschine aufzuregen, ohne zu merken, dass man gerade die Atmosphäre eines mit Bedacht erfundenen Märchens stört oder in ein wichtiges Gespräch zwischen Vater und Tochter platzt. Ich versuche, so lange nichts zu sagen, bis ich im gleichen Zimmer bin, und sollte Mr K gerade mit den Mädchen spielen, bleibe ich einen Moment im Türrahmen stehen, um zu sehen, womit sie beschäftigt sind, bevor ich mich bemerkbar mache. Manchmal passt es, und ich geselle mich zu ihnen, manchmal ist es besser, mich im Hintergrund zu halten. Von dort weide ich mich dann am Anblick des Mannes, den ich liebe, wie er mit unseren Kindern spielt.

Oft wechseln wir praktisch übergangslos von einem Teil unseres Tages in einen anderen. Wir nehmen unsere Arbeit mit nach Hause oder unseren häuslichen Stress mit zur Arbeit. Wir stürzen von einer Besprechung in die nächste, sind körperlich schon anwesend, während unser Geist noch versucht, uns hinterherzukommen. Wir tauchen zu spät zu Verabredungen mit Freunden auf und fluchen über die Politesse, noch bevor wir uns überhaupt gesetzt haben, und stören damit die Atmosphäre, die die anderen geschaffen haben. Der entscheidende Unterschied liegt darin, sich einen Moment Zeit zu nehmen, um einen Ortswechsel wahrzunehmen, um die Stimmung abzuschätzen und um ganz bewusst anzukommen oder zu gehen.

Es bedarf etwas Übung, diesen »Türschwellenmoment« umzusetzen, und selbst nach jahrelangem Training ertappe ich mich manchmal dabei, wie ich laut schnaubend ein Telefonat beende und meinen Ärger postwendend an Mr K auslasse oder wie ich irgendeine Geschichte herunterrasselnd in ein Zimmer stürme und erst viel zu spät merke, dass ich gerade einen besonderen Zauber zerstört habe. Aber ich bemühe mich, und Mr K bemüht sich auch, und es hilft.

Abgesehen von den Bindungen, die wir zu anderen Menschen aufbauen, ermöglicht uns aktives Zuhören außerdem, die Schönheit der Welt in uns aufzunehmen und unseren Platz darin zu finden. Und indem wir in uns hineinhorchen, lernen wir uns selbst besser kennen, unverfälscht und unverstellt.

Nur wenn wir ehrlich zu uns selbst sind, können wir unsere Wahrheit finden. Teilen wir unsere Wahrheit mit anderen, entstehen echte Bindungen. Und das wird belohnt: mit tiefer Freundschaft, Liebe und Unterstützung bei unserer Befreiung.

Oft halten wir uns zurück, aus Angst, zu viel von uns preiszugeben. Aber wenn wir nichts preisgeben, wenn wir nicht reden und nicht zuhören, wo bleiben dann die Beziehungen, wo bleibt die Fürsorge, die Menschlichkeit?

Wenn du anfängst, anderen dein wahres Ich zu zeigen, kann das anfangs unangenehm sein. Manche Menschen mögen keine Überraschungen. Andere wissen mit dieser »neuen« Version von dir nichts anzufangen. Aber eine kurze Durststrecke, in der du dich unbehaglich fühlst, ist besser, als sich ein Leben lang zu verstecken.

Andere Menschen können dich
in der Dunkelheit nur finden,
wenn du ihnen den Weg zu dir leuchtest.

Beziehungen + Kommunikation: Wie aktiviere ich diesen Schlüssel zur Freiheit?

Was Beziehungen betrifft, so ist die moderne Technik von heute ein Widerspruch in sich. Sie verspricht uns Geschwindigkeit und Effizienz und verschafft uns Zugriff auf mehr Informationen, Bilder und Menschen als je zuvor. Doch es sind wiederum genau diese Dinge, die uns gefangen nehmen können, wenn wir anfangen, unser Leben mit dem scheinbar »perfekten« Leben anderer zu vergleichen, endlose Stunden vor deren Profil verbringen und uns weniger offline mit unserem eigenen Leben beschäftigen.

Vieles an diesem »modernen Zeitalter« macht unser Leben komplizierter und schwieriger. Die sozialen Medien haben die Bedeutung des Wortes »Freund« ein für alle Mal verändert. Elektronische Geräte rauben uns unsere Aufmerksamkeit, und wir haben weniger echte Beziehungen zu anderen Menschen als jemals zuvor. Wir werden auf Schritt und Tritt von Werbung bombardiert, die uns dazu rät, zu nehmen, statt zu geben, zu konsumieren, statt zu schaffen, und die dafür sorgt, dass wir glauben, noch mehr und noch länger arbeiten zu müssen, um uns Dinge zu kaufen, die wir im Grunde gar nicht brauchen. Dies sind die Tendenzen und Muster unserer modernen Gesellschaft, und sie schaden uns nachhaltig. Können wir nicht aufhören zu chatten, und anfangen richtig miteinander zu reden?

Dies soll keine Absage an die moderne Technik sein, sondern vielmehr eine Aufforderung zu entscheiden, was wir nehmen und was wir lassen, wann wir uns einschalten und wann wir abschalten, wann wir offen sind und wann wir innehalten. Nimm das Beste, was dir angeboten wird, doch verwende es dazu, dir bei der Suche nach Freiheit zu helfen, nicht sie zu behindern. Manchmal liegt in der Unterbrechung einer Verbindung die Chance auf eine bessere Verbindung an anderer Stelle.

Versuche es jedoch nicht zu verzweifelt. Viele von uns scheuen sich davor, mit anderen ins Gespräch zu kommen, weil sie nicht wissen, was sie sagen sollen, oder Angst haben, die Unterhaltung könnte sich aufgezwungen anfühlen. Manchmal aber kann auch ein Band entstehen, wenn wir an der Seite eines anderen Menschen etwas Kreatives tun. Meine Freundin Ali de John, Gründerin von *The Makerie*, beobachtet das immer wieder. Menschen besuchen ihre Workshops in der Absicht, irgendetwas Praktisches zu erlernen, doch während sie Seite an Seite mit anderen arbeiten, knüpfen sie wortlos und mühelos Bande, die zu echten Freundschaften werden.

Wenn es dir an echten Beziehungen und ehrlicher Kommunikation fehlt, versuche den Menschen in die Augen zu schauen, während du mit ihnen sprichst. Höre auf zu tun, was immer du gerade machst, und höre ihnen wirklich zu. Was versuchen sie dir in den Pausen und zwischen den Zeilen mit ihrer Gestik und Mimik mitzuteilen? Versuche mit jedem einzelnen Menschen, der dir wichtig ist, ein aufrichtiges Gespräch über die Bedeutung von Freiheit zu führen und schaue, wohin dich das führt. Achte auf deinen Tonfall, während du sprichst. Verändere ihn ganz bewusst und schaue, was passiert. Sei freundlich, wann immer es dir möglich ist.

Es gibt da ein Spiel, das Mr K und ich oft während langer Autofahrten spielen. Es wirkt auf den ersten Blick ganz einfach, aber der Schein trügt. Es ist eine fantastische Möglichkeit, herauszufinden, was der andere wirklich denkt. Es heißt »Drei Fragen« und die einzigen Regeln sind:

> Man stellt sich abwechselnd drei Fragen über absolut alles.

> Wer mit Antworten dran ist, muss das Erste sagen, was ihm einfällt.

> Man kann nicht die gleiche Frage zurückstellen.

Oft stellen wir uns alberne Fragen wie: »Welche Schuhe würdest du einpacken, wenn du auf den Mars ziehen würdest?« oder »Mit welchem Rockstar würdest du das Leben tauschen, wenn du könntest?« Manchmal stellen wir Fragen, die mit einer gemeinsamen Erinnerung verbunden sind wie: »Welches war das beste Curry, das du je gegessen hast?«

Doch manchmal, aber nur manchmal, geht es ums Ganze:

> Wenn du noch mal von vorn anfangen könntest, was würdest du anders machen?

> Was liebst du an uns am meisten?

> Was hast du mir nie erzählt, würdest es aber gern?

> Was gibt dir das Gefühl, frei zu sein?

Die Kunst besteht in den Fragen. Zunächst muss man sich Gedanken darüber machen, was man fragen könnte, dann muss man die Frage tatsächlich stellen.

Versuche ein Gespräch in der Absicht zu beginnen, wirklich in Beziehung zum anderen zu treten, dich wirklich mitzuteilen und wirklich etwas herauszufinden, und schaue, wohin es dich führt.

Kapitel 9

7. Schlüssel zur Freiheit: Tatkraft + Initiative

Nachdem ich die unerschrockene, mutige Entscheidung getroffen hatte, ein Buch zu schreiben, ging alles ganz schnell. Innerhalb weniger Wochen hatte ich eine Agentin und einen Buchvertrag mit meinem Traumverlag. Der Raum, den ich in meinem Leben geschaffen hatte, war so groß, dass diese riesige Chance dort einziehen konnte und ihn ausfüllte.

Während ich Recherchen für das Buch anstellte, meine Ideen ausprobierte, mich mit Hunderten Menschen unterhielt und schrieb, stellte ich fest, dass es im Grunde gar nicht um das Buch selbst ging. Wir richten uns das Leben als eine Reihe von Zielen ein, die wir zu erreichen versuchen, und diese Ziele sind wichtig, um uns eine Richtung zu geben, doch letztlich ist es egal, ob wir einen Punkt mehr oder weniger abhaken. Viel wichtiger ist es, dass wir uns frei fühlen. Und genau das war das Buch für mich: ein kreatives Ventil, das mir einen Anlass gab, mehr Raum zu schaffen, meine anderen Schlüssel zur Freiheit auszuprobieren und schlussendlich meinen Weg zurück in die Freiheit zu finden.

Die Tatsache, dass ein Buch neue Möglichkeiten mit sich bringt, bedeutete, dass es mir einen neuen Weg eröffnete, zu tun, was ich liebe. Und genau darum geht es beim Schlüssel zur Freiheit »Tatkraft + Initiative«. Es geht darum, deine eigenen Regeln zu machen, so Geld zu verdienen, wie du es willst, und Verantwortung für deine Zukunft zu übernehmen. Es geht darum, klug zu sein und mit Herz und Verstand zu entscheiden, was das Richtige für dich ist. Für manche bedeutet das, den Sprung zu wagen und sich selbstständig zu machen. Für andere, einen risikofreudigen Karriereschritt zu gehen. Für dich kann es hier und jetzt bedeuten, offener für ein bisschen mehr Risiko und viel mehr Möglichkeiten zu sein.

Veränderungen vornehmen

Ich habe diesen Schlüssel zur Freiheit immer dann eingesetzt, wenn ich das Gefühl hatte, mich beruflich verändern zu müssen.

Vor ein paar Jahren zum Beispiel gab ich meine Arbeit bei UNICEF (siehe Seite 79) auf und wurde Leiterin des Nachhaltigkeitskomitees für die Bewerbung Englands, die FIFA Fußball-Weltmeisterschaft 2018 auszurichten. Ich wurde damit beauftragt, Pläne auszuarbeiten, inwiefern dieses Sportereignis ein nachhaltiges Erbe hinterlassen würde, wenn England den Zuschlag dafür erhielte. Es war eine außergewöhnliche Erfahrung, nicht zuletzt aufgrund der beispiellosen Zusammenarbeit der englischen Fußballindustrie. Fast hatte man den Eindruck, als könnte sich das Blatt im Weltsport wenden, weg von rein kommerziellen Zwecken hin zu tatsächlich mehr Gemeinnützigkeit.

Die FIFA (der Weltfußballverband) schickte ein Expertenteam, um unsere Bewerbung zu prüfen. Sie bezeichneten sie als »ausgezeichnet«, die Nachhaltigkeitspläne nannten sie »herausragend« und »wichtig für die Zukunft des Weltfußballs«. Wir waren guter Dinge, bis das Exekutivkomitee der FIFA seine Entscheidung traf und England in der ersten Runde rausflog. Wir waren wie vor den Kopf geschlagen und bitter enttäuscht, diese Chance verpasst zu haben.

Das Bewerbungsverfahren war überschattet von schmutzigen Gerüchten, und gegen viele Beteiligte wurden groß angelegte Untersuchungen wegen Korruption und Veruntreuung eingeleitet. Wir werden die Wahrheit vielleicht nie erfahren, aber der Gedanke widert mich an, dass eine kleine Gruppe eigennütziger Menschen der Chance im Weg gestanden haben soll, etwas Erstaunliches zu vollbringen.

Natürlich wollte ich, dass wir gewinnen, aber noch viel wichtiger war es mir, dass der Sport seinen Einfluss und seine Popularität für etwas Gutes einsetzte. Ich hatte das Gefühl, dass unsere ganze Arbeit umsonst gewesen war, und verlor jedes Vertrauen, den Beitrag leisten zu können, den ich leisten wollte, wenn ich geschäftlich mit Menschen zu tun hatte, die ihre Macht auf diese Weise missbrauchten. Ich entschied daraufhin, beruflich eine vollkommen neue Richtung einzuschlagen.

Ich entschied mich, direkt mit Menschen zu arbeiten, um ihnen dabei zu helfen, ihr Potenzial voll auszuschöpfen, indem sie etwas tun, das sie lieben. Ich ergriff die Initiative zu gehen, als ich kein gutes Gefühl mehr hatte, und entschied mich für die Selbstständigkeit, nicht nur um zu entfliehen, sondern auch um mich weiterzuentwickeln.

Inzwischen ist meine Firma *Do what you love* zu einem angesehenen Anbieter von Online-Seminaren zur Persönlichkeitsentfaltung geworden, die bereits viele Male als »lebensverändernd« beschrieben wurde. Und ich liebe sie. Auch wenn es kein Spaziergang war.

Zu Beginn wusste ich rein gar nichts über die technische Seite.

Ich hatte noch nie einen Online-Kurs erstellt. Meinen ersten Blog hatte ich gerade mal ein paar Monate vor Firmengründung ins Leben gerufen. Doch ich hielt an dem fest, woran ich glaubte, und wagte den Sprung ins kalte Wasser. Das, was ich wollte, gab es nicht, also schuf ich es selbst und machte daraus ein Geschäft, um meine Familie finanziell zu unterstützen und ein paar andere Familien mit dazu.

Zusammen entwickeln, erstellen und bieten wir Online-Kurse an, die Menschen auf der ganzen Welt dabei helfen, eine neue Richtung im Leben zu finden, sich auf ihre Leidenschaften zu besinnen und ihr Leben neu zu organisieren, um den Fokus auf das zu legen, was sie glücklich macht. Wir schulen Menschen außerdem, wie sie eigene Online-Kurse entwickeln und ein Online-Business aufbauen können, denn das eröffnet ihnen die ganze Welt. Ich erlebe Tag für Tag, wie sich ein jeder mit dem passenden Werkzeug und unter entsprechender Anleitung sowie der Technik von heute das Leben aufbauen kann, das er will. Es bedarf Zeit und Engagement, aber es ist heute möglicher denn je. Viele unserer Online-Kursteilnehmer machen sich anschließend selbstständig oder finden ein gutes Auskommen, indem sie online unterrichten. Durch unsere Partnerschaften mit *www.makeartthatsells.com* und *www.makeitindesign.com* verhelfen wir außerdem Tausenden Künstlern und Designern zu professionellen Karrieren im kreativen Bereich.

Natürlich sind wir im Laufe der Jahre vielen Schwarzmalern begegnet – man erkennt sie ganz leicht an ihren verkniffenen Mienen, dem Kopfschütteln, dem überheblichen Gehabe. Es sind die, die jungen Menschen raten, sich für einen »sicheren Beruf« mit einem üppigen Gehalt zu entscheiden, und ihnen den Gedanken abspenstig machen, ihrer Leidenschaft nachzugehen, da sich das niemals lohnen wird. Gut, das ist die wirtschaftliche

Seite, aber was ist mit der persönlichen Seite? Und wenn man etwas gern tut, ist man vermutlich besser darin oder zumindest engagierter. Auf lange Sicht ist also die Wahrscheinlichkeit, sich gut darin zu schlagen, erheblich größer.

Und wenn man etwas gern tut, kann man jeden Schritt, den man geht, genießen, statt sich mit etwas herumzuschlagen, das man nicht mag, in der Hoffnung, dass man eines Tages genug Geld verdient haben wird, um sich zur Ruhe zu setzen und endlich anzufangen das Leben zu genießen.

Dein Leben findet genau hier, genau jetzt statt, und wir brauchen mehr Karriere- (und Lebens-) Ratschläge, die das beherzigen.

Wir machen weiter, allen Schwarzmalern zum Trotz, denn wir kennen das Geheimnis: Mehr leben, weniger sorgen und tun, was du liebst, ist ein Weg zum Glück. Es gibt dir die Zügel in die Hand und überträgt dir die Verantwortung für deinen Erfolg, so wie du ihn definierst. Es ermöglicht dir, dein ganzes Können und deine ganze Erfahrung einzubringen, mit und für Menschen zu arbeiten, die dich inspirieren, und Sinn und Zweck in deinen Tagen zu finden.

Das Leben ist zu kurz, um es mit etwas zu verbringen, das du nicht gern tust, um dein Potenzial unausgeschöpft zu lassen und deine Träume nur aus der Ferne zu bestaunen. Du musst nicht dein eigener Chef sein, aber du kannst strategisch an dein Leben herangehen und die Initiative ergreifen, indem du dich für etwas entscheidest, das du wirklich willst.

Erteile dir selbst die Erlaubnis zu tun,
was du liebst. Auf diese Weise
erteilst du anderen die Erlaubnis,
das Gleiche zu tun.

Offen sein für Möglichkeiten

Nie zuvor hatten wir so viele Chancen zu tun, was wir lieben, oder mehr Möglichkeiten, es in Angriff zu nehmen. Mit unseren Leidenschaften Geld zu verdienen ist heute ein Business-Plan, kein Luftschloss.

Was wäre, wenn ich dir sagen würde, dass es dir mehr Zeit und weniger Stress einbringen könnte, wenn du dich im richtigen Bereich selbstständig machen oder die Initiative ergreifen würdest, einen neuen Karriereweg einzuschlagen? Was, wenn ich dir versichern würde, dass das mit mehr Flexibilität, weniger Bürokratie, höherem Einkommen, größerem Nutzen und mehr Anerkennung verbunden sein könnte?

Das ist die Belohnung für »Tatkraft + Initiative«. Es ist die Belohnung dafür, dass du das Ruder in die Hand nimmst, Entscheidungen triffst, die dir guttun, und deine Arbeit in die Welt hinausträgst.

Wenn du weißt, dass du nicht länger so weitermachen und weiterarbeiten kannst, oder wenn du dir mehr Flexibilität und Einfluss in Bezug auf deine Tätigkeit und Richtung wünschst, kann dir dieser Schlüssel zur Freiheit helfen, den ersten Schritt zu tun.

Tatkraft + Initiative: Wie aktiviere ich diesen Schlüssel zur Freiheit?

Denke über die unten stehenden Konzepte nach. Sagt dir das ein oder andere zu? Wenn ja, stelle dir vor, was in deinem Leben anders sein könnte, wenn es real wäre:

1. Deinen Träumen folgen und erleben, wie sie wahr werden.

2. Etwas tun, das du liebst.

3. Deine Ideen in etwas verwandeln, worauf du stolz bist.

4. Selbst für dein berufliches und finanzielles Schicksal verantwortlich sein, nicht auf jemand anderen angewiesen sein.

5. Geld auf der Grundlage dessen verdienen, was du geschaffen hast, unabhängig davon, wie viele Stunden du investiert hast oder ob du im Büro erschienen bist.

6. Niemandem Rechenschaft schuldig sein.

7. Mit niemandem arbeiten müssen, den du nicht magst.

8. Von überall dort aus arbeiten, wo du willst.

9. Dein Wissen, deine Erfahrung, dein Talent durch Unterricht weitergeben, online oder offline.

10. Geld im Schlaf verdienen.

11. Deine Einnahmequellen erweitern, sodass du auf verschiedenen Standbeinen stehst.

12. Dein eigener Herr über deine Zeit sein und die Arbeit um das Leben herum planen, nicht andersherum.

Der Schlüssel zur Freiheit »Tatkraft + Initiative« eröffnet dir all diese Möglichkeiten.

Wenn du im Käfig gefangen bist, gilt es nicht, rauzustürmen und dich selbstständig zu machen oder deinen Job zu kündigen, ohne vorher gründlich darüber nachzudenken.

Es geht darum, Möglichkeiten in Betracht zu ziehen, Ideen zu spinnen, die Initiative zu ergreifen, zu recherchieren und darüber nachzudenken, was es dir einbringen könnte, Unternehmungsgeist zu zeigen. Indem du die Möglichkeiten durchspielst, machst du dein Unterbewusstsein darauf aufmerksam, dass du offen bist für alternative Wege.

Kapitel 10

8. Schlüssel zur Freiheit: Dankbarkeit + Bewusstes Leben

Während meines Befreiungsprozesses wurde mir bewusst, wie viel es schon gab, wofür ich dankbar sein konnte. Ich schenkte diesen Dingen fortan mehr Aufmerksamkeit und ertappte mich dabei, dass ich bewusster lebte, die Kleinigkeiten zur Kenntnis nahm, und das wiederum machte mich noch dankbarer.

Wenn wir uns angewöhnen, dankbarer zu sein, kann das unsere gesamte innere Haltung verändern und einen wahren Glücksschub bewirken. Doch selbst dann passiert es noch leicht, dass wir dem Leben abermals die Führung überlassen und die täglichen Wunder übersehen, bis uns ein einschneidendes Ereignis einmal mehr daran erinnert, wofür wir dankbar sein können.

Meine Freundin Ella zum Beispiel (Name geändert). Ella wünscht sich seit vielen Jahren ein Kind, und als sie vor einiger Zeit endlich schwanger wurde, machte die Nachricht alle um sie herum sehr glücklich. Doch dann konnte der Arzt bei einer Ultraschalluntersuchung in der zwölften Schwangerschaftswoche keine Herztöne mehr finden. Als ich den Schmerz in ihrer Stimme höre, habe ich das Gefühl, als würde der gesamte Sauerstoff aus dem Raum gesaugt werden und mein Herz trommelt wie eine Maschinenpistole gegen meine Brust. Viele Menschen sagen, dass sie sich leer fühlen, wenn sie einen Verlust erlitten haben, ich dagegen fühle mich voll mit Traurigkeit. Sie hat sich dieses Baby so sehr gewünscht.

Am Telefon sprechen wir darüber, wie sie alles in ihrer Macht Stehende getan hat, um für das Baby eine Umgebung zu schaffen, in der es sich gesund entwickeln kann; wie diese Schwangerschaft für sie, die nie wusste, ob sie überhaupt schwanger werden kann, ein Schritt in die richtige Richtung war, und dass vielleicht eine andere Seele darauf wartet, eines Tages von ihr auf die Welt gebracht zu werden. Ich bin mir sicher, nichts davon hilft. Nichts kann den Schmerz lindern, den ihr das Wissen bereitet, dass das Herz ihres kleinen Babys irgendwann einfach aufgehört hat zu schlagen, während sie vielleicht gerade abspülte oder schlief oder darüber nachdachte, wie sehr sie ihr Kind lieben würde. Ich konnte nichts tun, um ihren Schmerz zu lindern. Alles, was ich tun konnte, war, ihr darin beizustehen.

Wenn wir eine traurige Nachricht hören, denken wir oft unwillkürlich über unsere eigene Situation nach, und durch einen Schleier aus Tränen sehe ich verschwommen die Gesichter meiner beiden Mädchen. Sienna ist im Kindergarten, und Maia ist heute bei ihrer Großmutter. Ich kann mich also voll und ganz auf die Arbeit konzentrieren, nur dass ich mich auf rein gar nichts konzentrieren kann, außer auf diese Nachricht, den Schmerz, den ich für meine Freundin mitfühle, und die Dankbarkeit, die ich für meine Kinder empfinde.

In diesem Moment interessieren mich weder ihre Wutanfälle noch das Zahnen oder die schlaflosen Nächte. Ich will ihnen einfach nur meine Liebe schenken, und mehr als alles andere wünsche ich mir, dass meine Freundin das eines Tages auch kann.

Ich will, dass sie noch einmal schwanger werden kann, dass sie einer anderen Seele das Leben schenken und die Mutter werden kann, die sie bereits im Begriff war zu werden. Ich wünsche, hoffe, schicke ihr Liebe an diesem dunklen Tag, mein Ohr ganz heiß von dem langen Telefongespräch, mein Herz schwer wie Blei.

Traurig mache ich mich auf den Heimweg, werfe einen langen Schatten in der Wintersonne. Aber ich trödele nicht, ich beeile mich. Ich muss meine Mädchen bei mir haben und an mich drücken. Nie zuvor war ich so dankbar, sie zu haben, wie in diesem Moment.

Doch nach ein paar Tagen übernimmt das Leben wieder die Führung, und die Dankbarkeit gerät in Vergessenheit. In dem alltäglichen Chaos lasse ich das Bewusstsein für die Kostbarkeit meiner Kinder in meiner Manteltasche zurück wie eine gebrauchte Theaterkarte und rege mich wieder über unwichtige Dinge auf.

Am Ende eines besonders langen Tages, ich lasse mich gerade in ein warmes Bad sinken, höre ich, wie die Badezimmertür auffliegt und jemand hereingetrappelt kommt.

»Kann man in diesem Haus keine fünf Minuten seine Ruhe haben?«

Sienna streckt eine Hand über den Badewannenrand und fängt an, mir mit ihrem kleinen Schwamm den Rücken zu waschen. Sie taucht ihre Hand ins Wasser.

»Warm.« Dann greift sie mit ihrer Hand in den Schaum. »Nicht warm.«

Das war mir bisher noch nie aufgefallen.

»Mummy braucht Spielsachen.« Es ist keine Frage. Sie streckt mir ihre gelbe Lieblingsgießkanne hin. Sie hat Schaum auf der Nase und einen hochkonzentrierten Gesichtsausdruck. Die

Enden ihrer feinen blonden Haare kringeln sich in der feuchten Wärme.

»Wasser auf Siennas Füße«, sagt sie, drückt ihren Schwamm aus und beobachtet, wie das Wasser zu Boden tropft. »Damit Siennas Füße so groß werden wie Daddys.«

Mir geht das Herz auf bei der Aufrichtigkeit, mit der sie mir gerade ihre wunderschöne Gießkanne geschenkt hat. Das ist es, was zählt.

Indem ich hier und jetzt bewusst den Moment lebe, nehme ich erneut wahr, wie kostbar meine Tochter ist, und bin dankbar dafür. Das Gute im Kontext des Mutterseins schaute mich direkt an, und es war die ganze Zeit über da.

Sich bewusst machen, was man hat

Der Schlüssel zur Freiheit »Dankbarkeit + bewusstes Leben« hilft uns nicht nur dabei, uns bewusst zu machen, was wir bereits haben, sondern auch bereit zu sein, zu geben und zu empfangen und für alles dankbar zu sein. Es geht darum, die Auswirkungen unseres Handelns zu begreifen und Wege zu finden, dieses Leben, das wir hier und heute leben, zu schätzen und zu genießen.

Warum hören wir überhaupt auf, bewusst zu leben?

Wie konnte ich an diesen Punkt auf meinem Schlafzimmerboden kommen, an dem ich dermaßen gefangen war von den Dingen, die ich zu tun hatte, dass ich darüber völlig das Leben selbst vergaß?

Es ist unsere Entscheidung, ob und inwieweit wir zulassen, dass sich das Tempo immer mehr beschleunigt, dass andere unsere Erfolgsmarken setzen, dass wir uns dem Druck beugen. Denn letztlich können wir uns auch dafür entscheiden, nicht für diese Dinge, sondern für unsere eigene Version eines guten Lebens verantwortlich zu sein.

Wenn etwas Schlimmes passiert, neigen wir dazu, das Erlebte in einen Schuhkarton zu packen, ihn ganz hinten im Schrank zu verstecken und zu hoffen, das Ganze auf diese Weise zu vergessen. Doch damit betäuben wir uns nur. Und betäuben wir uns einmal, betäuben wir uns immer und überall. Betäuben wir die Traurigkeit, betäuben wir die Freude. Lassen wir den Schmerz und die Verletzlichkeit hingegen zu, öffnen wir uns dem Guten und dem Schönen. Wenn wir uns bewusst machen, was wir schon alles haben, in allen Bereichen unseres Lebens, verspüren wir Dankbarkeit, und diese Dankbarkeit erfüllt unsere Herzen mit Wärme und Liebe. Sie ermöglicht es uns, unser Leben wirklich zu erleben, statt es nur an uns vorbeirauschen zu lassen.

Bewusst zu leben bedeutet:

> frei zu entscheiden, wie wir jeden kostbaren Tag verbringen

> nach unseren Werten zu leben

> aktiv zu entscheiden, was wir essen, wie wir reisen, mit wem wir unsere Zeit verbringen, in was wir unsere Energie stecken, wie wir uns erholen, wie wir konsumieren, wie wir reden, wie wir lieben, wie wir Mitgefühl zeigen, wie wir versuchen freundlich zu sein

> wahrzunehmen und uns einzugestehen, wie wir uns fühlen, und dieses Gefühl dann zuzulassen

> bereit zu sein, zu empfangen

Sei selbst für die allerkleinsten Wunder dankbar, denn sie sind es, aus denen sich das Leben zusammensetzt.

∼ Aufgetaucht ∼

Lotus Zalzala war früher ein echter Playboy. Er hatte in jungen Jahren ein Vermögen mit dem Verkauf von elektronischen Bauelementen gemacht, besaß auf der ganzen Welt Büros und führte ein Jetset-Leben, wie es im Buche stand. Die Wochenenden verbrachte er oft in Vegas, wo er die Nächte bis Montag durchfeierte. Er arbeitete achtzig Stunden pro Woche, hatte glamouröse Freunde, Status, sah gut aus und hatte mehr Geld, als er je ausgeben konnte. Doch irgendetwas stimmte nicht. Er verstand nicht, warum er sich trotz all der Dinge, die er hatte, so leer fühlte.

2005 entdeckte er eines Tages einen unangenehmen Ausschlag auf seinem Rücken. Wie sich herausstellte, war es Gürtelrose. Sein Körper versuchte ihm zu sagen, dass sein Lebenswandel so nicht länger tragbar war. Ihm wurde Ruhe verordnet, also flog er auf die Bahamas, wo ein alter Freund von ihm ein B&B führte und entschleunigt lebte. Zunächst empfand Lotus diese Ruhe als höchst beunruhigend, doch als er sich schließlich darauf einließ, ging es ihm bald besser. Er fing wieder an zu arbeiten, doch statt zu feiern, reiste er jetzt lieber.

Auf einer dieser Reisen nach Mexiko wurde er beim Surfen von einer Welle erfasst. Als er unter Wasser gerissen wurde, verspürte er einen stechenden Schmerz im Arm, der eine Nachricht direkt an sein Gehirn schickte: Er war nicht unverwundbar. Er hatte sich den Ellbogen gebrochen, und der Schmerz erinnerte ihn qualvoll daran, dass sein Handeln Auswirkungen auf seinen Körper hatte. Er war derart gefangen gewesen in diesem Leben auf der Überholspur, dass er jeden Bezug zu seinem wahren Ich und zu seinem Körper verloren hatte.

Er tauchte hellwach aus der Welle auf und wusste, was er zu tun hatte, um sein Leben zu retten. Der Arm heilte nur langsam und nicht zuletzt dank der liebevollen Unterstützung einer guten

Freundin, die ihn dazu ermutigte, herauszufinden, wer er in seinem Innersten wirklich war.

Er verkaufte seine Firma und zog nach Costa Rica, wo er sich in eine andere Form von Freigebigkeit verliebte. Er räumte mit allem auf. Er trank keinen Alkohol mehr, ernährte sich von veganer Rohkost, machte eine Ausbildung zum Yogalehrer, lebte sogar im Zölibat. Er gab alles auf, was er bislang für wichtig gehalten hatte, um herauszufinden, was wirklich zählte.

Fünf Jahre sind seitdem vergangen, und Lotus ist ein anderer Mensch geworden. Oder genauer gesagt, er ist wieder er selbst. Der andere Mensch, der er eine Zeit lang war, ist für immer verschwunden. Seine Eltern haben das noch immer nicht ganz begriffen, und seine früheren Freunde rufen kaum noch an, doch das ist ein kleines Opfer für jemanden, der sich auf die Suche nach seinem wahren Wesen gemacht und Freiheit gefunden hat, indem er ein bewusstes Leben führt.

Bewusst leben

Ich fing an zu überlegen, wie mein Tag aussehen würde, wenn ich jeden Moment bewusst und dankbar und mit allen Sinnen erleben würde, mich auf die Schönheit und Kostbarkeit eines jeden Moments konzentrieren würde, statt alles an irgendeinen potenziellen Nutzen zu knüpfen oder der Angst die Macht zu überlassen, Entscheidungen für mich zu treffen. Was herauskam, war in etwa folgender Traumtagesplan:

Ich werde heute nur Dinge tun, die sich um die wichtigsten Dinge und Menschen in meinem Leben drehen.

Ich werde knusprigen Toast mit Sienna essen, und wir werden ihn abwechselnd in klebrige Marmelade tunken, und die Krümel werden mir schnuppe sein.

Wir werden zusammen einen Spaziergang am Fluss machen, und sie wird in den Himmel hinaufschauen und feststellen, dass der Mond nicht da ist. Sie wird auf die Bäume deuten und sagen, dass Mr Moon da drinnen ist und gerade ein Picknick macht und dass sie ihm Erdbeertee bringen will. Ich werde auf den Fluss schauen, beobachten, wie sich die Bäume im Wasser spiegeln, und einen Blick auf etwas Silbriges erhaschen, wenn ein Hecht unter der Oberfläche vorbeihuscht.

Ich werde Maia herumwirbeln und sie kitzeln, bis ihr Kichern über das ganze Land schallt. Ich werde meine Nase in ihren goldenen Haaren vergraben und ihren Liebreiz in mich aufsaugen.

Ich werde beim Laufen die Hand meines Mannes nehmen und ihn hundertmal küssen. Ich werde einen Brief schreiben, einen Kuchen backen, barfuß durchs Gras laufen, meine Eltern anrufen, mein Gesicht in die Sonne strecken.

Ich werde tief durchatmen, laut lachen, frei schreiben, mich körperlich bewegen, meine Familie umsorgen, und am Ende des Tages werde ich mich auf die Erde legen und die Sterne bestaunen, werde mir vorstellen, ich schaue von oben herunter und sehe mich, wie ich hier liege und hochschaue, und mein Geist wird eins werden mit der unendlichen Weite des Himmels.

Ich werde heute dankbar sein für einen sehr guten Tag.

—

Tag für Tag glücklich zu sein bedeutet, all die herrlichen Momente wahrzunehmen, die sich ereignen, wenn wir uns frei fühlen. Es bedeutet, zu jeder Zeit zufrieden und voller Freude zu sein und das Gute in den Herausforderungen zu sehen, die das Leben an uns stellt.

Der Schlüssel zur Freiheit »Dankbarkeit + bewusstes Leben« hilft jederzeit und immer. Wenn wir dankbar sind und bewusst leben, sind wir glücklich über die Entscheidungen, die wir treffen, und vertrauen darauf. Und das wiederum macht uns bewusst, wie stark wir sind.

Dieser Schlüssel kann besonders hilfreich sein, wenn uns Sorgen plagen, denn richten wir unser Augenmerk stärker auf die Details unseres gegenwärtigen Lebens, kann uns das nicht nur helfen, das Gute darin zu finden, sondern auch unseren Fokus weg von dem weitschweifigen Zwiegespräch zu lenken, das wir in unseren Köpfen führen. Und entkommst du mithilfe dieses Schlüssels zur Freiheit dem Käfig, bedeutet das, dass du deine Reise ganz bewusst von einem Ort aus beginnen wirst, der mit Dankbarkeit besetzt ist.

Dankbarkeit + Bewusstes Leben: Wie aktiviere ich diesen Schlüssel zur Freiheit?

Wahrnehmung beginnt mit den Sinnen. Wir nutzen unsere Sinne für viele Dinge: um uns in der Welt zu orientieren, um Risiken zu vermeiden, um Spaß zu haben. Sie können uns zum Handeln anregen, auf unsere Stimmung einwirken, den Eindruck beeinflussen, den wir von anderen haben, Hoffnungen oder Erinnerungen wecken, Ängste auslösen.

Betrachtest du deine Sinne als selbstverständlich oder setzt du sie bewusst ein?

> Wie oft bleibst du stehen und riechst an Blumen?

> Gehe einen Moment vor die Tür und denke über das heutige Wetter nach. Wie sieht es aus? Welche Farbe hat es? Wie hört es sich an? Wie riecht es? Wie lässt es dich fühlen? Welche Erinnerungen löst es aus? Wozu animiert es dich?

> ➤ Stelle dir vor, du wärst ein Regentropfen oder der Wind oder die Sonne, die herabstrahlt. Wie anders sieht die Welt aus dieser Perspektive aus?

> ➤ Beobachte die Wolken am Himmel. Wohin ziehen sie? Was können sie sehen?

Etwas so Einfaches, wie über das Wetter nachzudenken, kann dich mit Erstaunen erfüllen, dich auf bislang Unbemerktes aufmerksam machen und auf neue Gedanken und Ideen bringen.

Schreibe fünf Dinge auf, für die du heute dankbar bist. Falls du dich regelmäßig in Dankbarkeit übst, erweitere das heute, indem du jemandem sagst, wofür du ihm/ihr dankbar bist.

Sei dir, soweit möglich, an jedem einzelnen Tag bewusst, welche Entscheidungen du triffst, mit wem du in Beziehung trittst, worum du bittest, was du gibst und empfängst, was du isst, wann und wie du dich bewegst, welche Gedanken du hegst. Wann immer es möglich ist, entscheide dich, freundlich zu dir und zu anderen zu sein. Schaue, was sich dadurch verändert.

Kapitel 11

Bereit zum Abflug:
Tritt in die Welt hinaus +
lerne fliegen

Nachdem du nun mit den Schlüsseln herumexperimentiert hast: Welcher ist dein Generalschlüssel? Welche Schlüssel zur Freiheit haben dich spontan angesprochen? Welcher war deine Nummer eins? Welcher eröffnete dir einen unerwarteten Weg hinaus? Wie hat es sich angefühlt, deine Gedanken weg von den Gitterstäben hin zu einem Punkt zu lenken, an dem sich dein Fokus verschiebt?

Wenn du ein oder zwei Schlüssel ausprobiert hast und dich immer noch gefangen fühlst, versuche es so lange mit einem der anderen, bis du den Schlüssel zur Freiheit findest, der die Tür deines jetzigen Käfigs öffnet. Erwarte nicht, dass du die Antwort bereits kennst. Unterschiedliche Schlüssel zur Freiheit werden dir zu unterschiedlichen Zeitpunkten gute Dienste leisten.

Sollte der Schlüssel zur Freiheit, von dem du dich zunächst angesprochen gefühlt hast, nicht passen, könnte das daran liegen, dass du versuchst, deinem augenblicklichen Leben eine frühere

Version deines Lebens aufzuzwingen. In diesem Fall solltest du versuchen einen Schlüssel zu finden, der hier und jetzt passt. Denke daran, dass du diesen speziellen Schlüssel zur Freiheit nächste Woche, nächsten Monat oder nächstes Jahr eventuell ganz anders aktivieren musst oder dass du dann vielleicht einen völlig anderen Schlüssel brauchst.

Wenn ich mich gefangen fühle und das in meinem Tagebuch festhalte, komme ich immer und immer wieder auf die gleichen Themen zu sprechen. Ich brauche Raum, Ruhe, Zeit zum Schreiben, Zeit in der Natur, genug Zeit mit meiner Familie, gutes Essen, Bewegung, anregende Gespräche, die Aussicht auf ein Abenteuer, einen Moment, um dankbar zu sein.

Vielleicht brauchst du diese Dinge auch, oder du brauchst etwas völlig anderes. Egal, was es ist, du wirst es finden, wann immer du auf die Schlüssel zur Freiheit zurückgreifst.

Es ist so leicht, sich wegen etwas schuldig zu fühlen, das nach außen hin egoistisch erscheint und kein sofortiges, konkretes Ergebnis erkennen lässt. Gelingt es dir jedoch, dein Handeln an einen Schlüssel zur Freiheit zu koppeln, kann dir das dabei helfen, über den Tellerrand hinauszuschauen. Du wirst erkennen, dass es nicht egoistisch ist, sondern zu deinem Besten.

Mache einen kleinen Schritt nach dem anderen. Sei geduldig. Es ist wichtig, dass du den Käfig erst verlässt, bevor du versuchst zu fliegen. Andernfalls hast du kaum abgehoben, da krachst du schon gegen die Gitterstäbe, und der Frust beginnt von Neuem.

Verlasse zuerst den Käfig. Hebe später ab.

Eins nach dem anderen. Finde den Schlüssel. Öffne die Tür.

Kehre der Dunkelheit und der Gefangenschaft den Rücken und wende dich der Leichtigkeit und dem Licht zu.

Hinaustreten

Wenn Vögel oder Tiere im Allgemeinen aus der Gefangenschaft in die freie Natur entlassen werden, schießen sie nicht Hals über Kopf aus dem Käfig und stürzen sich blindlings in ihre neue Welt. Sie treten zaghaft hinaus, drehen sich häufig noch etliche Male nach dem Käfig um, der sie so »sicher« beherbergt hat, bevor sie sich allmählich fortwagen.

Gelegentlich kann man beobachten, wie Vögel und Tiere ihre neu gewonnene Freiheit freudig zelebrieren, doch in der Regel drücken sie sich weiter in der Nähe ihres Käfigs herum, ganz offensichtlich irritiert von der neuen Situation. Denn die Sache ist die: Auch wenn die Tür offen ist, ist der Käfig weiterhin da. Sie wissen, dass sie sich entscheiden müssen zu gehen, doch sie fürchten sich vor dem Unbekannten. Sie wissen nicht, was sie tun oder wohin sie gehen sollen.

Und genauso ist es bei uns Menschen. Wir sind nicht im einen Moment noch gefangen und im nächsten frei. Wir sind nicht sofort bereit abzuheben, sobald sich die Tür öffnet. Und für gewöhnlich verschwindet der Käfig auch nicht in dem Moment, in dem wir ihn verlassen haben. Die Realität ist weitaus komplexer. Wir verharren unschlüssig an der Tür. »Komm«, rufen die Möglichkeiten, »bleib«, sagt die Angst.

Metamorphose

Nachdem ich von dem Kunst-Retreat, das ich in Kapitel 6 beschrieben habe, wieder zu Hause war, nannte mich Mr K nur noch »Glühwürmchen«, weil ich völlig aufgeregt umherschwirrte und regelrecht Funken sprühte. Das Hochgefühl hielt gute 48 Stunden an, bevor es zu schwinden begann, schließlich erlosch und mich schmachtend im Dunkeln zurückließ.

Alles, was ich tun wollte, war, Kunst zu machen, doch jedes Mal, wenn ich es versuchte, kam dabei etwas völlig anderes heraus, als ich mir vorgestellt hatte. Ich wollte irgendwie festhalten, was gerade passiert war, doch wenn ich den Künstlerbedarf betrachtete, der mir in Kalifornien so voller Potenzial erschienen war, oder das Buch, das ich dort geschaffen hatte, so konnte einfach nichts mit der gigantischen Erfahrung mithalten, die ich soeben gemacht hatte.

Zwischen all den riesigen Mammutbäumen, auf diesem uralten Stammesland, war etwas von innen heraus mit mir geschehen. Hätte man mich von oben beobachtet, hätte man einfach nur eine Frau gesehen, die Spaß hat, die malt und schnitzt und klebt und lacht. Wäre man aber näher gekommen und hätte mir in die Augen gesehen, hätte man dort eine ganze Welt der Wunder entdeckt, hätte gehört, wie mein Herz ein bisschen schneller flattert, wie mein Kopf vor lauter neuen Möglichkeiten schwirrt. Ich konnte eine völlig unerwartete Weite spüren, ein Aufgehen, das Enthüllen einer schönen neuen Welt.

Wieder zu Hause hingegen, war ich völlig ratlos. Ich wusste, dass ich niemals den Schritt zurückgehen und mich ein weiteres Mal von meiner Kreativität lossagen könnte, trotzdem hatte ich keine Ahnung, was ich als Nächstes tun sollte. Ich hatte die Käfigtür geöffnet und saß jetzt verunsichert auf der Schwelle, ohne die geringste Vorstellung, wohin oder wie ich fliegen sollte.

Während des Kunst-Retreats hatte ich eine ganze Reihe von Aha-Erlebnissen gehabt und war verändert nach Hause zurückgekehrt. Doch die tatsächliche Veränderung von meinem alten Leben hin zu meinem neuen, offenen Leben vollzog sich nicht von einem Tag auf den anderen. Als ich aus den USA zurückkehrte, stieg ich nicht in der Überzeugung aus dem Flugzeug, unmittelbar am Anfang einer steilen künstlerischen Karriere zu stehen. Gut, ich erlaubte mir den einen oder anderen Gedanken daran, dass es eines fernen Tages vielleicht so kommen könnte, doch ich war alles andere als überzeugt davon und weit davon entfernt, es in die Tat umzusetzen.

Letztlich dauerte es mehrere Monate, in denen ich mich ausprobierte, Tagebuch schrieb, Kurse belegte, Neues entdeckte und nach meiner höchst persönlichen Version von Kreativität suchte, bis ich anfing, aus dieser Metamorphose schlau zu werden.

Im Laufe der nächsten Jahre trat ich immer weiter aus meinem Käfig hinaus. Ich machte einige große Schritte vorwärts, mehrere kräftezehrende Schritte rückwärts, erlebte viele glückliche Augenblicke, so manch verlorenen Moment, Zeiten der Freude, Zeiten, in denen mich meine Zuversicht verließ. Und dabei fragte ich mich unentwegt, was ich hier eigentlich zu machen glaubte.

Ich vergleiche das gern mit einer Raupe, die zum Schmetterling wird: Sie weiß nicht, was vor sich geht, während sie in ihrem Kokon ist. Sie weiß nicht, dass der Schmerz in ihren Schultern von den Flügeln herrührt, die sich gerade ausbilden. Sie weiß nicht, dass die Enge, die sie um ihren Körper verspürt, das Anschwellen der Flügelfedern ist, auf denen sich das Muster herausbildet, das sie in ihrer nächsten Lebensphase kennzeichnen wird. Sie weiß nicht, dass das seltsame Gefühl auf ihrer Kopfhaut auf die Fühler zurückzuführen ist, die dort gerade durchstoßen. Sie schläft den gesamten Verwandlungsprozess hindurch und träumt von Blättern und Regentropfen und Sonnenschein.

An dem Tag, an dem sie aus ihrem Kokon schlüpft, nimmt sie eine Entwicklung wahr. Sie sieht anders aus. Sie fühlt sich anders. Sie ist in der Lage, neue Dinge zu tun. Statt sich immer nur auf Blätter zu beschränken, entdeckt sie nun eine ganz neue Form von Schönheit: die der Blumen. Sie flattert umher und probiert ihre neuen Flügel aus, die die ganze Zeit in ihr verborgen gewesen waren. Erst jetzt weiß sie, was sie mit ihrem neuen Leben anstellen soll.

Auch meine Veränderung war groß. Ich wusste, dass ich meinen Lebensunterhalt eines Tages mit einer kreativeren Tätigkeit verdienen wollte, behielt aber vorerst meinen Job, um mich weiter ausprobieren zu können, ohne unter dem Druck zu stehen, dass es sich finanziell lohnen muss. Es fühlte sich so sicherer an. Ich bin normalerweise kein Mensch, der auf Nummer sicher geht, doch ich befand mich auf völlig unbekanntem Terrain und wusste überhaupt nicht, was auf mich zukommen würde.

Ob du fliegst oder nicht, hängt davon ab, was du an der Schwelle deines Käfigs tust. Verharrst du unschlüssig in der Tür und gibst deiner Angst die Macht, dich gefangen zu halten, oder lässt du dich von der Aussicht auf all das, was vor dir liegt, beflügeln und trittst hinaus ins Unbekannte? Vergiss nicht:

Freiheit bedeutet, bereit und in der Lage zu sein, seinen eigenen Weg zu wählen und sein Leben als sein wahres Ich zu erleben.

Bei meiner Rückkehr von dem Kunst-Retreat verspürte ich eine schier übermächtige Kraft, die mich diesem neuen, freien, kreativeren und erfüllteren Leben regelrecht entgegenfegte, weil ich mich ihm geöffnet hatte. Doch ich hatte Angst.

Zum Sprung ansetzen

Wenn du an der Türschwelle deines Käfigs stehst, kann das entweder Panik auslösen oder dich in Aufregung versetzen – zwei Gefühle, die dein Körper als recht ähnlich empfindet, deren Unterschied jedoch darin liegt, durch welche Brille du sie betrachtest. Reagierst du panisch, lässt dich das zurückweichen, reagierst du aufgeregt, willst du weiter.

Als ich darüber einmal mit meinem klugen Freund, dem Achtsamkeitsexperten Rohan Gunatillake sprach, rief er mir Folgendes in Erinnerung: Entkommen wir dem Leben nur vorübergehend, zum Beispiel indem wir Urlaub machen oder die Realität mithilfe von Medikamenten oder anderen Substanzen ausblenden, sind wir nicht wirklich frei. Wir kehren den Käfiggittern lediglich den Rücken zu, sodass wir sie nicht mehr sehen können, sind aber weiterhin gefangen.

In Zeiten wie diesen, in denen wir versuchen, aus dem Käfig hinauszutreten, rät Rohan, dass wir uns Folgendes fragen: »Wozu bin ich bereit?« Die Frage ermöglicht es uns, uns dem zuzuwenden, was vor uns liegt, statt davor zurückzuschrecken, was wiederum dazu führt, dass wir uns öffnen und verändern.

Sich aus dem Käfig hinauswagen

In den ersten beiden Jahren nach dem Kunst-Retreat flog ich noch zwei Mal in die USA, um an zwei weiteren Workshops teilzunehmen, rief einen Blog ins Leben, gab meinen Job auf, entwickelte meinen ersten Online-Kurs, veröffentlichte in einem Magazin und stellte eines Tages fest, dass alles, was ich unter jenen Mammutbäumen in mein Tagebuch gekritzelt hatte, tatsächlich passierte. Ich setzte meine Träume in die Tat um, aber nur, weil ich mich aus dem Käfig hinausgewagt hatte. Für eine logikverliebte, wissenschaftlich veranlagte Skeptikerin wie mich war das eine Offenbarung, und wenn ich das schaffe, schaffst du das auch.

Wenn sich die Raupe in einen Schmetterling verwandelt, verschwendet sie keine Zeit darauf, sich zu überlegen, ob sie ein Admiral oder ein Geißklee-Bläuling wird. Ihr Schicksal – als flugfähiges Wesen – ist längst für sie entschieden. Die Fähigkeit ist bereits in ihr und wartet darauf, zutage zu treten. Die Aufgabe der Raupe ist es lediglich, einen Weg zu finden, zu diesem Wesen zu werden.

Wir müssen durch diese Phase durch, in der noch nichts so richtig passen, noch nichts so wirklich einen Sinn ergeben will, um als das außergewöhnliche Kunstwerk in Erscheinung zu treten, zu dem wir vorherbestimmt sind.

Durcheinander birgt Schönheit.
Chaos ist Entwicklung.

Dieses Wissen ist überaus erleichternd, denn wenn wir das Gefühl haben, dass nichts funktioniert, wenn wir vergessen haben, wie wir an diesen Punkt gekommen sind und was wir eigentlich versuchen zu tun, genau dann wissen wir, dass im Grunde alles rundläuft.

Du hast es bis hierhin geschafft. Weiche jetzt nicht zurück. Es ist Zeit, über die Schwelle deines Käfigs hinaus in dein Leben zu treten, von klein und gefangen zu weit und frei. Die Käfigtür ist ein Tor zur Freiheit, sie rahmt alles ein, was an Potenzial und Möglichkeiten vor dir liegt.

Übung 8
Lass es geschehen

Sobald du die Käfigtür mithilfe deiner Schlüssel zur Freiheit geöffnet hast, wirst du dich vermutlich eine ganze Weile recht ratlos fühlen. Spüre diesem Moment ganz genau nach, denn er zeigt an, wie es weitergehen wird. Sei ganz ruhig und halte die Antworten auf folgende Fragen in deinem Tagebuch fest:

1. Wie fühlst du dich an der Türschwelle deines Käfigs? Was empfindest du als aufregend? Was verunsichert dich?

2. Hast du das Gefühl, von irgendwelchen Kräften in die große weite Welt hinausgeschubst oder -gelockt zu werden?

3. Hast du das Gefühl, von irgendwelchen Kräften in den Käfig zurückgezogen oder -gedrängt zu werden?

4. Stünde ein Freund/eine Freundin dort, wo du dich gerade befindest, was würdest du sagen, um ihm/ihr Mut zu machen?

5. Wie fühlt es sich an, zu wissen, dass dies nur Teil des Prozesses ist und dass es passieren soll?

6. Wozu bist du bereit?

Loslassen und die Kontrolle verlieren

Das große Unbekannte ist wohl das Unheimlichste am Leben außerhalb der Gitterstäbe. Wenn wir es gewohnt sind, den Laden im Käfig zu schmeißen, wie sollen wir dann draußen zurechtkommen, wo wir nicht einmal wissen, was als Nächstes passiert?

Das erinnert mich an ein süßes Volksmärchen über die Sonne und den Wind, das mir meine Mutter einmal erzählt hat, als ich noch klein war und einen Wutanfall hatte, weil ich meinen marineblauen Dufflecoat nicht anziehen wollte.

Die Sonne und der Wind langweilten sich. Sie waren oben im Himmel, schauten auf die Erde hinunter und hatten sonst nicht viel zu tun. Da sagte der Wind zur Sonne: »Lass uns ein Spiel spielen. Siehst du das kleine Mädchen da unten in dem blauen Mantel? Ich wette, dass ich sie schneller dazu bringe, ihren Mantel auszuziehen, als du.«

»Okay«, sagte die Sonne. »Aber die Wette gewinne ich.«

»Niemals«, sagte der Wind. »Ich bin viel stärker als du. Ich bringe Bäume zum Umknicken, Fensterscheiben zum Zerklirren und riesige Schiffe zum Kentern. Ich bringe das Mädchen dazu, dass es ihn auszieht.«

Also blies der Wind und blies. Doch das kleine Mädchen zog sich den Mantel nur fester um die Hüften und knöpfte ihn bis oben hin zu. Es zog den Kopf ein und stellte sich dem Wind entgegen.

»Was ist da nur los? Das verstehe ich nicht«, sagte der Wind deprimiert.

»Jetzt bin ich dran«, entgegnete die Sonne. Und sie strahlte und strahlte, schien immer heller und erwärmte die Erde. Die Kleine blickte auf und lächelte, dann knöpfte sie den Mantel auf, wand sich heraus und hüpfte fröhlich ihres Weges.

»Wie hast du das gemacht?«, fragte der Wind.

»Ich habe nicht versucht, die Kleine dazu zu zwingen, ihren Mantel auszuziehen«, sagte die Sonne weise. »Ich wollte, dass sie es von sich aus tut.«

———

Und das ist der Unterschied zwischen Kraft und Kontrolle. Freiheit bedeutet, deine Kraft zu nutzen und dabei das Bedürfnis loszulassen, immer alles unter Kontrolle haben zu wollen.

Denke einen Moment über das Wort »Kontrolle« nach. Fühlt es sich nicht beengend, habgierig, manipulativ und bedrohlich an? Es ist anstrengend zu versuchen, immer alles zu kontrollieren, und letztlich ist es auch wenig produktiv. Es verursacht Stress, andere Menschen bis ins Kleinste zu kontrollieren, Reaktionen vorauszusagen und zu viele Dinge unter einen Hut bringen zu wollen. Denke an den Wind in der Geschichte mit seinen roten, aufgeblähten Backen und der tiefen Furche auf der Stirn.

Jetzt denke über das Wort »loslassen« nach. Fühlt sich das nicht viel besser an? Entspannter, ruhiger, inspirierender? Es beinhaltet Vertrauen, Freundlichkeit, Erlauben. Denke an die Sonne mit ihrem sanften Lächeln und den warmen Sonnenstrahlen.

Wir können nicht kontrollieren, wie sich die Planeten bewegen, wie die Jahreszeiten wechseln oder wie schnell unsere Fingernägel wachsen. Wir haben keinen Einfluss darauf, in welche Familie wir hineingeboren werden, wie wir erzogen werden oder ob wir im Lotto gewinnen. Wie kommen wir also auf die Idee, kontrollieren zu können, was andere Menschen denken oder tun oder was morgen passiert? Tatsache ist, dass wir zwar Entscheidungen treffen können, die Einfluss auf das Ergebnis haben, doch kontrollieren können wir das Ergebnis nicht. Sobald du verstehst, dass das nicht möglich ist, hörst du auf, es zu versuchen, und das verschafft dir süße Erleichterung.

Konzentriere dich auf das, was du kontrollieren kannst – deine Käfiggitter, deine Antworten und Reaktionen, deine Denkweise, deine Einstellung, deine Entscheidungen, deinen Fluchtplan –, statt auf das, was du meist nicht kontrollieren kannst – deinen Kontext, die Menschen darin und so gut wie alles andere.

Falls du ein bekennender »Kontroll-Freak« bist, hab keine Sorge, durch deine zwanghafte Veranlagung bist du bestens vorbereitet. Du hast jede Menge Energie, ergreifst gern die Initiative, bist clever und verfügst über hervorragende organisatorische Fähigkeiten. Das alles kann dir zugutekommen, wenn du es dafür einsetzt, dich frei zu fühlen. Überlege doch nur, wie viel Zeit du hättest, wenn du nicht mehr ständig versuchen würdest, alles zu managen, alles zu erledigen, an alles zu denken.

Das Bedürfnis nach Kontrolle aufzugeben bedeutet nicht, dass du keinen Plan hast. Planen ist eine wesentliche Fertigkeit des Freiheitssuchenden, wie wir später noch sehen werden. Das

Bedürfnis nach Kontrolle loszulassen bedeutet vielmehr, offen zu sein für das, was geschehen kann, bereit zu sein, wenn es geschieht, und den Prozess zu jeder Zeit zu genießen.

Auf Kontrolle zu verzichten bedeutet auch nicht, schwach zu werden. Das genaue Gegenteil ist der Fall. Erst dadurch wirst du stark.

Oft verschenken wir unsere Kraft an andere, statt sie für uns in Anspruch zu nehmen und zu nutzen. Wir können helfen, ohne unterwürfig zu sein. Wir müssen uns behaupten, statt zurückzuweichen. Wir haben viel zu viel zu geben, um es zu verstecken. Und wir können diese Kraft nutzen, um die Haltung zu wählen, die wir in allen Bereichen unseres Lebens einnehmen möchten.

Gezieltes Training der persönlichen Kraft hilft, auf unserem Weg in die Freiheit die richtigen Entscheidungen zu treffen. Und lassen wir das Bedürfnis nach Kontrolle los, werden wir offen für Möglichkeiten, glückliche Zufälle und Wunder. Gib also dein Bedürfnis nach Kontrolle auf und gib dich entspannt der Leichtigkeit und der Zufriedenheit hin, die sich einstellen werden, sobald du dem Leben die Möglichkeit gibst, sich zu entfalten.

Wenn die Dinge nicht nach Plan verlaufen

Was aber ist, wenn du einen mutigen Schritt machst und es funktioniert nicht? Was, wenn du deinen Job kündigst, eine ungesunde Beziehung beendest oder dich selbstständig machst, und anschließend nur ängstlich und voller Selbstzweifel bist und dich genau dort wiederfindest, wo du angefangen hast? Wie irritierend. Wenn du deinem Instinkt folgst und alles schiefgeht, was dann? Du fragst dich, wo du einen Fehler gemacht hast, verlierst dein Selbstvertrauen und ziehst dich zurück.

Der Grund, warum es dazu kommt, ist ganz einfach: Wir denken, dass die Geschichte mit der Flucht aus dem Käfig zu Ende ist. Dabei beginnt sie jetzt erst.

Wir vergessen, dass wir erst wieder fliegen lernen müssen.

Flugtechniken

Um zu fliegen, müssen Vögel zwei einander entgegenwirkende Kräftepaare im Gleichgewicht halten: ihr Gewicht (nach unten) mit dem Auftrieb (nach oben) und den Widerstand (nach hinten) mit dem Schub (nach vorne).

Lass uns versuchen, das auf das Leben und unsere eigenen »Flugversuche« zu übertragen.

Die vertikalen Kräfte Gewicht und Auftrieb ergeben sich aus sich selbst heraus:

> Das **Gewicht** steht für die Worte deines **inneren Kritikers**, die dich nach unten ziehen. Es findet sich in Perfektionismus und Sorge, Selbstzweifel und Angst.

> Der **Auftrieb** kann dem entgegenwirken, die Führung durch deinen **inneren Weisen**, die freundliche, wenn auch leise Stimme im Innern, die dich sanft ermutigt und motiviert, das Wissen, das dich emporhebt. Es ist Selbstbewusstsein, Selbstvertrauen und Selbstsicherheit.

Die horizontalen Kräfte **Widerstand** und **Schub** stehen für die Beziehungen und die Interaktionen zwischen dir und anderen Menschen:

> Der **Widerstand** verkörpert den **negativen Einfluss anderer Menschen** auf dein Selbstvertrauen, deine Überzeugungen und dein Handeln. Er findet sich in deren Eifersucht,

Schwarzmalerei und Mobbing. Er stutzt dir die Flügel, lässt deine Träume zerplatzen und erschüttert dein Vertrauen.

> Der **Schub** verkörpert den **positiven Einfluss anderer Menschen** auf dein Selbstvertrauen, deine Überzeugungen und dein Handeln. Er findet sich in deren Unterstützung, Zuspruch, Trost und Beistand. Er ist Verlässlichkeit, Vertrauen und Liebe.

Wenn du stärker nach unten gedrückt als nach oben gehoben wirst, kannst du nicht abheben – und wenn der Widerstand den Schub überwiegt, kannst du dich nicht vorwärtsbewegen. Wir werden uns jede dieser Kräfte der Reihe nach ansehen, denn indem wir sie uns bewusst machen, können wir entscheiden, welche Kräfte wir überwiegen lassen.

Entscheiden wir uns, uns selbst zu sabotieren oder anderen zu gestatten, das zu tun, oder entscheiden wir uns, hoch in die Lüfte aufzusteigen und uns mit Menschen zu umgeben, die uns helfen, noch höher zu fliegen?

Du hast die Wahl.
Wofür entscheidest du dich?

Vertikale Kräfte: Gewicht + Auftrieb

Dein Einfluss auf dein Flugpotenzial ist enorm. Du kannst dir von deinem inneren Kritiker das Steuer aus der Hand nehmen lassen und dich von deinen Unsicherheiten und dem Ballast, den du mit dir herumträgst, nach unten drücken lassen.

Oder du kannst deinem inneren Weisen das Steuer übergeben und dich von der freundlichen, wenn auch leisen Stimme im Innern beflügeln lassen, die dir sanft Auftrieb gibt und den Weg weist.

Übung 9
Gewicht + Auftrieb

➤ Schlage eine neue Seite in deinem Tagebuch auf und zeichne in die Mitte einen Vogel, der von links nach rechts fliegt. Wenn du nicht zeichnen möchtest, suche ein Bild von einem fliegenden Vogel und klebe es ein oder lade eine Vorlage unter *www.bethkempton.com/flyfree* herunter.

➤ Zeichne vier Pfeile rund um deinen Vogel: einen nach oben, einen nach unten, einen nach vorn, einen nach hinten.

➤ Schreibe unter den Pfeil, der nach unten zeigt, alles auf, was dich weiterhin belastet und nach unten zieht, obwohl du bereits den ersten Schritt aus dem Käfig hinaus gemacht hast. Das ist die Stimme deines inneren Kritikers.

➤ Schreibe über den Pfeil, der nach oben zeigt, alles auf, worin du Vertrauen hast und was dir Auftrieb gibt. Das ist die Stimme deines inneren Weisen. Mach dir keine Sorgen, wenn dir nicht allzu viel einfällt, die nächste Übung wird dir weiterhelfen.

➤ Die beiden anderen Pfeile lasse erst einmal außen vor. Wir werden in Übung 16 darauf zurückkommen (siehe Seite 188).

Niemand ist vollkommen

Zu meinem 17. Geburtstag schenkten mir meine Eltern Geld für den Führerschein. Ich gab alles für Klamotten aus. Ich ging in einer Kleinstadt zur Uni, wo ich kein Auto brauchte, und später lebte ich in Tokio, wo jeder nur U-Bahn fährt. Ich lernte also erst Autofahren, als ich schon Mitte zwanzig war, und es war vom ersten Tag an eine Katastrophe. Aus irgendeinem Grund hatte ich einen Komplex, weil ich nicht Auto fahren konnte. Ich nahm heimlich Fahrstunden und fiel heimlich durch die erste Prüfung. Als ich das zweite Mal durchfiel, war Autofahren zum absoluten Tabuthema geworden. Ich blaffte jeden gereizt an, der mich auf meine Fahrstunden ansprach, und kam mir jedes Mal wie ein Idiot vor, wenn ich einen Jugendlichen an mir vorbeirauschen sah.

Kurz nachdem ich zum zweiten Mal durch die Prüfung gefallen war, platzte ich damit ungewollt vor meinem jüngeren Bruder Matt heraus. Er jubelte. Hä?

»Ich bin durchgefallen, heißt, ich habe nicht bestanden«, sagte ich, von seiner Glückwunschreaktion verwirrt.

»Das hab ich schon verstanden«, erwiderte er. »Du hast noch nie etwas vergeigt. Jetzt weiß ich, dass auch du ein menschliches Wesen bist.«

Wovon redete er da? Ich vergeigte ständig Dinge. Dann wurde mir bewusst, dass ich dazu neigte, nur über Sachen zu sprechen, die ich erst vor Kurzem gemacht hatte, und selten über etwas, das schon länger zurücklag oder das ich plante, später einmal zu tun. Ich bin im Allgemeinen ein positiver Mensch, also erzählte ich gern gute Neuigkeiten, statt mich über etwas zu beklagen. Aber es hatte wohl auch damit zu tun, dass ich eine Perfektionistin (auf dem Wege der Besserung) bin, also erzählte ich damals nur Sachen, die gut liefen, und nichts, was erfolglos vor sich hin dümpelte.

Mir war das damals nicht bewusst, aber für andere musste es so aussehen, als hätte ich immer alles im Griff, als würde ich immer erreichen, was ich mir vornahm, als würde ich nie versagen. Die Wahrheit sah natürlich ganz anders aus, doch das wusste niemand. Die Folge? Wenn ich etwas in Angriff nahm und es klappte nicht, musste ich mit der Enttäuschung, der Belastung und den Konsequenzen allein fertigwerden.

Ich hatte Matt die Geschichte von meiner verpatzten Fahr-
prüfung noch nicht einmal zur Hälfte erzählt – ich war auf einer
Schnellstraße beinahe in den Gegenverkehr gerast –, da musste
ich anfangen zu lachen. Als ich an den Punkt kam, an dem ich
den Gesichtsausdruck des Prüfers beschrieb – ihm stand die
blanke Panik ins Gesicht geschrieben – und den Moment schil-
derte, als er mir ins Lenkrad griff und die Prüfung gelaufen war,
liefen mir Tränen über die Wangen. Während ich so herrlich über
mich selbst lachte, begriff ich, dass es tatsächlich keine Rolle
spielte, dass ich noch einmal durchgefallen war. Natürlich war es
unangenehm, aber es machte mich nicht zu einem schlechteren
Menschen. Es machte mich einfach zu jemandem, der sich beim
nächsten Mal mehr konzentrieren musste.

Seitdem versuche ich, offener mit den Dingen umzugehen, die
ich zu erreichen versuche, und zwar während ich sie zu erreichen
versuche und nicht erst dann, wenn sie mir gelungen sind. Das
ist schwieriger und es macht mich verletzlich, aber die Erfahrungen, die ich dadurch mache, sind wertvoller. Es ist das wirkliche
Leben in all seiner chaotischen Pracht, keine schöngefärbte Version davon. Indem wir unser Streben nach Perfektion loslassen,
werfen wir Ballast ab und ermöglichen es anderen, uns auf unserem Flug zu unterstützen.

   Wenn Freiheit bedeutet, bereit und in der Lage zu sein, seinen
eigenen Weg zu wählen und sein Leben als sein wahres Ich zu
erleben, dann sollten wir unter allen Umständen bereit und in
der Lage sein, unsere Reise mit anderen zu teilen. Niemand ist
vollkommen, und nur wenn wir die Misserfolge und Enttäuschun-
gen, die Verletzlichkeit und Wahrheit der anderen miterleben,
treten wir wirklich in Beziehung zueinander. Und nur dann können wir einander helfen, frei zu fliegen.

Selbstzweifel zerschlagen

Als ich mich vor vielen Jahren selbstständig machte, waren Online-Kurse noch relativ neu und ich wusste so gut wie nichts über deren technische Seite. Doch dank viel praktischen Herumprobierens und der Unterstützung einiger geduldiger Freunde entwickelte ich den *Do What You Love*-Online-Kurs. Das Konzept war recht innovativ. Es gab kaum andere, von denen ich mir etwas abschauen konnte, also musste ich es mir nach und nach selbst erarbeiten.

Damals beinhaltete mein Online-Kurs schriftliche Posts, ein Bild von mir, Übungen und wöchentliche Audioaufnahmen. Tief in mir wusste ich, dass ich eigentlich auch Video-Inhalte brauchte, doch allein der Gedanke, eigene Kurzfilme zu drehen, löste Panik in mir aus.

Also führte ich den Kurs einige Male ohne Videos durch, mit ganz erstaunlichem Erfolg. Die Menschen schickten mir E-Mails, Briefe und Geschenke und berichteten, wie der Kurs ihr Leben verändert hatte. Für manche war er der Anstoß zu größeren Veränderungen – ihren Job zu kündigen, sich selbstständig zu machen, auf einen anderen Kontinent zu ziehen, zu heiraten, ja sogar sich scheiden zu lassen –, während andere eher kleine, aber wichtige Veränderungen vornahmen, die ihnen halfen, mehr Freude in ihrem Alltag zu finden.

Als die ersten Reaktionen eintrafen, dachte ich, die Menschen wären einfach nur höflich. Doch schon bald wurde mir klar, dass sie es ernst meinten. Sie verstanden meine Lehren und nahmen sie an, waren unerschrocken und mutig, gingen über ihre Grenzen hinaus und trafen Entscheidungen, wie sie leben wollten. Ich war mächtig beeindruckt und zutiefst eingeschüchtert. Meine Kursteilnehmer verlangten sich alles ab, aber tat ich das auch?

Jedes Mal, wenn ich den Kurs durchführte, hatte ich das Gefühl, dass ihm ohne Video-Inhalte wirklich etwas fehlte. Parallel kamen im Netz immer mehr Online-Video-Kurse auf. Ich hatte allerdings auch das Gefühl, dass ich enorm gewachsen war, seit ich den Kurs ins Leben gerufen hatte. Es wurde Zeit für eine Überarbeitung. Ich beschloss, ein Video aufzunehmen. Die Sache war nur, dass ich gerade zum ersten Mal schwanger war und nicht in Umstandskleidung vor die Kamera treten wollte, also buchte ich ein Filmteam, das ein paar Monate nach dem errechneten Geburtstermin zu mir kommen sollte. Und dann bekam ich mein Baby und vergaß die ganze Sache.

Sienna kam zwei Wochen zu spät, am ersten Weihnachtsfeiertag, zur Welt. Schwangerschaft und Adventszeit hatten zur Folge, dass ich mächtig an Gewicht zugelegt hatte und ungefähr 20 Kilo mehr wog als sonst. Darüber hinaus war ich erschöpft, kreidebleich und seit Monaten nicht mehr beim Friseur gewesen. Und dann fiel mir das Filmteam ein, das praktisch vor der Tür stand.

Ich konnte es nicht machen. Ich musste erst wieder schlanker und selbstsicherer werden. Ich sagte Mr K, dass wir allen absagen mussten: dem Team, der Visagistin, dem Fotografen und dem Bootsverleih, denn wir hatten sogar ein Boot gemietet, auf dem wir drehen wollten. Er war nicht gerade begeistert. Es würde uns hohe Stornogebühren kosten und den Neustart des Kurses verzögern, was sich finanziell unmittelbar auf die Firma auswirken würde.

»Aber ich bin noch nicht so weit«, jammerte ich. »Schau doch nur, wie ich aussehe. Ich bin dick. Ich bringe keinen einzigen vernünftigen Satz zustande. Und ich bin so damit beschäftigt, alles auf die Reihe zu kriegen, dass ich ein lausiges Beispiel dafür bin, wie man tut, was man liebt.«

Mr K ließ mich wie immer ausreden, dann lächelte er. »Erstens, du hast gerade ein Kind zur Welt gebracht und du machst das großartig«. »Zweitens, glaubst du wirklich, dass sich deine Kursteilnehmer das Video anschauen, weil sie sehen wollen, wie schlank du bist? Oder wie perfekt dein Leben ist? Sie wollen dich sehen, weil sie gesehen werden wollen. Sie wollen wissen, dass du dich so sehr für sie interessierst, dass du vor eine Kamera trittst und zu ihnen sprichst. Sie wollen, dass du ihnen deine Geschichten erzählst, um sich besser mit ihrer eigenen identifizieren zu können. Sie belegen den Kurs, weil du deine Geschichten lebst, weil du das durchmachst, was sie gerade durchmachen, weil du ihnen zur Seite stehst, und nicht, weil du alles auf die Reihe kriegst.

Stell dich einfach vor die Kamera und rede mit ihnen. Sei du selbst. Teile dein Wissen mit ihnen. Vergiss dein Skript und sage einfach, was du sagen willst. Es reicht, einfach so zu sein, wie du gerade bist.«

Verstehst du, warum ich ihn geheiratet habe? Er ist verdammt klug.

Der Video-Dreh war ein gewaltiges Aha-Erlebnis. Es ging in den Videos überhaupt nicht um mich. Meine Selbstzweifel brachten niemandem etwas, am wenigsten meinen Kursteilnehmern, die ich wirklich unterstützen wollte. Auch wenn ich mich immer professionell schminken lasse, bevor ich vor eine Kamera trete, der Rest ist im Grunde ziemlich egal. Ich musste nicht warten, bis ich klar genug im Kopf war, um jeden Satz eines Manuskripts auswendig zu können. Ich musste nicht warten, bis die Augenringe verschwunden waren oder bis ich drei Kleidergrößen abgenommen hatte. (Zum Glück. Die Kursteilnehmer hätten ewig gewartet.)

Ich habe genug, weiß genug und bin genug, so wie ich bin. Meine Aufgabe ist es lediglich, in Erscheinung zu treten und zu helfen.

Jeder ist genug

Jedes Mal, wenn sich meine Selbstzweifel melden, setze ich mich hin und frage mich: »Was ist deine Aufgabe hier? Worauf kommt es wirklich an? Wem dienst du mit deinen Selbstzweifeln? Wie kannst du den Menschen ohne sie besser helfen?«

Selbstzweifel sind heftig: »Ich bin nicht klug genug. Ich bin nicht vorbereitet genug. Ich bin nicht schön genug. Ich bin nicht liebenswert genug. Ich bin nicht qualifiziert genug. Ich bin nicht gut genug.«

Aber lass mich dir folgende Frage stellen: »Nicht gut genug wofür? Nicht gut genug für wen?« Wenn du weißt, dass du dein Bestes tust, dann tust du schon genug.

Das bedeutet allerdings nicht, dass du die Hände in den Schoß legen sollst. Ich persönlich stecke gern viel Zeit und Mühe in die Verwirklichung meiner Ideen, denn das gehört dazu, wenn ich mein Bestes tue. Manchmal aber, meistens sogar, habe ich das Gefühl, dass ich mehr tun könnte. Ich könnte die Unterlagen noch einmal durchgehen, eine weitere Stunde an dem Blogeintrag tüfteln, diese Woche häufiger zum Sport gehen und so weiter. Aber wir können nur das tun, was wir tun können.

Wenn du dein Bestes tust, ist das genug. Wenn du weißt, dass du es besser machen könntest, allerdings nicht im Moment, ist das für den Augenblick genug. Wenn du Liebe beisteuerst, ist das mehr als genug.

Wir sind genug. So wie wir sind.

Übung 10
Sag Hallo

Wenn wir unseren inneren Kritiker frei schalten und walten lassen, steigern wir uns in unsere Gedanken hinein und stapeln eine Schicht Sorge und Beurteilung nach der anderen auf. »Ich mache mir Sorgen zu versagen. Ich mache mir Sorgen, weil ich mir Sorgen mache. Ich bin so ein Versager, weil ich mir ständig Sorgen mache.« Und so weiter und so fort.

Doch wir können genau das Gegenteil tun. Rohan Gunatillake, der Entwickler der preisgekrönten Achtsamkeits-App *buddhify*, weiß, wenn wir uns in Achtsamkeit und Meditation üben, wirkt das beruhigend auf den Geist und kann dabei helfen, uns unserer Gedanken bewusst zu werden, uns von ihnen zu lösen. Sobald es uns gelingt, zu einem neutralen Beobachter zu werden, so sagt er, fangen wir an, einen anderen Zugang zu unseren Gedanken zu finden. Wenn wir also merken, dass sie auftauchen, können wir aktiv daran arbeiten, sie zu zerstreuen.

Ich habe von Rohan diese einfache, aber enorm wirkungsvolle Übung gelernt, und er hat mir freundlicherweise erlaubt, sie mit dir zu teilen.

1. Wenn du an dir selbst zweifelst oder dir Sorgen machst, nimm dir einen Moment Zeit, um deinen Gedanken zuzuhören.

2. Sobald ein Gedanke da ist, gib ihm einen Namen.
   Du kannst ihm einen konkreten Namen geben wie »Sorge«, »Selbstvorwurf«, »Schuldgefühl« etc.
   Oder du gehst es spielerisch an und denkst dir ungewöhnliche Namen aus wie »Jammertal« oder »Mr Demotivator« oder was immer du willst.

3. Jetzt begrüße ihn. Sage laut: »Hallo, Geldnot. Ich kann dich sehen.«

Um dem Gedanken einen Namen zu geben, musst du ihn wahrnehmen, musst dich also von ihm lösen und dir etwas Raum geben. Indem du ihn begrüßt, minderst du seinen Einfluss.

Führe diese Übung durch, wann immer du merkst, dass du dir Sorgen machst oder an dir zweifelst, und halte in deinem Tagebuch fest, was sich dadurch verändert.

Das große Ganze sehen

Viele von uns sehen nicht das Gold in den Dingen, die wir erleben. Wir erkennen nicht, dass unsere Verwundbarkeit der Schlüssel ist, um mit anderen in Beziehung zu treten. Wir gestehen uns nicht ein, dass jedes »Scheitern« eine überaus wertvolle Erfahrung ist. Das wurde mir nie klarer vor Augen geführt als durch die Begegnung mit einem echten Clown.

~ Ein Funke Gold ~

Allan Girod arbeitete als Geschichtslehrer in einer Kleinstadt im Westen Australiens, als er – eher unfreiwillig – ins Ensemble des örtlichen Amateurtheaters aufgenommen wurde. Er bezeichnete sich selbst als »mega-introvertiert«, und dementsprechend groß war seine Angst, doch in dem Moment, wenn er die Bühne betrat, erwachte er zum Leben. Die Schauspielerei ermöglichte es ihm, so zu tun, als wäre er nicht schüchtern und als wäre es ihm egal, was andere über ihn dachten. Seine Rollen waren legendär, und er liebte sie.

Nach einem besonders anstrengenden Jahr als Lehrer beschloss Allan, seinen Job zu kündigen und es als Vollzeitschauspieler zu versuchen. Obwohl er keine Schauspielausbildung hatte, bekam er auf Anhieb eine Rolle in Road Train. *Das Stück erntete Bomben-kritiken und ließ Allan echte Bühnenluft schnuppern, doch nach einer Weile verlor er sein Selbstvertrauen und gab die Rolle auf, um als Reiseleiter zu arbeiten. Er fing mit kleinen Touren an, wurde zunehmend erfahrener und bekannter und leitete schon bald Abenteuertouren durch das australische Outback. Eines Tages wurde ein Reisender krank, und obwohl Allan die Situation souverän meisterte, wurde ihm bewusst, dass er sich gänzlich unqualifiziert für das fühlte, was er da machte.*

Dies ist ein immer wiederkehrendes Thema in Allans Leben: Er stürzt sich ohne nachzudenken in etwas hinein, ist unerschro-cken und mutig, doch nach einer Weile holt ihn sein Verstand ein und seine innere Stimme wird immer lauter, redet ihm ein, er sei ein Blender und nicht gut genug. Trotz der ganz unglaublichen Erfahrungen, die er bis dahin gemacht hat, schafft es seine innere Stimme, ihm den Wind aus den Segeln zu nehmen, und er zieht sich in sich selbst zurück.

Nach einer Weile beschloss Allan jedoch, der Schauspielerei noch eine Chance zu geben. Wieder bewies er erstaunlichen Mut. Er konzipierte eine Show, in der er sich selbst zu all den Dingen herausforderte, vor denen er sich am meisten fürchtete: Solospiel, Bewegungstheater und Interaktion mit dem Publikum.

Um sicherzustellen, dass er keinen Rückzieher machte, buchte er eine Tour durch Kanada. Seine Darbietung stieß bei den Kriti-kern auf großes Lob, und ihm gefiel der Energieschub, den er auf der Tour erfuhr. Im Jahr darauf entschied er, sich erneut auf Tour durch ein paar weitere Städte Kanadas zu begeben.

Am ersten Abend der Tour fragte er nach der Show seine E-Mails ab und fand dort eine Nachricht von einem Mann namens Marc-André, dem Castingchef des Cirque du Soleil. Er lud Allan zu einem Vorsprechen für die Rolle eines Clowns ein. Allan war zunächst völlig aus dem Häuschen, doch dann packte ihn jämmerliche Angst. Das Vorsprechen sah eine zweiminütige Clownsnummer vor, doch er hatte keine auf Lager. Also verbrachte er mehrere Stunden damit, eine detaillierte E-Mail zu verfassen, in der er alle Gründe auflistete, weshalb er mit großem Bedauern das beste Jobangebot seines Lebens ablehnen musste, und klickte auf »Senden«.

Doch Marc-André akzeptierte kein Nein als Antwort. Am nächsten Abend tauchte er bei Allans Show auf und erklärte ihm: »Sie sind genau der, den wir suchen. Machen Sie einfach Ihr Ding.« Das Vorsprechen zahlte sich aus, und Allan wurde die Rolle des Großen Clowns in der Show Corteo angeboten. Es war ein gewaltiger Karrieresprung.

Nach außen hin wirkt Allans Geschichte wie die Geschichte eines mutigen Schritts nach dem anderen. Kühn stürzt er sich in etwas hinein, ist bereit, ein Anfänger zu sein und den Beruf zu erlernen. Er lebt für seine Kunst und beweist Talent für das, was er tut. Ihm wurden viele Möglichkeiten zuteil, aber nicht weil er Glück hatte, sondern weil er Einsatz zeigte. Das ist die Geschichte, die ich sehe, die Geschichte eines freundlichen und offenen, großherzigen und bescheidenen Mannes.

Doch es ist nicht die Geschichte, die Allan sieht. Er spricht über Unsicherheit, Angst und Depression, selbst nachdem er eine der größten Clownsrollen im berühmtesten Zirkus der Welt gespielt hat. Er ist sich bewusst, dass er seinen Erfolg selbst sabotiert, und schildert, wie schwer es ihm fällt, mit anderen Menschen über seine Gefühle zu sprechen und Beziehungen einzugehen.

Er sagt, dass er ein großes Problem mit Vertrauen hat, und doch vertraut er seine Geschichte mir an, einer Fremden, die er durch einen gemeinsamen Freund kennengelernt hat. Wenn er darüber spricht, wie schwer es für ihn ist, anderen zu vertrauen, bin ich von seiner Offenheit bewegt. Was er als sein Scheitern versteht, ist für mich der Grundstein zu einer großartigen Karriere. Wenn er sich als introvertierten Menschen bezeichnet, der sich schwertut, mit anderen zu reden, hänge ich an seinen Lippen und schüttele mich im Laufe unseres zweistündigen Gesprächs mehrfach vor Lachen.

Das Bild, das er von sich selbst zeichnet, entspricht nicht dem Bild des Mannes, den ich vor mir sehe. Die Geschichte, die er erzählt, gleicht nicht der Geschichte, die ich höre, die unter der Oberfläche vibriert.

Und so geht es vielen von uns, die den Wert ihrer eigenen Erfahrungen oder die Kraft der Verwundbarkeit nicht erkennen.

Allan arbeitet gerade an einer neuen Workshop-Reihe zum Thema Erzählkunst für Geschäftsleute. Er erklärt mir, wie gern er den Menschen die ganze Wahrheit über seine Reise erzählen würde, doch wie schwer das in Einklang zu bringen ist mit der Notwendigkeit, beim Unterrichten »der Profi« zu sein.

»Wie soll ich ihnen vom Scheitern erzählen, ohne mich und meinen Ruf zu kompromittieren?«, fragt er.

»Was ist das Wichtigste, das Sie ihnen mitgeben möchten?«, frage ich zurück.

»Dass es wertvoll ist, verwundbar zu sein«, antwortet er und nickt dann. »Oh, verstehe. Ich habe gerade meine eigene Frage beantwortet.«

Allans Beispiel bietet das klassische Bild eines Käfigs. Aus seiner Perspektive von innen heraus hält er sich selbst in einer Falle aus mangelndem Selbstvertrauen gefangen, versteht seine Entwicklung als eine Serie von Misserfolgen. Aus meiner Perspektive hingegen, von draußen in den Käfig hinein, sehe ich genau das Gegenteil. Ich sehe einen Mann mit einzigartigen Fähigkeiten und einem wunderschönen Wesen, so tiefsinnig und weitherzig, dass es die Aufmerksamkeit des größten Zirkus der Welt gewonnen hat. Ich sehe einen Mann mit einem immensen Erfahrungsschatz, mit so vielem, worauf er stolz sein kann und was er noch zu geben hat, und mit einer glänzenden Zukunft.

Siehst du etwas Ähnliches in einem deiner Freunde? Kennst auch du Menschen, die sich permanent selbst herabsetzen? Erkennst du, dass das, was du siehst, oft das genaue Gegenteil von dem ist, was sie sehen?

Jetzt mache es umgekehrt, halte dir selbst den Spiegel vor und schaue dich mit den Augen anderer Menschen an. Was sehen sie in dir, das du nicht sehen kannst? Wo setzt du dich herab, während andere versuchen, dich emporzuheben?

Niemals würden wir mit einem Freund so hart ins Gericht gehen, wie wir es oft mit uns selbst tun. Nie könnten wir ihm so scharfe Kritik entgegenbringen, wie wir sie für uns selbst aufheben. Und trotzdem tun wir es alle. Wir nähren unsere Ängste und Unsicherheiten, erschüttern unser Selbstvertrauen.

Manchmal gelingt es uns, dem Käfig zu entfliehen, doch dann lassen wir es zu, dass uns unsere alten Geschichten wieder einholen und gefangen nehmen.

Bringe deine Geschichten nicht mit der einen schönen Geschichte durcheinander – der wahren Geschichte deines wirklichen Lebens.

Schreibe deine eigene Geschichte. Schreibe sie um. Ändere das Ende.

Sei dir bewusst, dass du zu jeder Zeit die Kraft hast, das zu tun. Und indem du es tust, kommt deine Flucht in Schwung.

Übung 11
Die Geschichte deines Lebens

Zunächst die alten Geschichten ...

1. Welche Geschichten erzählst du über dich selbst?

2. Was wäre, wenn du jede dieser Geschichten umdrehen und annehmen würdest, das Gegenteil wäre der Fall. Was würdest du dir dann erzählen?

3. Welche Geschichten erzählen andere über dich? Sind sie wahr? Waren sie jemals wahr? Was würde passieren, wenn du die Menschen bitten würdest damit aufzuhören, diese Geschichten zu erzählen?

Und jetzt deine wahre Geschichte ...

4. Bis an welche Orte der Welt hat dich dein Leben bisher geführt (reale Orte)? Welche dieser Orte haben den stärksten Eindruck bei dir hinterlassen und warum?

5. Wer sind die Hauptdarsteller in deiner Geschichte? Schreibe ein paar Zeilen über die Rolle, die jeder Einzelne spielt.

6. Welches war das bisher größte Unglück in deiner Geschichte?

7. Und was war das Komischste?

8. Auf welchen Moment bist du besonders stolz?

9. Was wird in den noch nicht geschriebenen Kapiteln passieren, bis du endlich Erfolg hast? Vergiss nicht, du hältst den Stift in der Hand.

10. Angenommen, diese Fassung deiner Geschichte wird als Buch veröffentlicht. In welcher Abteilung des Buchladens können wir es finden?

11. Wie wird das Buch heißen?

12. Wie wird der Text auf dem Buchrücken lauten? Wer wird es empfehlen, und was werden sie sagen?

Die Last der Sorge

Vor langer Zeit hatte ich einmal eine flüchtige Romanze mit einem kolumbianischen Marineoffizier. Er war groß und sah gut aus in seiner blütenweißen Unform mit den golden funkelnden Knöpfen. Wir waren die Unschuld in Person. Zwei Blicke, die sich auf dem Deck seines Schiffes trafen, ein heimlicher Kuss im Sommerregen. Zu wissen, dass wir uns in ein paar Tagen wieder voneinander würden verabschieden müssen, machte den Zauber nur noch größer.

Als die Zeit kam und die SS *Gloria* auslaufen musste, winkte mir mein Seemann mit einem weißen Taschentuch von seinem Platz hoch oben im Mast zum Abschied zu. Ich fühlte mich wie in einem traurigen Gedicht und stellte mir vor, Tränen in seinen schokoladenbraunen Augen zu sehen. In meinen standen Tränen. Ich war mir sicher, nie wieder etwas von ihm zu hören.

Doch dann kamen die Briefe.

Er schrieb mir lange Seiten in gebrochenem Englisch, schüttete mir aus weit entfernten Ländern sein Herz aus, während sein Schiff einmal um die Welt reiste. Sie waren süß und schön mit ihren Luftpost-Stempeln und den exotischen Briefmarken.

Wir verabredeten uns zu einem Wiedersehen in Frankreich. Meine Eltern rieten mir davon ab, und ich hörte auf sie. Ich ging nicht zu dem Treffen, hatte jedoch keine Möglichkeit, ihm abzusagen. Er rief an und war untröstlich. Ich hatte keine Erfahrung mit dieser Form von Leidenschaft. In seinem nächsten Brief machte er mir einen Heiratsantrag, wollte, dass ich zu ihm nach Kolumbien ziehe. Ich fühlte mich geschmeichelt und war gleichzeitig völlig überfordert. Ich habe ihn nie wiedergesehen.

Doch dann, vor ein paar Monaten, träumte ich nachts von ihm. Als ich am nächsten Morgen aufwachte, war ich so neugierig, was wohl nach zwanzig Jahren aus ihm geworden war, dass ich ihn bei Facebook suchte – eine nicht immer ganz ungefährliche Idee. Wie sich herausstellte, war er verheiratet und hatte einen Sohn. Er sah glücklich aus auf den Bildern, und ich freute mich für ihn. Dann postete er ein Bild vom 18. Geburtstag seines Sohnes, und ich fing an zu rechnen. Seine Frau musste genau zu der Zeit schwanger gewesen sein, als er mir den Hof machte. Ich war überrascht, wie enttäuscht ich sowohl von ihm als auch von mir selbst war. Wie konnte er das tun? Wie konnte er gleichzeitig ein junges Mädchen und die zukünftige Mutter seines Sohnes so täuschen? Und warum hatte ich nichts gemerkt? War ich wirklich so naiv?

Ich versuchte mich wieder auf meine Arbeit zu konzentrieren, doch die Sache ging mir nicht aus dem Kopf, ließ mich tagelang nicht los.

Irgendwann reichte es mir; ich musste ihn fragen.

Also tat ich es. Und er schrieb zurück, so süß und liebenswürdig wie damals. Er war nicht der biologische Vater seines Sohnes. Er hatte die Mutter des Jungen kennengelernt, als dieser schon achtzehn Monate alt gewesen war, also nachdem ich aufgehört hatte, auf seine Briefe zu antworten. Und damit war mein Glaube wiederhergestellt. Ich freute mich aufrichtig, den Kontakt wieder aufgenommen zu haben und zu wissen, dass er sein Glück schließlich gefunden hatte.

Anschließend dachte ich darüber nach, was da eigentlich gerade passiert war. Wie hatte ich zulassen können, dass eine Vermutung – eine, die noch nicht einmal stimmte – tagelang meine Gefühle, meine Denkmuster und mein Energieniveau kontrollierte?

Wann immer ich mich dabei ertappe, dass ich mich mit etwas derart belaste, stelle ich mir drei Fragen, die mir dabei helfen zu überwinden, was immer mir im Weg steht. Die inspirierende

Arbeit von Byron Katie auf meine Weise auslegend, frage ich mich:

1. Stimmt es?
2. Muss es zwangsläufig so schlimm sein, wie ich denke?
3. Ist es wirklich von Bedeutung?

Hätte ich mir diese Fragen gestellt, direkt nachdem ich das Foto auf Facebook gesehen hatte, hätte mir das etliche Tage voller Kummer und Kopfzerbrechen erspart. Schauen wir es uns an.

1. Stimmt es? *Ich habe keine Ahnung. Ich frage besser nach. Und als ich nachfragte, fand ich heraus, dass es nicht stimmte.*

2. Muss es zwangsläufig so schlimm sein, wie ich denke? *Nein, nicht zwangsläufig. Es gibt mehrere Versionen dieser Geschichte, die stimmen können. Doch das werde ich nie erfahren, wenn ich nicht nachfrage. Und als ich die Wahrheit erfuhr, fand ich heraus, dass es nicht so schlimm war, wie ich dachte.*

3. Ist es wirklich von Bedeutung? *Das ist die einzige Frage, die wirklich von Bedeutung ist. Und nein, ist es nicht. Unsere Leben haben sich nur an einer einzigen winzigen Stelle gekreuzt. Wir führen inzwischen getrennte Leben, und ob die Geschichte stimmt oder nicht, macht für mich hier und heute, in diesem Moment meines Lebens, keinen Unterschied.*

Beantwortest du diese Fragen ganz ehrlich, stellen sich die allermeisten Sorgen als das heraus, was sie tatsächlich sind: Spekulationen und Vermutungen – und eben keine Tatsachen. Selbst wenn du feststellst, dass du alle drei Fragen mit »Ja« beantwortet hast, wird dir das vermutlich nur in Bezug auf ein oder zwei besonders große Sorgen so gehen. Während die anderen Sorgen allesamt wegfallen, kannst du dich wieder auf das konzentrieren, was wirklich wichtig ist.

Und wenn du dir um jemand anderen Sorgen machst, versuche einfach, die Fragen, die du dir stellst, umzudrehen. Statt dich zu fixieren auf »Wie kriege ich das wieder hin?« oder »Wie kann ich sie vor ihren Problemen bewahren?«, frage dich: »Wie kann ich sie lieben?« Dieser so einfache wie wirkungsvolle Perspektivwechsel kann dazu führen, dass du mitfühlend handelst, statt dich im Stillen zu sorgen. Und die Verzweifelten siehst du wieder als deine Lieben.

Es ist ganz einfach, uns vom Gewicht unserer Sorgen nach unten drücken und die Gedanken in unserem Kopf verrücktspielen zu lassen, doch das bremst unser Potenzial, wirklich hoch aufzusteigen.

Und deine Gedanken und Sorgen belasten dich nicht nur, sie rauben dir auch deine Energie. Meine Energie schwand jedes Mal rapide, wenn ich mich tagelang einer Sache wegen grämte, die noch nicht einmal stimmte. Wir müssen uns daher immer wieder ins Gedächtnis rufen, dass es in unserer Hand liegt, worüber wir nachdenken und worauf wir uns konzentrieren.

Die Sache am Sorgenmachen ist die: Es führt zu rein gar nichts. Es löst keine Probleme, und es sorgt auch nicht dafür, dass die Dinge, über die du dir Sorgen machst, verschwinden. Alles, was dabei herauskommt, ist, dass du dich aufreibst, dir schier der Kopf platzt vor sinnlosem, negativem Geplapper, das dich darüber hinaus davon abhält, dich mit den Dingen zu befassen, die real sind.

Dir ist bereits der schwierige Schritt aus dem Käfig gelungen. Jetzt liegt es an dir, den Ballast aus Sorge abzuwerfen und dir die Freiheit zu schnappen, die dir beim Reisen mit leichtem Gepäck begegnet.

Übung 12
Reisen mit leichtem Gepäck

Stelle dir vor, du stehst an der Schwelle deines Käfigs. Die Tür ist weit aufgeflogen, und du bist bereit, dich auf das Abenteuer deines Lebens einzulassen. Doch der einzige Weg hinaus heißt fliegen, du musst dich also so leicht machen, wie du nur kannst. Du darfst einen Seesack mitnehmen, aber je leichter er ist, desto höher wirst du steigen.

Im Moment ist dein Seesack noch schwer. Er ist voller Dinge, die dich bremsen und nach unten ziehen. Stelle dir diese Dinge als Backsteine in deinem Seesack vor. Öffne ihn und packe die Backsteine aus. Schmeiße sie weg, in die Weite unter dir. Dort, wo du hin willst, brauchst du sie nicht.

Gib jedem Ding, das du aus deinem Seesack holst, einen Namen und stelle dir drei Fragen:

1. Stimmt es?

2. Muss es zwangsläufig so schlimm sein, wie ich denke?

3. Ist es wirklich von Bedeutung?

Sobald der Sack leer ist, überlege, welche positiven Dinge du gern mitnehmen würdest (und vergiss nicht, den Ring mit den Schlüsseln zur Freiheit einzupacken – du weißt nie, wann du ihn noch einmal brauchen kannst).

Anmerkung: Solltest du alle drei Fragen mit »Ja« beantwortet und weiterhin das Gefühl haben, dass dich etwas nach unten zieht, überlege, ob die Sorge, die dich belastet, dich selbst oder andere betrifft. Wenn es andere betrifft, frage dich: »Wie kann ich sie durch diese Sache hindurch lieben?« Wenn es dich betrifft, frage: »Wie kann ich mich durch diese Sache hindurch lieben?«

Sorge als Zeichen des Mitgefühls

Wenn du jemand bist, der sich sein Leben lang ständig Sorgen macht, zeigt das, dass du liebenswürdig und aufmerksam, mitfühlend und einfühlsam bist. Doch dieses Mitgefühl in Form von Sorge zu äußern ist ermüdend und vergeblich.

Gelingt es dir jedoch, es als Empathie zum Ausdruck zu bringen, kannst du deine Zuwendung jedem zukommen lassen, der leidet, ohne dir dabei das Gewicht ihrer Probleme aufzuladen.

Das Gleiche gilt, wenn du selbst es bist, über den du dir Sorgen machst. Versuche dir mit Empathie zu begegnen, gehe so mit dir um, wie du mit einem lieben Freund umgehen würdest. Höre zu, versuche zu verstehen, was die Wurzel des Problems ist, und sei freundlich zu dir. Zeige dir, dass du dich kümmerst. Sei nett. Schenke dir einen Blumenstrauß. Koche Tee. Schreibe dir eine aufmerksame Nachricht.

Das ist eine ganz andere Reaktion, als dir immer nur Sorgen zu machen, und du wirst sie als viel erfüllender und förderlicher empfinden.

Übung 13
Sorgen loslassen

Du findest es schwer, ein paar deiner Sorgen loszulassen? Dann probiere diese einfache Sorgen-Loslass-Technik aus. Sie kann deinem Geist eine wertvolle Ruhepause verschaffen und dein Energieniveau so weit heben, dass du die Dinge besser verstehst.

Rufe eine gute Erinnerung wach und erinnere dich an die Musik, die in diesem Moment lief.

Ich persönlich habe mehrere Songs, die mich postwendend irgendwohin versetzen: Bei »Please Forgive Me« von David Gray höre ich den Schnee in den italienischen Alpen knirschen, sehe meinen Atem in der kalten Bergluft kristallisieren; Barbara Dicksons »Caravan Song« nimmt mich mit nach Tripolis, wo die Luft vom Duft der Frangipani-Blüten und frisch gebackenem Kümmelbrot erfüllt ist; bei »Everything« von Michael Bublé sehe ich mich mit Mr K bei einem unserer ersten Dates tanzen.

Nutze alle deine Sinne. Lasse dich auf die Musik ein, rieche aber auch die Luft, nimm die Farben wahr, schmecke das Erlebnis. Mit etwas Übung schaffst du es, innerhalb von Sekunden tief in den Moment einzutauchen und den Sorgen zu entkommen – wann immer du es willst.

Loslassen

Vor ein paar Jahren fühlte Mr K sich rastlos. Seine Karriere als Bauingenieur frustrierte ihn zunehmend, da er das Gefühl hatte, dass ihn mit jeder Stufe die Leiter hinauf nur noch mehr Bürokratie und Politik erwartete. Er brauchte eine Pause nach zehn Jahren in der gleichen Firma. Er beschloss, eine sechsmonatige Auszeit in Kyoto, Japan, zu nehmen. Ich war schon längere Zeit nicht mehr dort gewesen, und Mr K hatte Lust, die Sprache zu lernen, um sich mit meinen japanischen Freunden unterhalten zu können.

Wir schmiedeten einen Plan und flogen im Frühjahr 2012 los. Er ging zur Schule, und ich verbrachte die Zeit größtenteils mit Fahrradfahren und Fotografieren, lernte, wie man Japanpapier macht, und stellte fest, dass mir fürs Weben die Geduld fehlte. Es war eine ganz besondere Zeit.

Wir hatten keinen Fernseher, kein Auto, kein Telefon. Nach Abzug der Miete und des Schulgelds blieben Mr K noch zehn Pfund pro Tag, was nicht gerade viel war für das Leben in einem der teuersten Länder der Welt. Und trotzdem habe ich ihn nie glücklicher erlebt. Er ging jeden Tag laufen, verbrachte viel Zeit am Fluss, um Tagebuch zu schreiben, und fing zum ersten Mal, seit er zehn war, wieder an zu malen.

Anfangs war es schwer, als er noch kein Japanisch konnte und mich bitten musste, sein Mittagessen zu bestellen, aber sein Fleiß zahlte sich aus und schon bald plauderte er mit den Einwohnern und erzielte Bestleistungen in seinen *Kanji-Kentei*-Tests.

Unser Apartment, das hinter einer Bäckerei in der Horikawa Street versteckt lag, war kleiner als die Küche bei uns zu Hause. Unser ganzes Mobiliar bestand aus einem kleinen Esstisch, zwei Stühlen, zwei Schreibtischen, einem Bett, einem kleinen Kühlschrank, einer einzelnen Kochplatte und einem Reiskocher. Wenn ich im Bad meine Arme ausstreckte, konnte ich beide Wände gleichzeitig berühren, und in die Badewanne passte ich nur, wenn ich die Beine bis zur Brust anzog. Nicht dass ich in der stickigen Hitze, die in jenem Sommer in Kyoto herrschte, oft gebadet hätte. Eine kalte Dusche war da wesentlich reizvoller.

Wie auch immer, das alles war ganz egal, denn wir hatten für unseren sechsmonatigen Aufenthalt jeweils nur einen Rucksack dabei. Unsere Sachen zu Hause hatten wir eingelagert. Wir dekorierten das Apartment mit japanischen Dingen: ein Bogen handgeschöpftes Papier an der einen Wand, ein Stück Stoff aus einem örtlichen Tempel an der anderen. Alles hatte seinen Platz und seinen Raum. Es besteht kein Zweifel, dass wir uns leichter und klarer im Kopf fühlten ohne viele Dinge um uns herum. Und das Leben auf so engem Raum gab uns reichlich Grund, jeden Tag das Haus zu verlassen, selbst wenn es in der Regenzeit sintflutartig schüttete.

Ich bin mir sicher, dass all das zu der Entscheidung beigetragen hat, die Mr K traf, während wir in Japan waren: seine
Karriere zu beenden, damit wir zusammen für *Do What You
Love* arbeiten konnten. Er nennt es eine der besten Entscheidungen seines Lebens.

—

Besitz kann ein ganz schönes Gewicht entwickeln. Die Entscheidung, auszumisten und Dinge, aus denen wir uns nichts mehr
machen, zu verkaufen oder wegzugeben, kann gewaltige Auswirkungen auf unsere Gefühlslage haben.

Wenn wir unsere Umgebung materiell entrümpeln, offenbart
sich, was dahinter an Schönem verborgen liegt: geistiger Raum
und emotionale Leichtigkeit. Es besteht eine unterbewusste
Parallele zwischen dem Loslassen von konkreten Dingen, die
wir nicht brauchen, und dem Loslassen von negativen Denk-
mustern, Schuldgefühlen und anderen gedanklichen Themen,
die unseren Geist »zumüllen«. Ausmisten schafft Raum für neue
Möglichkeiten, Menschen und Ideen.

Probiere es aus. Du wirst überrascht sein.

Übung 14
Entrümpeln, aber richtig

Gehe bei dir zu Hause von einem Zimmer ins andere und schaue
dir jeden Gegenstand genau an. Frage dich, ob du das wirklich
brauchst oder ob es dich glücklich macht. Ist die Antwort »Ja«,
behalte es.

Wenn nicht, tue eins der folgenden Dinge:

> ▸ Verkaufe es.

> ⊳ Verschenke es.

> ⊳ Recycle es.

Sollte dich das überfordern, nimm erst einmal ein einzelnes Zimmer in Angriff oder eine kleine Ecke. Schon ein einziger Gegenstand pro Tag fällt ins Gewicht.

Ziehe Bilanz aus dem, was du losgelassen hast, und schaue, wie es dir geht. Halte in deinem Tagebuch fest, wie anders du dich anschließend fühlst. Was würdest du noch gern loslassen?

Die Auftrieb gebende Kraft der Vergebung

Mit dem Begriff Vergebung habe ich mich lange Zeit schwergetan. Ich hörte von Menschen, die ihren Angreifern schlimmste Grausamkeiten »vergaben«, und konnte einfach nicht begreifen, was das zu bedeuten hatte. Vielleicht waren sie schlicht bessere Menschen als ich, da sie in der Lage waren, der einen Person, die ihnen solchen Schmerz zugefügt hatte, ein Geschenk zu machen. Im Laufe der Zeit jedoch erkannte ich, dass es gar nicht um die andere Person geht.

Vergebung bedeutet nicht, sich mit dem Täter auszusöhnen oder zu entschuldigen, was er getan hat. Es bedeutet vielmehr, die eigene Reaktion auf das, was einem widerfahren ist, loszulassen. Es ist eine Erklärung, dass man nicht bereit ist, sich von dem, was die Tat eines anderen angerichtet hat, niederdrücken zu lassen. Es ist ein Geschenk an dich. Es ist Gnade.

Es ist nicht leicht, das Bedürfnis nach Rache oder Wut oder irgendein anderes heftiges Gefühl loszulassen. Doch wenn du einen Weg findest, vergeben zu können, wird dich das leichter machen und dir Auftrieb geben.

Auch sich selbst zu vergeben ist wichtig. Dass du nicht gemacht hast, was du hättest machen sollen, dass du getan hast, was du nicht hättest tun sollen, dass du Fehler gemacht hast, dass du nicht perfekt bist. Das alles gehört zum Menschsein dazu, und alles, was wir tun können, ist unser Bestes zu geben, zu lernen, zu wachsen und zu lieben.

Sich selbst Auftrieb geben

Wir verfügen zu jeder Zeit über die Kraft und die Stärke, uns selbst Auftrieb zu geben. Durch unsere Haltung, unsere Denkweise und den Mut, den wir uns zusprechen, können wir uns selbst den nötigen Auftrieb geben. Wenn du dir etwas einreden kannst, kannst du es dir auch ausreden. Wenn du genug Energie und Ausdauer hast, deine Träume zunichtezumachen, hast du auch genug Energie und Ausdauer, um sie wahr werden zu lassen. Du musst deiner Energie einfach nur eine neue Richtung geben und gut zu dir sein. Selbstvertrauen entsteht, wenn du dir eine andere Geschichte erzählst. Du bist ein hübscher Vogel. Du bist dazu bestimmt zu fliegen. Es liegt an dir, das endlich zu glauben.

Oft fürchten wir uns vor unseren Träumen, besonders dann, wenn sie allmählich beginnen wahr zu werden. Denn dann müssen wir anfangen über sie zu sprechen, und das macht uns Angst. Wir fürchten uns vor ihrer Tragweite; wir fürchten uns vor den Veränderungen, die womöglich nötig sind, um sie zu realisieren; wir fürchten uns davor, ob es die richtigen Träume für uns sind; davor, uns für nur eine Sache entscheiden zu müssen (denn es könnte die falsche sein – jede Entscheidung hat Konsequenzen); davor, dass wir nicht genug Zeit oder Geld oder

Willenskraft haben, um sie durchzuziehen; davor, zu scheitern – oder sogar Erfolg zu haben. Doch das alles werden wir nie erfahren, wenn wir es nicht probieren. Und wenn wir es probieren und die Dinge anfangen zu funktionieren, beginnen wir, ein bisschen mehr Vertrauen und Glauben in uns selbst zu haben.

Manchmal müssen wir zu drastischen Mitteln greifen, um Ballast abzuschütteln, um den inneren Kritiker zu übertönen und die innere Stärke zu finden, uns selbst Auftrieb zu geben. Doch wir müssen tun, was immer nötig ist.

Um lebendig zu werden, müssen wir wachsen. Und um zu wachsen, müssen wir mutig sein.

Es kann helfen, sich auf eine anstehende Aufgabe zu konzentrieren. Als ich mich davor scheute, mich als Schriftstellerin zu bezeichnen, hörte ich auf, darüber nachzudenken, und schrieb einfach. Nach und nach ergab sich alles von selbst, während ich mich weiter auf die Arbeit konzentrierte. Worte zu Papier brachte. Schritte unternahm. Mit den Flügeln schlug.

Um das größtmögliche, beste und glücklichste Leben zu führen, müssen wir herausfinden, was unsere Träume sind, und ihnen dann quer durch den Himmel nachjagen. So einfach ist das.

Mut bedeutet, Entscheidungen zu treffen, die sich richtig für uns anfühlen. Dabei ist es ganz egal, ob irgendwer sonst sie für mutig hält. Das Wort »Courage« entstammt dem lateinischen Wort *cor*, das »Herz« bedeutet. In deinem Herzen weißt du, was Courage für dich bedeutet. Du weißt, welche Entscheidung mutig ist und wann du sie triffst.

Erinnere dich: Wenn der Mut fehlt, gewinnt das Ego. Tritt jedoch der Mut auf den Plan, gewinnt immer die Seele. Nimm also deinen Mut zusammen und lebe von deinem mutigen Herzen her.

Wir sind stark, doch oft verstecken wir unsere Stärken, um uns anzupassen oder um den Frieden zu wahren. Jetzt nicht mehr. Fliegen ist kräftezehrend. Wir brauchen alle Kraft, die wir haben, also müssen wir uns darüber klar werden, was wir zu bieten haben, und anfangen, unsere Flugmuskeln zu trainieren.

Übung 15
Deine Geheimwaffen

Wenn wir uns unsere Stärken eingestehen, kann uns das Munition in Form von Selbstvertrauen, Selbsterkenntnis, Selbstwahrnehmung und Selbstbewusstsein verschaffen.

Beantworte zunächst die folgenden Fragen so ehrlich wie möglich (jetzt ist nicht die Zeit für Bescheidenheit):

1. Wie würden dich Freunde oder enge Kollegen beschreiben?

2. Wofür machen dir andere Menschen Komplimente oder sind dir aufrichtig dankbar?

3. In welchen Situationen hast du das Gefühl, positiv zu reagieren?

4. Auf welche Tätigkeiten lässt du dich wirklich ein, wenn du sie ausübst?

5. Woraus ziehst du Energie?

6. Welche Herausforderungen magst du?

7. Was fällt dir leicht?

8. Welche Eigenschaften haben dir in der Vergangenheit dabei geholfen, mit Angst umzugehen?

Nun sieh dir deine Antworten an und schaue, ob sich irgendwelche Muster abzeichnen.

Welche Stärken treten hervor? Stärken lassen sich für gewöhnlich an den Worten erkennen, die auf den Satzanfang folgen »Ich kann gut ...«, wie zum Beispiel reden, planen, netzwerken, andere inspirieren, Ideen spinnen, zupacken, anderen ein gutes Gefühl geben, etc.

Klebe ein Foto von dir in die Mitte einer Seite in deinem Tagebuch und zeichne Strahlen drum herum wie Sonnenstrahlen. Wenn du möchtest, lade dir eine entsprechende Vorlage unter *www.bethkempton.com/flyfree* herunter.

Schreibe in die Lücken deine sechs bis acht größten Stärken.

Sie sind die Munition deiner Geheimwaffen. Setze sie großzügig ein. Blättere zurück zu dem Vogel, den du in Übung 9 (siehe Seite 157) gezeichnet hast, und vergewissere dich, dass all diese Stärken neben dem »Auftriebs«-Pfeil eingetragen sind. Es sind die Wahrheiten, die dein innerer Weise dir sagt.

Horizontale Kräfte: Widerstand + Schub

Die Menschen um uns herum können unsere Träume entweder zertrampeln oder uns dabei helfen, sie zu verwirklichen. Der Einfluss, den wir ihnen zugestehen, hängt von drei Dingen ab:

1. Der Natur ihrer Liebe.

2. Dem Hintergrund ihrer Absichten.

3. Unserer Fähigkeit, die Energie, die sie aussenden, in uns aufzunehmen oder an uns abprallen zu lassen, je nachdem, was für uns am besten ist.

Andere Menschen können unser Selbstvertrauen, unsere Überzeugungen und unser Handeln negativ beeinflussen.

Dieser »Widerstand« bremst uns, lässt uns tun, was wir denken, tun zu müssen, weil sie es uns so gesagt haben. Wenn du immer nur über deine Schulter blickst, kannst du nicht nach vorn schauen.

Doch andere Menschen können unser Selbstvertrauen, unsere Überzeugungen und unser Handeln auch positiv beeinflussen. Dieser »Schub« katapultiert uns nach vorn, stärkt unseren Glauben, ermutigt uns, höher zu fliegen. Er ist der Wind unter unseren Flügeln.

Die unangenehme Seite der Wahrhaftigkeit

Auf unserer Suche nach Freiheit müssen wir viele Entscheidungen treffen. Dabei bleibt es nicht aus, dass bestimmte Entscheidungen nicht jedem gefallen werden. Manche Menschen empfinden sie als unangenehm oder bedrohlich. Andere verstehen sie schlicht nicht.

Aber weißt du was? Das ist deren Problem.

Die Stimmen der Hoffnung in deinem Herzen haben dir etwas Wichtiges zu sagen – lasse nicht zu, dass die Schwarzmaler sie übertönen.

Eine tiefe Veränderung zu durchleben kann unglaublich beängstigend sein, vor allem wenn sie in der Mitte deines Lebens stattfindet, da die Menschen um dich herum überzeugt sind, dich zu kennen. In dieser Phase wirst du vieles selbst nicht verstehen, du kannst dir also sicher sein, dass es den meisten anderen genauso geht, besonders dann, wenn du dich ihnen nicht mitteilen kannst. Und wenn du dann auf der anderen Seite hinaustrittst, siehst du das Leben aus einem anderen Blickwinkel. Vielleicht bist du nicht länger bereit, in Freundschaften die gleiche Rolle zu übernehmen, die gleiche Arbeit zu machen, gleich behandelt zu werden. Du willst nicht mehr die gleichen Gespräche führen oder dich mit dem alten Trott zufriedengeben. Du erkennst, dass du jetzt nach anderen Dingen strebst. Sei dir bewusst, dass dies eine Herausforderung darstellt, für dich und für andere.

Sie alle müssen sich erst an diese neue Version von dir gewöhnen, manchen allerdings wird sie nicht gefallen. Sie erkennen dich vielleicht nicht wieder oder, wenn sie es tun, können nicht mehr viel mit dir anfangen. Oder vielleicht wirft deine mutige Verwandlung ein Licht auf ihre eigene Sehnsucht nach einer anderen Art zu leben, und das wäre wirklich unbequem.

Oft sind es die Menschen, die uns besonders nahestehen, die uns bremsen. Dann müssen wir nach einem Weg suchen, um sie mit an Bord unserer Träume zu bringen, oder sie ihnen wenigstens begreiflich machen, damit sie uns nicht länger im Weg stehen.

Je näher uns Menschen stehen, desto wahrscheinlicher ist es, dass sie von den Veränderungen, die wir durchleben, betroffen sein werden. Manche von ihnen werden spüren, wie du wächst, und werden ein Stück davon abhaben wollen. Häufig ist ihre Reaktion dann, dass sie versuchen, dich noch stärker festzuhalten, statt dir Raum zu geben, um deine Flügel auszubreiten.

Achte genau darauf, wie du dich in Gegenwart bestimmter Menschen fühlst. Entwickle ein Gespür dafür, wer dich nach unten zieht, und versuche herauszufinden, warum.

Vielleicht fühlen sie sich bedroht oder haben Angst, machen sich Sorgen, dass sie keine Beziehung mehr zu dir aufbauen können. Ist das der Fall, ist es Zeit für ein offenes Gespräch. Wer weiß? Vielleicht überraschen sie dich mit ihrem Rückhalt. Wenn es dir gelingt, sie zu überzeugen, kann das der Beginn einer ganz neuen Freundschaft sein.

Wenn nicht, überlege, ob es nicht besser ist, auf Distanz zu gehen, wenigstens für eine Weile, um dich auf die neue Situation einzustellen und deine Flügel auszuprobieren. Die Flucht zu ergreifen ist eine heikle und mitunter gefährliche Angelegenheit, die einen klaren Kopf und ein Kämpferherz erfordert.

Nur weil sie deine ältesten Freunde sind oder zu deiner Familie gehören, heißt das nicht, dass sie recht haben.

Nur weil du immer auf sie gehört hast oder dich ihnen gebeugt hast, heißt das nicht, dass du das immer weiter tun musst.

Nur weil sie die Dinge stets auf eine bestimmte Art gemacht haben, einen bestimmten Karriereweg verfolgt oder bestimmte Entscheidungen getroffen haben, heißt das nicht, dass dieser Weg auch für dich der richtige ist.

Zu deinem wahren Ich zu werden kann für dich eine harte Nuss und für andere unangenehm sein, doch letzten Endes macht es dich glücklicher, wenn du Entscheidungen triffst, die es dir ermöglichen zu tun, was du liebst. Und wenn du glücklicher bist, wird sich deine positive Energie schließlich wie bei einem Dominoeffekt auf andere übertragen.

Hab keine Angst, deine Träume zu verfolgen,
ganz gleich, was die anderen sagen.
Vergiss nicht, es ist dein Leben,
von dem wir hier reden.
DEIN Leben. Dein LEBEN.

Übung 16
Widerstand + Schub

Blättere zurück zu dem Vogel, den du in Übung 9 (siehe Seite 157) gezeichnet hast.

Notiere unter dem Pfeil, der nach hinten zeigt, also entgegen der Flugrichtung, alles, was dich anderen zufolge weiterhin bremst, auch wenn du bereits den großen Schritt aus dem Käfig hinaus gemacht hast.

Unter den Pfeil, der nach vorn zeigt, schreibe auf, inwiefern andere Menschen dich nach vorne schieben. Sei ihnen einen Moment lang dafür dankbar.

Jetzt schaue dir deinen Vogel und die einander entgegenwirkenden Kräftepaare genau an. Wie kannst du den Widerstand verringern und den Schub erhöhen? Wie kannst du Gewicht verlieren und den Auftrieb verstärken?

Probiere es aus und halte die Ergebnisse in deinem Tagebuch fest.

Ausbrechen

Bei der Recherche zu diesem Buch habe ich meine Online-Community um Unterstützung gebeten, und Hunderte Menschen haben mir mutig ihre Geschichten über das Eingesperrtsein und Entkommen erzählt.

Eine der Fragen, die ich ihnen stellte, bezog sich auf ihr direkt betroffenes Umfeld. Ihre Antworten ließen mein Herz höher schlagen, im positiven wie im negativen Sinne. Die Antworten derer, die verheiratet waren oder in langjährigen Partnerschaften lebten, ließen sich in drei Kategorien einordnen:

1. Mein Partner ist unglaublich.

2. Mein Partner unterstützt mich zwar, versteht mich
   aber nicht wirklich.

3. Mein Partner ist das Problem.

Ich schicke ein stilles Dankgebet an all jene Partner, die da sind, wenn ihre Liebsten ausflippen oder deprimiert, ängstlich, traurig, ernüchtert oder festgefahren sind, die versuchen, ihnen durch diese Situation zu helfen, und sie mehr lieben denn je. Mr K ist einer von ihnen, und ich bin ihm aufrichtig dankbar dafür.

All jenen, die ihre Partner unterstützen, sie aber nicht wirklich verstehen, wünsche ich, dass sie Geschichten auf diesen Seiten finden, die ihnen helfen, zu ihnen durchzudringen, denn manchmal ist es lediglich eine Frage der Verständigung, der richtigen Worte, die es zu finden gilt. Wer weiß, vielleicht fühlt ihr euch beide gefangen, und das könnte eine Chance sein, euch gegenseitig zu helfen.

Doch all jenen, die ihre Partner als das Problem betrachten, all jenen, die in einer ungesunden, vielleicht sogar gewalttätigen Beziehung sind, schicke ich eine feste Umarmung und wünsche euch Sicherheit. Liebe ist so berauschend, dass es ganz einfach ist, völlig verrückt nach jemandem zu werden. Wir wollen den anderen beeindrucken, faszinieren, glücklich machen. Manchmal lernen wir die richtigen Menschen zur falschen Zeit kennen. Manchmal arrangieren wir uns mit Menschen, die früher einmal zu uns gepasst haben. Manchmal landen wir einfach bei den falschen Menschen.

Ein Mensch, der Macht ausübt, schenkt keine echte Liebe. Oft müssen wir einem solchen Käfig erst entfliehen, um erkennen zu können, wie gefährlich er tatsächlich war. Eine mutige Frau, die genau das getan hat, ist Susan Hunter, deren Name ich geändert habe, um ihre Privatsphäre zu wahren.

～ Gefangen in einer Beziehung ～

Susan war viele Jahre in einer Beziehung gefangen, in der sie unterdrückt und kontrolliert wurde. Die Beleidigungen ihres Mannes richteten großen seelischen Schaden an und zerstörten ihr Selbstwertgefühl. Sie war gesundheitlich sehr angegriffen, hatte keine Energie und fühlte sich an allem gehindert, was sie liebte. Es dauerte Jahre, ehe sie begriff, dass ihr Mann sich nicht ändern würde und dass die Beziehung für niemanden gesund war, am wenigsten für ihre Kinder.

Nachdem sie ihren Käfig erkannt hatte, ließ sie ihre Angst los, darüber zu sprechen, und gewann so das nötige Selbstvertrauen, um ihn zu verlassen. Susan und ihre Kinder waren eine Zeit lang obdachlos, wurden von ihrem Mann belästigt und bedroht und mussten mit sehr wenig Geld quer durchs Land ziehen. Ihr Leben war schwer. Doch jedes Mal, wenn Susan sich Sorgen machte, was aus ihnen werden würde, erinnerte sie sich daran, dass sie niemals in den Käfig zurück wollte. Wenn gar nichts mehr ging, bat sie Freunde um Hilfe, und nach und nach fand sie zu ihrem wahren Ich zurück.

Nachdem sie sich jahrelang auf ihre Kinder konzentriert hat, tut sie heute, was sie liebt, und gibt Kunstunterricht für Kinder und Erwachsene. Ihre inzwischen erwachsenen Kinder sehen die schweren Jahre als eine Zeit der Stärke und des aufeinander Aufpassens und sind unglaublich stolz auf ihre Mutter.

Es ist besser, frei zu sein, um du selbst zu sein, als dich von der kontrollierenden »Liebe« des falschen Menschen gefangen halten zu lassen.

Es ist durchaus möglich, dass du durch das Leben im Käfig eine ganze Weile nicht dein wahres Ich mit deinem Partner gelebt hast. Vielleicht reicht es, einfach nur mit ihm zu reden, ihm zu erklären, was wirklich los ist, und ihn zu bitten, da zu sein, um neue Wege zu beschreiten.

Doch wenn du offen und ehrlich mit ihm sprichst und trotzdem nicht zu ihm durchdringst, dann ist es vielleicht Zeit, darüber nachzudenken, ob die Beziehung euch beiden förderlich ist. Vielleicht hast du aus der Beziehung etwas lernen dürfen, wofür du dankbar sein kannst. Die Liebe schenkt uns immer etwas. Sie ist niemals komplette Zeit- und Energieverschwendung. Aber sie muss auch nicht für immer sein.

Auf der Suche nach Freiheit musst du jede Ecke und jeden Winkel deines Lebens ausleuchten, um herauszufinden, was dich bremst, und anschließend einen Weg finden, damit umzugehen, es entweder zu verbessern oder hinter dir zu lassen.

Eine alte Liebe hinter sich lassen

Was ist, wenn wir von einer Liebe gebremst werden, die schon lange vorbei ist? Wenn uns immer noch interessiert, was dieser Mensch denkt, auch wenn er schon lange nicht mehr da ist? Meine erste große Liebe hat mir das Herz gebrochen, und ich habe zugelassen, dass mich der Schmerz jahrelang belastete, bis ich schließlich verstand, was los war und mich befreite. Hätte ich diesen Menschen nie kennengelernt, würde meiner Geschichte etwas fehlen, darum möchte ich sie erzählen, denn sie zeigt, dass in allem etwas Gutes steckt, dass man durch Schmerz wachsen kann und wie wertvoll es ist zu lernen.

―

Meine erste Liebe war ein freigeistiges Hippie-Kind. Nennen wir ihn »Der Junge«. Er wuchs in einem Leuchtturm auf, räucherte Weihrauch und verlieh dem Leben etwas ungeheuer Geheimnisvolles.

Als wir eines Sommers endlich zusammenkamen, konnte ich es kaum glauben. Wir waren ein ungleiches Paar. Als er mich das erste Mal küsste, nachts im Garten meiner Eltern, glaubte ich, dass es kein süßeres Glück auf der Welt geben kann.

Ich wollte die große weite Welt entdecken, wegen all dem, was Der Junge mir davon erzählte. Weit gereist war er zwar noch nicht, aber er war eine alte Seele und für sein Alter extrem klug.

Er schickte mir Briefe aus dem rostigen alten Wohnmobil, in dem er lebte, geschrieben im Kerzenschein bei mehreren Gläschen Whisky, der ihn von innen wärmte. Dann zog er nach Schottland, und ich ging wieder zur Uni, und unsere Beziehung fand mehr in meinem Kopf und in meinem Herzen statt als in natura, aber ich war immer noch verknallt. Ich malte mir die Orte aus, die wir uns ansehen würden, die Geschichten, die wir erzählen würden, die Dinge, die wir zusammen entdecken würden. Ich fühlte mich geliebt und war glücklich, bis er mit einer anderen durchbrannte und mich allein und verloren zurückließ.

Fairerweise muss ich sagen, dass er den Anstand hatte, die 400 Kilometer hin und zurück zu fahren, um mir persönlich zu sagen, dass es vorbei war. Fassungslos, geschockt und gequält sank ich in einer Ecke meines Zimmers zu Boden. Als ich sah, dass er ging, wollte ich ihm verzweifelt hinterher, wollte ihn bitten zu bleiben, aber ich wusste, wenn ich den Mund aufmachte, um etwas zu sagen, würde mich der Schmerz zerreißen. Ich ging ihm nach draußen nach und sah zu, wie er in sein Wohnmobil stieg. Sein Blick forderte mich auf, etwas zu sagen, irgendetwas, doch ich fand keine Worte. Also fuhr er aus meinem Leben, und ich fiel auf die Knie und heulte den Mond an.

Monatelang wurde mir übel, wenn jemand nur den Namen Des Jungen erwähnte. Aber die Zeit half mir. Mir gefiel das Leben an der Uni. Aber in meinem Hinterkopf war Der Junge immer da.

Aus Monaten wurden Jahre. Ich machte meinen Abschluss und ging zurück nach Japan, diesmal um zu arbeiten. Mein älterer Bruder Jon, der ein Jahr vor mir seinen Uniabschluss gemacht hatte und immer noch nicht wusste, was er damit anstellen sollte, entschied mitzukommen. Er fand einen Job als Englischlehrer, und sein Arbeitsort lag zum Glück nur eine Stunde weit entfernt.

Eines Sommerabends trafen wir uns mit Freunden zu einer Party im Wald. Wir waren über dreißig Leute, die unter dem Vollmond Asahi-Bier tranken und Hähnchenspieße grillten. Der Himmel verdunkelte sich, und die Schatten wurden kürzer. Ein paar von uns tanzten. Gesichter flackerten im Schein des Feuers auf. Die Stimmung war ausgelassen.

Dann erwähnte jemand, dass Jenn die Zukunft voraussagen konnte. Ich war ziemlich skeptisch, aber auch neugierig, und wollte es ausprobieren. Jenn betrachtete meine linke Handfläche, dann sah sie mir in die Augen und sagte: »Irgendwo tut gerade irgendjemand etwas, das dem Anschein nach sehr schmerzhaft für dich ist. Doch mit der Zeit wirst du verstehen, dass es das Richtige ist. Mit der Zeit wird es dich frei machen.«

Ich hatte keine Ahnung, dass Handlesen so konkret sein konnte, aber offensichtlich war sie etwas auf der Spur. Mein Bruder Jon, der ihr über meine Schulter hinweg zugehört hatte, wurde ganz blass.

»Was ist los?«, fragte ich.

Er sah erst mich an, dann Jenn, dann wieder mich. »Heute heiratet Der Junge. Und da wir England acht Stunden voraus sind, schreitet seine Braut wahrscheinlich jetzt gerade zum Altar.«

Mir stockte der Atem.

Nach dieser Enthüllung erlebte ich viele weitere tolle Abenteuer und kurzlebige Liebesaffären mit netten Jungs, doch ich wurde dreißig ohne jegliche Aussicht darauf, zu heiraten oder Kinder zu kriegen. Ich schaffte es irgendwie nie, mich ganz auf einen Mann einzulassen.

Ein Teil von mir verglich jeden Mann mit Dem Jungen, und natürlich war keiner wie er. Außerdem wollte ich unter keinen Umständen eine Klette sein, also machte ich es mir zum Prinzip, mich allein in entlegene Winkel der Welt zu begeben, vermutlich auch, um zu demonstrieren, dass ich sie nicht »brauchte«. Ich verstand nicht, dass Menschen gebraucht werden müssen und dass die richtigen Menschen mit dir zusammen sein wollen.

Ich feierte meinen 30. Geburtstag allein und Gin Tonic trinkend in einer Hängematte an einem Strand nördlich von Mumbai. Während ich aufs Meer hinausschaute, ging ich im Kopf jedes einzelne der letzten zehn Jahre durch und brachte einen Toast auf alles Gute aus, das das betreffende Jahr mit sich gebracht hatte.

Als ich am Ende meines 29. Jahres angekommen war, hatte ich den zehnten Gin Tonic intus und war fasziniert vom Plätschern der Wellen und der untergehenden Sonne. In diesem Moment wusste ich, dass ich bereit war, Liebe als das größte Abenteuer meiner nächsten Dekade zu wählen.

Ich erkannte, dass mir Der Junge viel beigebracht hatte, mich zu einer Entdeckungsreise hatte aufbrechen lassen, die mich auf jeden Kontinent der Welt geführt und eine Neugier für Kulturen und Religionen und Sprachen geweckt hatte, die nie nachlassen würde. Doch ich erkannte auch, dass dieses Leben nicht länger mein Leben war und dass ich weiterkommen musste. Von diesem Moment an war ich offen für eine Liebe, die mir helfen würde zu fliegen, statt mich zu bremsen.

Wenige Wochen nach diesem Tag und dieser Entscheidung lernte ich Mr K kennen. Plötzlich wollte ich alle meine Pläne teilen und mit ihm zusammen neue machen. Ich wollte nicht allein reisen, ich wollte die Suche und die Geschichten und die knarrenden Betten in gruseligen Hotels mit ihm teilen. Ich wollte Sonnenaufgänge und Mondaufgänge und Geschichten von unterwegs teilen, aber nicht bei einem Glas Wein, wenn ich nach Hause kam, sondern an Ort und Stelle, während sie passierten. Ich verliebte mich auf eine ganz neue Art in jemanden, der aus dem gleichen Holz geschnitzt war.

Und dann wurde mir bewusst, dass Der Junge nicht meine Bestimmung gewesen war, sondern ein Wegweiser. Nicht irgendeiner, sondern ein überaus wichtiger, schwer zu vergessender Wegweiser. Ohne seinen Einfluss wüsste ich nicht, wo ich heute wäre, doch es ist unwahrscheinlich, dass ich so viele Risiken eingegangen und so jung zu so vielen Abenteuern aufgebrochen wäre. Ich erkannte, dass ich ihn gebraucht hatte, aber nicht, um ein Leben lang an den Scheidewegen neben ihm zu sein, sondern um mich dorthin aufzumachen, wo er hingedeutet hatte. Rückblickend stelle ich mir gern vor, dass vielleicht auch ich eine Rolle in seiner Geschichte zu spielen hatte.

—

Es gibt immer wieder Menschen in unserem Leben, die diese Rollen spielen, denen wir weiterhin gefallen wollen, auch wenn sie schon lange aus unserem Leben verschwunden sind. All das ist Widerstand, der uns bremst und unseren Flug behindert.

Manche Menschen kreuzen unseren Weg auf dem Weg zu einem anderen Ort, manche laufen vorneweg und feuern uns an, manche reisen eine Zeit lang mit uns und machen sich dann auf einem anderen Weg davon. Doch wir sollen nicht jeden einzelnen Schritt der Reise mit jeder einzelnen Person gehen.

Denk daran, nichts ist vergebens. Alles ist Erfahrung, und sie ist Teil deiner Entwicklung und deines Fluges. Diese Erkenntnis kann dir dabei helfen, dich vom Widerstand all jener zu befreien, die nicht mehr in deinem Leben sein müssen, und frei zu fliegen.

Seelenfreunde

Die wirksamste Art, Schub nach vorn zu erhalten, ist, dich mit Menschen zu umgeben, die dich stärker machen, nicht schwächer. Wer welchem Lager angehört, findest du am einfachsten heraus, indem du beobachtest, wie sie reagieren, wenn du ihnen von deinen Hoffnungen erzählst und wenn du dich traust, ihnen von deinen Ängsten zu erzählen. Solltest du diese Art von Unterstützung in deinem inneren Kreis nicht haben, keine Angst, im nächsten Kapitel finden wir gemeinsam heraus, wie du sie finden kannst.

In der keltischen Tradition gibt es den schönen Begriff *Anam Cara*, der übersetzt »Seelenfreund« bedeutet. Er basiert auf der Vorstellung, dass unsere Seele Liebe braucht wie unser Körper Luft und dass diese Liebe ganz neue Dimensionen unseres Ichs wachrufen kann. Wie John O'Donohue in seinem gleichnamigen Buch schreibt, erkennt ein *Anam Cara* dein wahres, unverstelltes Ich. Ihr beide teilt eine tiefe spirituelle Freundschaft unabhängig von geografischer Entfernung oder Zeit. Dein *Anam Cara* versteht dich auf eine Art, die dir das Gefühl gibt, zu ihm zu gehören, eure Schicksale scheinen ineinander verwoben. Wenn du ein *Anam Cara* hast, passe gut darauf auf, denn diese Menschen sind äußerst wertvoll.

Wenn du momentan kein *Anam Cara* hast, lade dein freies Ich ein, diese Rolle zu übernehmen. Du musst lernen, dich selbst zu lieben, in geradezu epischem Ausmaß, um dich wirklich frei zu fühlen. Du musst den negativen Stimmen in deinem Kopf entgegentreten und dir währenddessen stets selbst die Hand halten. Letztlich ist dein freies Ich dein größter Verbündeter und wahrster Freund. Behandle es gut und gib ihm einen Grund, in deiner Nähe zu bleiben.

Übung 17
Hoch hinaus

Versuche dich von jeder Bewertung frei zu machen, und führe die folgende Übung so ehrlich wie möglich durch, aufbauend auf dem, was du in deine Vogel-Skizze in Übung 9 eingetragen hast (siehe Seite 157).

Schlage eine neue Seite in deinem Tagebuch auf und unterteile sie in drei Spalten. Beschrifte die linke Spalte mit »WIDER-STAND«, die mittlere Spalte mit »NAME« und die rechte Spalte mit »SCHUB«.

Trage in die mittlere Spalte die Namen der Menschen ein, mit denen du am meisten Zeit verbringst. Lasse zwischen den Namen jeweils etwas Platz.

Setze in der linken Spalte neben jeden Namen einen Haken, der eine »Widerstands«-Wirkung auf deinen Flug hat.

Schreibe zu jeder Person, die durch ihre negative Energie eine »Widerstands«-Wirkung hat, genau dazu, WIE und WARUM sie das womöglich tut. Hat sie Angst? Fühlt sie sich bedroht? Oder etwas anderes?

Setze in der rechten Spalte neben jeden Namen einen Haken, der eine »Schub«-Wirkung auf deinen Flug hat. Schreibe zu jeder Person, die dich durch ihre positive Energie anschiebt, genau dazu, WIE und WARUM sie das tut. Dieser Augenblick würde sich perfekt dazu eignen, ihnen ein stilles Dankeschön zu schicken.

Anmerkung: Es ist durchaus möglich, dass ein Mensch sowohl einen Widerstands- als auch einen Schubeffekt auf dich hat.

Jetzt denke der Reihe nach über jede Person nach:

1. Wenn sie dich AUSSCHLIESSLICH anschiebt, lasse sie wissen, wie viel dir ihre Unterstützung bedeutet, und

schaue, ob du in den kommenden Tagen und Wochen mehr Zeit mit ihr verbringen kannst, damit sie dir in dieser entscheidenden Phase deiner Reise weiter »einheizt«.

2. Wenn sie dich SOWOHL bremst ALS AUCH anschiebt, überlege, wie du sie dazu ermuntern könntest, dir mehr Unterstützung zukommen zu lassen. Erkläre ihr, was dir hilft, und lasse sie an der Reise teilhaben. Sobald ihr ins Gespräch gekommen seid, versuche ihr zu erklären, warum es so wichtig für dich ist, frei zu fliegen, und zeige ihr auf, wie du mithilfe ihrer Unterstützung noch höher steigen kannst. Das kann eine große Chance sein, zu entdecken, ob auch sie sich gefangen fühlt, und wenn ja, wie du ihr dabei helfen kannst, frei zu fliegen.

3. Wenn sie dich AUSSCHLIESSLICH bremst, überlege, wie du ihr erklären könntest, warum es für dich so wichtig ist, frei zu fliegen. Gib ihr die Möglichkeit, dich zu unterstützen, und sie wird dich vielleicht überraschen. Sollte dir absolut nichts einfallen, womit du sie überzeugen könntest, oder du versuchst es und es funktioniert nicht, trage dich mit dem Gedanken, dich eine Zeit lang zurückzuziehen. Lebst du mit der Person zusammen, versuche für ein paar Tage rauszukommen. Schon ein kleiner Abstand kann eine große Wirkung haben.

4. Wenn du feststellst, dass dich der Großteil der Menschen, mit denen du Zeit verbringst, mehr bremst als anschiebt, ist es Zeit, dich nach neuen Weggefährten umzusehen. (Wir werden darauf im nächsten Kapitel eingehen.)

Gibt es in deinem Leben kaum noch Menschen, die eine Widerstandswirkung haben? Wenn ja, honoriere, was diese Menschen dir beigebracht haben, danke ihnen dafür und lasse sie gehen. Schreibe ihnen einen Brief und verbrenne ihn anschließend, triff dich zu einem Gespräch und schließe ab oder setze dich einfach für eine Weile hin und führe dir vor Augen, wie du dich von ihnen befreist. Du allein gewährst ihnen, in deinem Leben zu bleiben und deinen Flug zu behindern.

Anmerkung: Solltest du gerade um einen geliebten Menschen trauern, ist die Situation eine völlig andere. Neben professioneller Hilfe, die du dir gegebenenfalls suchen solltest, kann es wertvoll sein, den Menschen, den du verloren hast, bewusst einzuladen, dich auf dieser Reise zu begleiten. Überlege, was es ihm bedeuten würde zu wissen, dass du frei, leicht und glücklich fliegst, entschlossen und voller Zuversicht. Bitte ihn, für dich da zu sein, in deinem Herzen, während du deinem Käfig entfliehst.

Sich vor dem doppelten Käfig in Acht nehmen

Wenn du gerade einem Käfig entflohen bist, bist du äußerst verwundbar, und die Gefahr, gleich in die nächste Falle zu geraten, ist extrem groß. Sobald du den Käfig verlassen hast, fehlen die »schützenden« Gitterstäbe, was es so schwer macht, dich von ihm zu lösen. Alles ist neu und ungewohnt, vergessen die Erinnerung an eine frühere Freiheit. Genau so erging es Sam Reynolds.

~ Schicksalsgefährten unterstützen ~

Sam hatte einen Traumjob beim Film, als sie im Jahr 2005, sie war damals 26, zum ersten Mal an Brustkrebs erkrankte. Die Diagnose war ein Schock. Doch die Behandlung verlief gut, und bald konnte sie wieder halbtags arbeiten. 2010 kam ihre Tochter Lottie zur Welt, und das Leben schien wieder ins Lot zu kommen. Doch als Lottie zwei war, kam der Krebs zurück.

Wieder unterzog sich Sam verschiedener Therapien und erhielt im darauffolgenden Jahr Entwarnung. Sam, von Natur aus eine Macherin, fühlte sich verpflichtet, ihre Erfahrungen, die sie mit der Krankheit gemacht hatte, in einen Karton zu packen und weiterzumachen. Aber damit begannen die Probleme erst richtig. Binnen kürzester Zeit fühlte sie sich überfordert und allein und erkrankte an einer Posttraumatischen Belastungsstörung (PTBS). Nur ein Jahr später, Sam war jetzt 35, erhielt sie zum dritten Mal die Diagnose Krebs. Ihrer Meinung nach hat der Stress der PTBS dazu beigetragen. Sie unterzog sich einer beidseitigen Mastektomie und erhielt zum dritten Mal Entwarnung.

Als sie die Klinik verließ, war sie fest entschlossen, die Dinge anders anzugehen. Sam erkannte, dass sie nicht mehr die Gleiche war und nach einem neuen Platz in der Welt suchen musste. Sie wollte jetzt anderen Menschen helfen, im Anschluss an eine Krebserkrankung nicht Gefahr zu laufen, eine Depression oder PTBS zu bekommen, und sie wollte einen neuen Weg einschlagen.

Heute leitet sie SamSpaces, eine Art Online-Selbsthilfegruppe, in der Menschen, die nach einer Krebserkrankung zurück ins Leben finden, Unterstützung erhalten.

Sam hat die Erfahrung, Schicksalsgefährten kennenzulernen und zu unterstützen, tief bewegt. Sie hat gelernt, dass es uns aufzehrt, wenn wir versuchen, die Erkenntnisse über unsere Erfahrungen auszublenden, und dass es uns in einen weiteren Käfig sperrt. Bekennen wir uns jedoch dazu, sprechen darüber und reagieren mit rigoroser Selbstfürsorge darauf, muss es nicht so kommen.

Tatsache ist, dass es manchmal zum doppelten Käfig kommt. Aber vergiss nicht, du hast jetzt alle Hilfsmittel zur Hand, die du brauchst, um dich zu befreien. Mit jedem Mal, da du gefangen bist und dich befreist, wird die Zeit deiner Gefangenschaft kürzer und deine Flucht einfacher.

Sich selbst Gutes tun

Ist eine Vogelmutter krank und erschöpft, wer versorgt dann ihre Vogelkinder mit saftigen Würmern? Um sich um ihre Jungen kümmern zu können, muss sich die Vogelmutter erst einmal um sich selbst kümmern. Und genauso ist es bei uns Menschen.

Um emporzuschwingen, müssen wir fit sein und gut genährt, ausgelastet und ausgeruht. Es dient niemandem, wenn wir uns mit wenig Schlaf martern, mit hastig zubereitetem Essen, einem gigantischen Arbeitspensum, übertriebenem Einsatz für andere, psychischem Stress und unnötigen Sorgen. Wir müssen uns um Körper, Geist und Seele kümmern, unser Innerstes mit Freundlichkeit füllen, um in der Lage zu sein, Freundlichkeit zurückzugeben.

Wenn du das bereits tust, verneige ich mich vor dir. Wenn nicht, keine Sorge. Du bist nicht allein. Lass uns heute damit beginnen.

Deine Energie ist kostbar. Je mehr du davon in Dinge investierst, die dich nicht frei machen, desto erschöpfter wirst du dich fühlen. Je mehr du davon in Dinge investierst, die deine Stimmung heben, desto höher wirst du fliegen.

Manchmal müssen wir nichts weiter tun, als uns um uns selbst zu kümmern. Und doch ist genau das immer wieder das Letzte, was wir tun.

Wir alle müssen:

> uns gesund ernähren

> Wasser trinken

> uns bewegen

> Pausen machen und uns ausruhen

> Zeit in der Natur verbringen

- reges Interesse an unserer Gesundheit zeigen – vor, während und nach einer Erkrankung
- behutsam mit uns umgehen
- Zeit in guter Gesellschaft verbringen, uns die Zeit nehmen zu lachen und den Raum zu lieben
- Raum für Schönes schaffen
- uns selbst zugestehen, an erster Stelle zu stehen

Das alles liegt eigentlich auf der Hand, und doch bleibt es so oft auf der Strecke, wenn um uns herum der Alltag tobt.

Obwohl ich das alles ganz genau weiß, fällt es mir oft schwer, es tatsächlich umzusetzen. Ich weiß, wie wichtig es ist, runterzukommen, mir freizunehmen und zu entspannen, doch es liegt in meiner Natur, noch mehr und noch länger zu arbeiten, sobald Schwierigkeiten auftreten. Ich kümmere mich um andere Menschen wesentlich besser als um mich selbst, daher arbeite ich unentwegt daran, meine Energie in die richtigen Dinge zu investieren – und mich bewusst zu bemühen, meine Batterien aufzuladen. Wann immer ich eine richtige Pause mache, sei es ein halbstündiger Spaziergang am Meer, ein Tag im Spa oder eine Woche ohne Telefon und Internet, kehre ich belebt, gekräftigt und zu allem bereit zurück.

Jedes Mal, wenn wir bewusst auf uns achtgeben, erneuern wir unsere Fähigkeit, uns selbst zu regenerieren. Je häufiger wir das tun, desto einfacher wird es. Wir geben uns Raum, um zu wachsen, und Energie, um zu fliegen.

Uns selbst Gutes zu tun ist ganz entscheidend für unsere Flug-energie und Ausdauer. Nur durch die Kombination aus körperli-cher und geistiger Stärke können wir das Leben in uns aufsaugen, mit weit geöffnetem Blick, Geist und Herzen.

Die Freude am Fliegen

So weit zur Theorie. Du bist nun bereit, deinen Käfig hinter dir zu lassen und die Flucht nach vorn anzutreten. Es mag eine Weile her sein, seit du das letzte Mal zum Flug angesetzt hast. Viel-leicht bist du besorgt oder hast sogar Angst. Das ist ganz normal.

Hab Vertrauen, breite deine Flügel aus und schwinge dich trotzdem auf. Denn dein freies Ich wird da sein, um dich auf-zufangen und dich in die weite Welt jenseits des Käfigs hinaus-zugeleiten.

In dem Moment, in dem du über die Schwelle in dein Leben trittst, fällt alles ab, was du nicht mehr brauchst, und bei dir bleibt all das, was von Bedeutung ist.

Kapitel 12

Die Qual der Wahl: Wohin soll die Reise gehen?

Es kommt mir vor, als wäre es eine Ewigkeit her, dass ich wie ein Häufchen Elend auf meinem Schlafzimmerboden lag, dabei ist es gerade einmal 15 Monate her. Damals hätte ich mir nicht träumen lassen, dass ich noch vor dem ersten Geburtstag meiner jüngeren Tochter ein Buch schreiben würde. Aber ich habe es getan, indem ich einen kleinen Schritt nach dem anderen gemacht habe, mit dem Ziel, mich frei zu fühlen.

Wie gesagt, je mehr Raum ich schuf, desto mehr Raum schien sich aufzutun, bis schließlich der Raum für dieses Buch da war. Aber erinnere dich, das Buch selbst war nicht das Ziel. Das Ziel war immer, mich »frei zu fühlen«. Indem ich die Schlüssel zur Freiheit aktiviert habe, um dieses Gefühl von Freiheit zu finden, stieß ich auf eine Route, die mir jeden Schritt entlang des Weges beleuchtet hat.

Das Ziel ist entscheidend

Wenn du im Käfig gefangen bist, ist es überall besser als dort, doch bist du erst einmal draußen, ist dein Ziel entscheidend.

Zu tun, was du liebst, ist fantastisch. Es gibt deiner Arbeit einen Sinn und dir die Möglichkeit, deine Talente zu nutzen. Und es macht Spaß. Aber es ist nicht das Ziel. Das Ziel ist es, dich frei zu fühlen, wie auch immer sich das für dich anfühlen mag. Zu tun, was du liebst, ist einfach ein großartiger Weg, um dieses Ziel zu erreichen.

Wenn Vögel und Tiere aus der Gefangenschaft entlassen werden, ist die Überlebensrate statistisch gesehen am höchsten, wenn zuvor ein genauer Auswilderungsplan erarbeitet wurde. Deshalb werden wir dir einen persönlichen Flugplan erstellen, der dir das nötige Selbstvertrauen mitgibt.

Zu seinem wahren Wesen finden

Um irgendwohin zu finden, bedarf es eines Ziels. Was wäre, wenn ich dir sagen würde, dass »irgendwo« kein echter Ort sein muss? Wie anders könnte dein Flugplan aussehen, wenn du stattdessen zu deinem wahren Wesen finden würdest, dorthin, wo du dich frei fühlst?

Wenn du blindlings losfliegst, ohne dir Gedanken über die Richtung zu machen, in die deine Reise gehen soll, ist die Wahrscheinlichkeit, irgendwo anzukommen, wo du auch wirklich hin willst, in der Tat sehr gering. Genau darum gehört Planen zu einer überraschend wichtigen Fertigkeit des Freiheitssuchenden. Gemeint ist Planung der seelischen Art. Es bedeutet, dein Leben aktiv zu steuern.

Dein »Flugplan« ist keine in Stein gemeißelte Selbstverpflichtung. Es ist eine hingekritzelte Karte, die du zusammenfalten und in deiner Tasche verschwinden lassen kannst, um sie dann hervorzuholen, wenn du dich vergewissern willst, ob die Route stimmt, oder wenn du schauen willst, welche Fortschritte du gemacht hast. Stelle dir vor, du hast sie mit einem Bleistiftstummel geschrieben, sodass du unterwegs Teile ausradieren und andere einzeichnen kannst.

Wenn du einen Plan hast, kannst du ihn ändern. Hast du aber keinen Plan, bist du verloren, bevor du überhaupt angefangen hast. Indem du dir über die Dinge klar wirst, zwischen denen du dich entscheiden willst, verhinderst du, von all den Wahlmöglichkeiten überfordert zu werden. Je mehr du die Dinge eingrenzt, desto weniger fällt die eigentliche Entscheidung ins Gewicht, da du einen von mehreren Wegen auswählst, die du in Richtung deines Ziels nehmen kannst.

Wenn ich heute zurückblicke, erkenne ich, wie sehr das auf mich zutrifft. Mein Wunsch, andere Menschen dabei zu unterstützen, ihr Potenzial auszuschöpfen, zog sich vermutlich wie ein roter Faden durch mein Leben, doch ich bezweifle, dass ich mir dessen damals bewusst war. Statt einem bestimmten Beruf oder Beförderungen oder einer anderen Art von gesellschaftlich anerkanntem Erfolg nachzujagen oder mich verbissen einer bestimmten Leidenschaft zu widmen, habe ich immer versucht, Entscheidungen zu treffen, die mich dem Gefühl von Freiheit ein Stück näher bringen.

Mit siebzehn bedeutete, »zu meinem wahren Wesen finden«, ein Studienfach zu wählen, das mich auf ein Abenteuer mitnehmen würde.

Mit einundzwanzig, den Abschluss in der Tasche, bedeutete es, einen Job anzunehmen, der mich zurück nach Japan führte, um dort neue Abenteuer zu erleben und meiner Faszination für die Zen-Philosophie und japanische Ästhetik nachzugehen. Unter anderem bot sich mir die Möglichkeit, bei Großveranstaltungen wie den Olympischen Winterspielen oder den World Games ein paar der besten Sportler der Welt zu dolmetschen und sie in den entscheidenden Momenten ihrer Wettkämpfe zu unterstützen.

Von da an bedeutete es, weitere Jobs anzunehmen, die es mir ermöglichten, die Welt zu bereisen und neue Kulturen und Lebensweisen kennenzulernen, darunter Jobs in der Sportindustrie und bei UNICEF.

In beinahe jedem Fall ging jemand das Risiko ein, mir eine Aufgabe zu übertragen, die über meine Fähigkeiten hinausging, und forderte mich so dazu heraus, in diese Aufgabe hineinzuwachsen. Nur ein einziges Mal nahm ich eine Stelle an, um die ich mich ganz offiziell beworben hatte. Jede andere Chance bot sich mir durch die jeweils vorangegangene.

Mit dreißig führte es mich zu Mr K, der mir zeigte, dass es möglich ist, sich mit jemandem zusammen frei zu fühlen.

Mit dreiunddreißig führte es zu einem kreativen Erwachen, das dazu führte, dass ich mich selbstständig machte, eine neue Form der Berufsberatung entwickelte und Menschen meine Unterstützung anbot, die ein unkonventionelleres Leben führen wollten.

Mit sechsunddreißig führte es dazu, dass ich zum ersten Mal Mutter wurde. Meine Tochter Sienna kam zur Welt.

Mit achtunddreißig führte es zu der Erkenntnis, dass ich mir mehr Raum schaffen musste, während ich gleichzeitig zum zweiten Mal Mutter wurde – Maia wurde geboren –, und schließlich dazu, dass ich dieses Buch schrieb.

Hätte ich an einem beliebigen Punkt eine andere Entscheidung getroffen, hätte mich das in eine andere Richtung geführt und damit auch alle weiteren Wege verändert. Doch ich bin mir sicher, dass es andere Wege gegeben hätte, denn alle Entscheidungen, die ich traf, gründeten auf demselben Grundgedanken: dem Wunsch, mich frei zu fühlen.

Und aus alldem habe ich viel gelernt:

> Es gibt keine Fehler, nur verschiedene Wege. Nichts ist vergebens, denn es führt dich auf einen anderen Weg.

> Du kannst den Weg jederzeit ändern.

> Du musst die Route nicht kennen, es reicht, wenn du weißt, wohin du steuerst. Triff einfach eine Kursentscheidung nach der nächsten, und daraus ergibt sich deine Route.

> Die Route ist viel weniger wichtig, als du denkst.
  Die Gesellschaft möchte uns gern einreden, wie wichtig die Route und die unterwegs errungenen Trophäen sind, doch es gibt unzählige Routen, die zu deinem wahren Wesen führen, und das ist das einzige Ziel, das wirklich zählt.

> Es gibt keine Frist, innerhalb derer du anfangen oder fertig sein musst, daher ist es nie zu spät. Doch es geht um dein Leben, je früher du also aufbrichst, desto reicher wird die Erfahrung sein.

> Planung ist gut. Spontaneität ist gut.

> Mit Freunden verreisen ist gut. Unterwegs neue Freunde kennenlernen ist gut.

> Die Höhen zu spüren ist gut. Die Tiefen zu spüren ist gut.

> Alles ist gut, denn es führt dich zu deinem wahren Wesen – der Ort, an dem du dich frei fühlst.

Wenn ich im Nachhinein die einzelnen Punkte meiner Reise miteinander verbinde, kommen mir manche Stationen unwirklich, ja regelrecht absurd vor. Damals jedoch habe ich einfach immer die Entscheidung getroffen, die ich am interessantesten, am aufregendsten fand und die mich frei machen würde.

Es ist geradezu lebenswichtig, unterwegs Entscheidungen zu treffen. Keine Entscheidungen zu treffen ist auch eine Entscheidung – die Entscheidung, nicht selbst über deinen eigenen Flugplan zu bestimmen.

Natürlich hat jede Entscheidung Konsequenzen, und sich *für* eine Sache zu entscheiden bedeutet, sich *gegen* andere zu entscheiden. Das kann beängstigend sein, so sehr, dass viele von uns an FOMO (Fear of Missing Out) leiden, der Angst, etwas zu verpassen. Sie führt dazu, dass wir entweder überhaupt keine Entscheidungen mehr treffen oder herumlaufen und versuchen alles mitzunehmen und uns völlig verausgaben. Eine Freundin von mir, Kate Eckman, hat das ganz großartig umformuliert, indem sie sich gegen FOMO und für JOMO (Joy of Missing Out) entschieden hat, also der Freude, etwas zu verpassen. Mir gefällt das. Es ist viel gesünder und ermöglicht uns, tief in die Entscheidungen einzutauchen, die wir getroffen haben, statt unsere Energie und Aufmerksamkeit auf das zu verschwenden, was wir nicht gewählt haben.

Ein neues Ziel bedeutet unerforschtes Terrain. Das wiederum bedeutet, dass du Neuland erforschen musst. Indem du Entscheidungen triffst, verhinderst du, dass dein Leben zu etwas wird, das dir zustößt. Stattdessen wird etwas daraus, das du selbst entwirfst.

Sobald du erkennst, dass du auf der Suche nach Freiheit bist, fängst du an, dein Leben völlig anders zu steuern.

Erinnerst du dich noch an unsere Definition von Freiheit? »Freiheit bedeutet, bereit und in der Lage zu sein, seinen eigenen Weg zu wählen und sein Leben als sein wahres Ich zu erleben.« Auf diese Art, erwachst du wirklich zum Leben.

Sich umentscheiden ist auch eine Entscheidung

Deine acht Schlüssel zur Freiheit sind nicht nur der Weg aus deinem Käfig hinaus, sie sind auch Ausdruck dafür, was es für dich auf lange Sicht bedeutet, dich »frei zu fühlen«. Der Unterschied ist folgender: Wenn du deine Schlüssel zur Freiheit im »Aufschließmodus« benutzt, sind sie vermutlich eine Übergangslösung. Benutzt du sie dagegen im »Flugmodus«, als ständigen Lebensratgeber, wird aus ihnen eine dauerhafte Lösung. Deine Schlüssel zur Freiheit sind also unentbehrlich für deinen Flugplan.

Die Erfahrung, deinem Käfig zu entfliehen, hat dir vielleicht schon ein wenig vor Augen geführt, was du gern »tun« würdest. Vielleicht denkst du darüber nach, beruflich einen neuen Weg einzuschlagen, dich selbstständig zu machen zum Beispiel, Unterricht zu geben. Oder darüber, deinen Alltag neu zu organisieren, flexibler zu arbeiten, dir mehr Zeit für die Dinge zu nehmen, die du liebst.

Selbst wenn du glaubst zu wissen, was du tun willst, bleibt es mitunter nicht aus, dass du dich unterwegs umentscheiden musst. Wenn du völlig auf einen bestimmten Job oder eine bestimmte Möglichkeit fokussiert bist und es nicht klappt, marterst du dich anschließend leicht mit Selbstvorwürfen. Steuerst du jedoch einfach nur in Richtung des Gefühls von Freiheit, wird sich eine notwendige Kursänderung keineswegs wie ein Scheitern anfühlen.

Wenn du dich frei fühlst und dein Flugerlebnis genießt, wird letzten Endes das, was du tatsächlich gemacht hast, um dort hinzugelangen, eine wesentlich kleinere Rolle spielen, als du denkst. Darum bleibe aufgeschlossen und achte darauf, was sich auftut.

Übung 18
Was siehst du?

Blättere zurück zu den Schlüsseln zur Freiheit (siehe Seite 61–142) und wähle den Schlüssel aus, der dich zum jetzigen Zeitpunkt am meisten anspricht. Schreibe den Namen des Schlüssels auf einen Klebezettel (oder auf ein anderes Stück Papier) und lege ihn vor dich auf den Tisch.

Jetzt sieh dir deine Antworten aus Übung 15 an: »Deine Geheimwaffen« (siehe Seite 183). Schreibe die Antworten auf Klebezettel und lege sie kreisförmig um den Zettel mit dem Schlüssel zur Freiheit deiner Wahl.

Nun schaue vom Inneren des Kreises zu einem der äußeren Zettel und wieder zurück in die Mitte. Wiederhole das mehrmals und achte darauf, welche Verbindungen sich in deinem Kopf zu knüpfen beginnen. Halte alles, was dir in den Sinn kommt, in deinem Tagebuch fest, ganz egal, wie beliebig es dir erscheinen mag. Es kann ein Nomen, ein Verb oder ein Adjektiv sein. Ein Name, eine Berufsbezeichnung, eine Branche, ein Lied oder ein Ort. Es kann alles sein. Tobe dich geistig so richtig aus.

Sollte es einen zweiten Schlüssel zur Freiheit geben, der dich spontan angesprochen hat, wiederhole die Übung mit diesem Schlüssel in der Kreismitte. Führe deine Liste mit den Verbindungen fort. Versuche sie nicht zu bewerten. Wiederhole das mit so vielen Schlüsseln zur Freiheit, wie du möchtest.

Nun sieh dir deine fertige Liste an und schaue, welche Themen auftauchen. Verbinde Punkte miteinander, die zusammengehören. Fallen dir Gemeinsamkeiten auf? Notiere sie. Wir werden in Kürze darauf zurückkommen.

Tun, was man liebt

Sich frei zu fühlen und zu tun, was man liebt, sind untrennbar in einem positiven Kreislauf miteinander verbunden. Je mehr du tust, was du liebst, desto freier fühlst du dich, und je freier du dich fühlst, desto mehr bist du in der Lage zu tun, was du liebst.

Um sich wirklich frei zu fühlen, müssen sich die meisten von uns von finanziellen Sorgen befreien, und um das zu erreichen, müssen wir entweder unser Leben vereinfachen oder irgendwie Geld verdienen. Das ist das Schöne am Konzept »Tu, was du liebst« im Bereich Arbeit. Unter Umständen geht es gar nicht so sehr darum, was du tust, sondern darum, wie du es tust, und hier standen uns noch nie so viele Türen offen.

Die richtige Entscheidung

Mandy Henry war Vollzeit-Moderatorin bei MUTV, dem Sportsender von Manchester United FC. Sie liebte ihre Arbeit, doch das Schichtsystem war mit ihrem Fernweh nicht vereinbar. Also entschied Mandy im Jahr 2012, sich selbstständig zu machen, und sie hat diese Entscheidung nie bereut. Sie nimmt sich nun jedes Jahr drei Monate frei, um zu reisen und ihre Abenteuer in einem Blog zu veröffentlichen. Den Rest des Jahres moderiert sie auf MUTV, BBC, Premier League TV und vielen hochkarätigen Veranstaltungen. Sie verdient mehr Geld als früher, sucht sich ihre Arbeit selbst aus und weiß die Möglichkeiten, die ihre Arbeit ihr bietet, sehr zu schätzen. Und sie fühlt sich viel freier.

Natürlich stellt manchmal das, was wir am leidenschaftlichsten verfolgen, keine realistische Karriereoption dar, ganz egal, wie wir es drehen und wenden. In diesem Fall können wir versuchen, uns das Leben so einzurichten, dass uns außerhalb der

Arbeit so viel Zeit wie möglich bleibt, um dem nachzugehen, was wir lieben.

Manchmal fangen wir an, uns mit einer so großen Frage wie »Was soll ich mit meinem Leben anfangen?« herumzuschlagen, und drehen uns letztlich nur im Kreis. Wir müssen aufhören, uns in Details zu verheddern, und anfangen, unserer Fantasie freien Lauf zu lassen.

Wenn du schon lange in einem Käfig gefangen sitzt, ist es ganz natürlich, dass du deinen Träumen Grenzen gesetzt hast, doch draußen ist deine Fantasie so grenzenlos wie der Himmel.

Übung 19
Lasse deiner Fantasie freien Lauf

Stelle dir einen Moment lang vor, in deinem Leben wäre für alles gesorgt: allen Menschen, die dich brauchen, geht es gut und sie sind versorgt, die Rechnungen sind bezahlt, du brauchst nicht zu arbeiten und deine Zeit gehört dir allein. Du hast zwölf Monate, in denen du machen kannst, was du willst. Die einzige Vorgabe ist, dass es etwas sein muss, das dir das Gefühl verleiht, frei zu sein. Wie würdest du dieses Jahr verbringen?

Versuche alles, was dich normalerweise gedanklich hemmt, außen vor zu lassen. Versuche geistig beweglich zu sein. Es geht darum, wirklich zu träumen. Lasse deine Gedanken schweifen und greife nach den entferntesten Möglichkeiten (und scheinbaren Unmöglichkeiten).

Halte deine Vorstellung so detailliert wie möglich in deinem Tagebuch fest oder zeichne ein Bild von dem, was du gesehen hast.

Schreibe auf, wie du dich in deiner Vorstellung gefühlt hast. Abgesehen von dem Gefühl von Freiheit, welche anderen Gefühle waren damit verbunden?

Jetzt überlege, warum dir genau diese Vorstellung in den Kopf gekommen ist. Was will sie dir sagen? Denke darüber nach, wie sich diese Vorstellung mit den Themen deckt, die du in Übung 18 »Was siehst du?« festgehalten hast (siehe Seite 212). Diese Übung hat dein Unterbewusstsein angeregt, deine Vorstellung von gerade eben ist also kein Zufall.

Selbst wenn die konkrete Vorstellung in deinem derzeitigen Kontext nicht umsetzbar ist (oder auch nicht wünschenswert), vielleicht könnte es eine Variante davon sein, und das Bild zeigt dir auf, wie du heute Freude finden kannst, während du für morgen vorbaust.

Jetzt denke darüber nach, wie sich das in deinem Alltag umsetzen lassen und worauf es in der Zukunft hindeuten könnte. Wie könntest du deine Zeit, dein Geld, deine Energie und deine Aufmerksamkeit am effektivsten nutzen, um einen Punkt zu erreichen, an dem du dich so fühlst? Wie könntest du genau jetzt anfangen, deine Mittel neu zu gewichten und umzuverteilen?

Lasse dir deine Vorstellung ein weiteres Mal durch den Kopf gehen und überlege, welche Fragen du dir stellen könntest, um dich für die Zukunft zu rüsten, die du dir vorgestellt hast. Da gibt es kleine Dinge, die du jeden einzelnen Tag tun kannst, und größere Dinge, die du langfristig angehen kannst, indem du anfängst, deine Mittel neu zu gewichten und umzuverteilen, und zwar ab heute.

～

Ich habe diese Übung vor Kurzem selbst ausprobiert und fühlte mich regelrecht weggepustet von der Kraft und Klarheit meiner

Vorstellung. Ich war in einem hübschen Haus auf dem Land inmitten hügeliger Berge. Um mich herum nichts als Himmel. Die Küchentür stand offen, und ich konnte in den Garten hinaussehen. Ich hatte gerade Gemüse aus dem Garten geholt und trug meine Schürze. Eine geöffnete Schachtel mit einer Lichterkette und mehrere selbst gebastelte Geschenke deuteten darauf hin, dass ich einen Abend mit Freunden vorbereitete. Auf dem Tisch lag ein Stoß handschriftlicher Aufzeichnungen. Ich begriff, dass ich gerade mein erstes Kochbuch schrieb. Vielleicht würden meine Freunde darin auftauchen und meine Gerichte probieren. Neben dem Manuskript lag ein Stapel Reisetagebücher, aus denen Post-its spitzten. Sie markierten gekritzelte Rezepte, die ich in der ganzen Welt zusammengesammelt hatte. Anscheinend war ich gerade von einer Reise zurückgekommen. Ich sah glücklich aus und fühlte mich frei.

Für mich klingt diese Vorstellung traumhaft. Sie vereint viele Dinge, die ich liebe, und ich bin begeistert von dem Gedanken, dass eine Variante davon eines Tages Realität werden könnte. Auch wenn das konkrete Gedankenspiel nicht umsetzbar ist, so ist es ein toller Punkt, auf den es hinzusteuern gilt.

Gerade jetzt erinnert mich das daran, mich zu fragen, ob ich mit den Entscheidungen, die ich jeden Tag treffe, den Grundstein für solch eine Möglichkeit lege. Nehme ich mir Zeit zum Kochen? Nehme ich Unterricht bei Chefköchen? Lerne ich, wie ich eigenes Gemüse anbauen oder wenigstens Küchenkräuter ziehen kann? Trommle ich Freunde um meinen Küchentisch zusammen? Pflege ich heute Freundschaften, um sicherzustellen, dass ich in den kommenden Jahren noch Freunde haben werde? (Das ist eine ernst zu nehmende Frage.) Tue ich etwas, um mich darauf vorzubereiten, in einem Bauernhaus zu leben, auch wenn das noch in weiter Ferne liegt?

Anmerkung: Wenn du dich schwertust, dir etwas vorzustellen, das sich richtig für dich anfühlt, und du mehr Zeit und Unterstützung brauchst, um dir darüber klar zu werden, was es für dich bedeuten könnte, zu tun, was du liebst, dann besuche doch *The Society of Freedom Seekers* auf meiner Website. Hier erhältst du direkten Zugriff auf Unterstützung von mir und anderen, um dir bei der Gestaltung deiner Träume helfen zu lassen.

Den Flugplan entwerfen

Zu viele Wahlmöglichkeiten können dich lähmen. Um sie einzugrenzen, ist es hilfreich, dir zu überlegen, in welche Richtung es ungefähr gehen soll. Die Stufen deines Flugplans dienen dazu, dich in Richtung deines Ziels zu stupsen und unterwegs nachzujustieren. Aber vergiss nicht, dein Flugplan ist nur eine Orientierungshilfe. Er ist nicht in Stein gemeißelt. Vielleicht ist es am wichtigsten, eine Route zu finden, die eine vergnügliche Erfahrung in sich ist.

~ Träume verwirklichen ~

Jennifer Barclay träumte davon, auf einer griechischen Insel zu leben, seit sie nach dem Studium ein Jahr in Griechenland verbracht hatte. Doch es blieb ein Traum, bis sie vierzig wurde. Nachdem sie kurz hintereinander zwei Trennungen durchgemacht hatte, entschied sie, dass es Zeit war, sich zu überlegen, was sie von ihrem weiteren Leben erwartete. Griechenland rief nach ihr, aber sie ließ nicht alles stehen und liegen und sprang in das nächste Flugzeug nach Athen.

Jennifer wurde sich erst einmal klar darüber, unter welchen Voraussetzungen sie überhaupt auf einer griechischen Insel würde leben können. Sie musste Geld verdienen. Als Buchlektorin bestand für sie die Möglichkeit, von überall aus zu arbeiten, also überlegte sie, wie sie das praktisch umsetzen konnte, und begann zu recherchieren.

Sie fand eine Insel, die ursprünglich und abgelegen genug war, aber trotzdem über erschwingliche Wohnungen und eine stabile Internetverbindung verfügte. Da sie ihre Karriere, die sie sich über Jahre sorgsam aufgebaut hatte, nicht gefährden wollte, handelte sie mit einem früheren Arbeitgeber einen festen Vertrag für mehrere Tage in der Woche aus. Das gab ihr das nötige Vertrauen, um den Schritt zu wagen, und die notwendige Sicherheit, lange genug die Miete bezahlen zu können, bis sie herausgefunden hatte, ob daraus eine Entscheidung fürs Leben oder nur ein verlängerter Urlaub werden würde.

Nach und nach machte sich Jennifer ganz selbstständig, arbeitete als Buchlektorin und Literaturagentin und lernte fließend Griechisch. Und, was ganz entscheidend war, ihr neuer Lebensstil verschaffte ihr Zeit, um ihre kreativen Muskeln spielen zu lassen und Bücher über ihr Leben auf der Insel zu schreiben. Sie schloss neue Freundschaften, wurde Teil einer Gemeinschaft, die sie faszinierte, und kann jeden Tag die herrliche griechische Luft einatmen.

Als Jennifer ihren Flugplan erstellte, machte sie sich erst einmal klar, was es für sie bedeutete, frei zu sein, und arbeitete aus, wie sie ihren Traum praktisch umsetzen konnte. Erst dann beschloss sie, ihn zu verwirklichen. Und als sie ihn umgesetzt hatte, entdeckte sie immer wieder Dinge, die sie interessierten, und passte ihre Flugroute entsprechend an.

Übung 20
Erstelle deinen Flugplan

Denke über die Vorstellung nach, die du in Übung 19 hattest: »Lasse deiner Fantasie freien Lauf« (siehe Seite 214). Sie ist noch nicht ausgereift, du kannst also ohne Weiteres so lange mit ihr spielen, bis sie etwas ist, das du tatsächlich umsetzen und worauf du zusteuern möchtest.

Wenn du deinen Alltag mit anderen Menschen teilst und dieses Ziel größere Veränderungen mit sich bringen wird, teile ihnen deine Vorstellung mit. Stelle sicher, dass sie entspannt sind und Zeit haben, dir zuzuhören, wenn du mit ihnen sprichst. Erkläre ihnen, dass dies erst einmal der Beginn einer Idee ist und du verstehen kannst, wenn es für sie beunruhigend klingt. Versuche eine Variante zu finden, die auch für sie aufregend klingt. Wenn du vorher schon weißt, dass sie dir wahrscheinlich jede Menge Gründe aufzählen werden, warum du es nicht tun solltest, suche dir einen Freund, mit dem du vorab darüber sprechen kannst, um vorbereitet zu sein.

Betrachte deine Vorstellung als dein wichtigstes Ziel. Ein so großes Ziel erreichen zu wollen kann erdrückend sein, doch wenn du es in Etappen einteilst, wird es viel leichter werden.

Denke über mehrere kleine Ziele nach, die du erreichen musst, um zum Hauptziel zu gelangen. Schreibe jedes kleine Ziel in der Vergangenheit auf, als hättest du es bereits erreicht. Psychologisch gesehen ist das äußerst effektiv, denn es erhöht dein Vertrauen in deine Fähigkeit, es zu erreichen.

1. Übertrage deine Liste mit den kleinen Zielen in dein Tagebuch. Nimm für jedes Ziel eine neue Seite.

2. Unterteile jedes dieser Ziele in kleinere Schritte und schreibe sie in der Vergangenheit auf, als wären sie bereits gemacht.

3. Setze dir für jedes kleine Ziel eine Frist und schreibe dazu, wie viel Zeit du dir für jeden einzelnen der kleinen Schritte nehmen willst.

4. Halte ganz unten auf der Seite fest, welche Mittel du eventuell brauchen wirst, um dieses Ziel zu erreichen, und wie du Zugang zu diesen Mitteln erhalten kannst. Und jetzt kommt der wichtigste Teil: Bekenne dich schriftlich zu deinem Flug. Halte deine Vorstellung in einem einzelnen Satz fest. Hänge sie an die Wand. Mache ein Kunstwerk, ein Gedicht, ein Lied daraus. Gib sie einem Freund preis oder erzähle dir einfach selbst davon. Ganz egal wie, bekenne dich dazu.

Vergiss nicht, du darfst dich umentscheiden, aber du musst irgendwohin steuern. Mache dich auf die Reise und behalte im Hinterkopf, dass du die Route später korrigieren kannst.

Heute ist ein guter Tag, um anzufangen

Ganz egal, wie weit weg dir dein Traum von Freiheit momentan erscheinen mag, das Wichtigste ist, dass du einfach anfängst. Mache einen Schritt, irgendeinen. Wenn du das Gefühl hast, es ist der richtige Zeitpunkt für einen großen Schritt, dann mache ihn. Fühlst du dich dazu noch nicht bereit oder hast das Gefühl, erst einmal nur ein paar kleine, wohlüberlegte Änderungen zu brauchen, dann fange klein an und mache den Schritt, den du machen kannst.

Manchmal müssen wir Ja sagen, um vorwärtszukommen. Und manchmal müssen wir Nein sagen. Es ist wie bei den Mondphasen. Je nachdem, in welcher Entwicklungsphase du gerade bist, kann Ja als Antwort passen, wenn du gerade aufblühst und erforschst, und Nein, wenn du gerade an dir schraubst und feilst. Ja oder Nein. Entscheide dich einfach und fange an.

Kapitel 13

Gleich und Gleich gesellt sich gern: Im Schwarm fliegen

Früher hielt ich mich immer für einen ausgesprochen extrovertierten Zeitgenossen. Ich mag Menschen und stand als Kind für mein Leben gern auf einer Bühne. Auf Partys lief ich zur Höchstform auf und genoss es, völlig Fremde in Gespräche zu verwickeln. Doch dann wurde ich älter und fühlte mich in größeren Menschenansammlungen plötzlich nicht mehr ganz so wohl. Mir lag nicht das Geringste daran, im Zentrum der Aufmerksamkeit zu stehen, mich unter vielen anderen aufzuhalten fand ich zunehmend ermüdend. Als ich zudem versuchte, meinen persönlichen Stressauslösern auf die Spur zu kommen, wurde mir klar, wie sehr ich hin und wieder Ruhe und Zeit für mich selbst brauchte. Also doch nicht extrovertiert.

Dann kam es in Mode, sich als introvertiert zu outen, und so probierte ich es eine Zeit lang mit diesem Etikett. Bis ich feststellte, dass es ebenso wenig passte. Ich brauchte Zeit und Raum für mich, fernab des Lärms, um mich zu erholen, doch meine Ideen wurden erst in Gesprächen mit anderen lebendig.

Ich sah mich nach einer Alternative um und entdeckte einen Mittelweg namens »ambivertiert«: ein bisschen extrovertiert hier, ein wenig introvertiert da, doch im Grunde keines von beidem. Das Wort und was ich mir darunter vorstellte, war mir vom ersten Augenblick an unsympathisch. Es hörte sich an wie der Name eines Reinigungsprodukts und fühlte sich an wie eine durch und durch artifizielle Möglichkeit, sich im Spektrum zwischen extro- und introvertiert zu positionieren. Auch dieses Modell passte mir nicht.

Ich dachte darüber nach, in welchen Situationen ich mich am aktivsten und kreativsten fühlte, geradezu übersprudelte vor Tatendrang und Ideen. Am lebendigsten fühle ich mich in kleinen Ansammlungen verwandter Seelen: unter Menschen, die sowohl praktisch veranlagt als auch geistig offen sind, fordernd und freigiebig, sanftmütig und stark. Menschen, die klug und witzig sind, diese Eigenschaften aber nicht zur Schau stellen. Menschen, die zuhören und teilnehmen, aber nicht auf Teufel komm raus. Menschen, die lieber nichts sagen, als nichtssagend zu sein, in echten Gesprächen aber aufleben. Und ich weiß, ich bin nicht die Einzige dieses Schlags.

Deshalb erfand ich ein neues Etikett für mich: Ich bin »äquivertiert«, jemand, der sich unter Gleichgesinnten wohlfühlt, und ich habe den leisen Verdacht, du bist das möglicherweise auch. Wir Äquivertierten blühen auf, wenn wir eine echte Verbindung zu anderen Menschen herstellen können. Es erfüllt uns mit Zufriedenheit, wenn wir unsere Erkenntnisse und das, was uns beschäftigt, in der richtigen Stimmung und in einem ruhigen, kleinen Kreis mit anderen teilen können. Das macht uns zu leidenschaftlichen Reisenden, denn unser Bedürfnis nach echter Verbundenheit weckt unsere Neugier auf fremde Länder. Wir streifen gern umher, stellen gute Fragen und hören auch wirklich zu, wenn wir Antworten bekommen. Wir interessieren uns für das Leben anderer Menschen, für ihre Glaubenssysteme und Geschichten, und finden immer einen Weg, Kontakt herzustellen, ungeachtet aller Sprachbarrieren.

Einigen von uns mangelt es zu Beginn an Selbstvertrauen; wenn uns aber Unterstützung zuteilwird, erstrahlen wir in vollem Glanz. Einige wenige freundliche und ernst gemeinte Worte in unsere Richtung können wahre Wunder wirken, und in Gegenwart unserer Mit-Äquivertierten schwingen wir uns zu ungeheurer Tatkraft auf.

Wir schließen lieber keine neuen Freundschaften als oberflächliche. Doch wenn wir uns auf die Suche machen, finden wir unter Gleichgesinnten sehr rasch neue Freunde. Unser Vertrauen ist beinahe grenzenlos, unsere Loyalität steht immer außer Frage. Wir saugen das Hier und Jetzt in uns auf und erinnern uns an jede Einzelheit des Moments. Das kommt dir bekannt vor?

Noch etwas anderes ist uns Äquivertierten gemeinsam: Wir begegnen einander mit Freundlichkeit. Und auch diese – ob man sie nun schenkt oder bekommt – spendet uns Energie, sporrnt uns an, insbesondere dann, wenn sie einem unverhofft und ohne Erwartungshaltung entgegengebracht wird. Freundlichkeit war genau das, was ich brauchte, als ich mit mir und meinem Leben rang. Was wir alle brauchen, wenn wir zu kämpfen haben. Und sie ist das Geschenk, das wir anderen machen können, auch wenn wir einmal keine Antworten auf drängende Fragen parat haben.

Wenn du in kleinen Runden verwandter Seelen aufblühst, gehörst auch du, zum Kreis der Äquivertierten.

Und was hast du nun von dem Wissen, äquivertiert zu sein? Du kannst aufhören, dich selbst unter Druck zu setzen, musst dich nicht mehr zwingen, dich in größere Menschenansammlungen zu begeben, musst nicht immer zwangsläufig nach neuen Freunden suchen, sobald du einer neuen Situation gegenüberstehst. Und wenn du dich selbst als äquivertiert erkennst, erkennst du auch andere leichter als solche – als die Gleichgesinnten.

Ich bin im Laufe der Zeit zahlreichen Menschen begegnet, die ebenso äquivertiert waren wie ich – vielleicht assoziiere ich Freiheit deshalb mit Reisen. Manchmal ist es leichter, sich Menschen zu öffnen, die unsere Geschichte nicht kennen. Anstatt etwas als gegeben vorauszusetzen, bieten sie uns die Chance, eine neue Geschichte zu erzählen, die Geschichte unseres freien Ichs. Je länger wir diese frische, hoffnungsfrohe Geschichte erzählen, desto mehr glauben wir sie und desto näher fühlen wir uns unserem freien Ich.

Auf meiner Reise nach Costa Rica habe ich innerhalb von nur elf Tagen sechs verschiedene Menschen – ein Italiener, vier Amerikaner und ein Brite – kennengelernt, die ich ohne zu zögern und mit Freude zu mir nach Hause einladen oder mit denen ich mich jederzeit bis tief in die Nacht unterhalten würde. Ich war nicht aktiv auf der Suche nach neuen Freunden. Eigentlich war ich dorthin gefahren, um allein zu sein, zu schreiben, nachzudenken, körperliche und geistige Dehnübungen zu machen und ein Abenteuer nur für mich allein zu erleben. Die neuen Freunde fand ich nicht, weil ich nach ihnen gesucht hätte; ich fand sie, weil ich nach mir selbst gesucht hatte.

Die glücklichste Begegnung von allen fand jedoch statt, als ich schon wieder auf dem Weg nach Hause war.

Xavier Rudds »Follow The Sun« klang mir in den Ohren, als ich im Flugzeug auf der Startbahn des Flughafens in Nosara wartete. Ich ließ meinen erholsamen Aufenthalt im Dschungel gerade Revue passieren und beobachtete, wie sich ein kleiner Fleck am Himmel in eine winzige Cessna verwandelte, die schließlich keine 15 Meter von meinem Flugzeug entfernt holpernd zum Stehen kam.

Wenn ich fliege, achte ich normalerweise sorgsam auf meine Privatsphäre. Ich genieße diese Stunden der Ruhe ohne Mobiltelefon oder andere Ablenkungen und nutze die Zeit meist, um zu lesen, nachzudenken oder Tagebuch zu schreiben. Gespräche führe ich nur selten. Doch dieses Mal sah ich mich plötzlich in einen Plausch mit meinem Sitznachbarn verwickelt – ein freundlich wirkender Surfertyp –, und als die Maschine landete, hatte ich das Gefühl, einen neuen Freund gewonnen zu haben. Wie sich herausstellen sollte, hatten wir beide bis zu unseren Anschlussflügen acht Stunden Zeit, und so beschlossen wir, in einer nahe gelegenen Stadt gemeinsam zu Mittag zu essen.

Wir erzählten und aßen dabei Burritos, die Zeit verging wie im Flug. Im Handumdrehen mussten wir schon wieder zum Flughafen zurückfahren. Als wir in der Schlange zur Sicherheitskontrolle standen, machte er eine seltsame Andeutung auf eine dunkle Geschichte in seiner Vergangenheit. Er hatte meine Neugier geweckt, und jetzt wollte ich die Geschichte auch hören, doch allmählich wurde die Zeit knapp. Die Taschen- und Passkontrolle hatten wir inzwischen hinter uns, nun sahen wir uns nach unseren Abfluggates um. Wir hatten immer noch zwanzig Minuten bis zum Start meines Flugzeugs und er weitere zehn, um zu seinem Gate zu eilen.

Ich sehe es heute als fast schicksalhaft unausweichlich an, dass er mich damals zu meinem Gate begleitet, am Fenster gemeinsam mit mir dem Starten und Landen der Flugzeuge zugesehen und mir eine der außergewöhnlichsten, herzzerreißendsten und herzerwärmendsten Geschichten erzählt hat, die ich je gehört habe. Ich kann diese Geschichte hier nicht wiedergeben, doch ich bin ihm dankbar, dass er mich an ihr hat teilhaben lassen.

Als mein Flug aufgerufen wurde, standen wir auf und umarmten einander. »Danke«, sagten wir beide. »Ich bin so froh, dich getroffen zu haben. Ich weiß, dass wir uns wiedersehen werden.«

Ich stieg nach einer unvergesslichen Reise in mein Flugzeug nach Hause und strahlte beinahe in dem warmen, wohligen Gefühl, verwandten Seelen begegnet zu sein. Mit diesen neuen Freunden ist meine Welt sogar noch heller geworden.

Gleich und Gleich gesellt sich gern

Hier meine Theorie: Die Welt ist voller Menschen, die nach Freiheit suchen, jeder für sich, in allen Winkeln der Erde, rund um den Globus. Jeder von uns befindet sich an einer anderen Stelle seiner Befreiungsreise, und obwohl wir vielleicht verschiedene Flugbahnen haben, können wir einander spüren, brauchen wir uns gegenseitig und kommen wir höher hinaus, wenn wir im Schwarm fliegen.

Wenn wir die Schlüssel zur Freiheit aktivieren – egal welchen –, besteht die Möglichkeit, Gleichgesinnten zu begegnen, uns auf einer tieferen Ebene zu verbinden und gemeinsam zu wachsen.

⌒ Im Schwarm fliegen ⌒

In diesem düsteren Sturm wechselt das wankelmütige Meer ständig seine Gestalt: eben noch ein See aus geschmolzenem Granit, im nächsten Augenblick ein urzeitliches Ungeheuer, das sich aus der Tiefe erhebt. Es grollt und tobt, reckt seine riesigen nassen

Finger blind himmelwärts. Und mitten darin die Sea Dragon, *ein 22 Meter langes Segelschiff mit Stahlrumpf, erbaut für eines der längsten und härtesten Ozeanrennen, die die Welt je gesehen hat. Im Hafen wirkt die* Sea Dragon *majestätisch, schlicht überwältigend, doch in diesen Gewässern scheint sie so klein wie ein Quietscheentchen in der Badewanne.*

Beim Heranzoomen kann man 14 Menschen erkennen, die sich an das Boot klammern. Das Schiffssteuerrad eisern im Griff hat eine sportliche blonde Frau, das Haar zottig von der Gischt, das Gesicht angespannt, voller Konzentration. Emily Penn hat seit fünf Tagen nicht richtig gegessen oder geschlafen, und noch immer wütet der Sturm. Das Leben ihrer ausschließlich weiblichen Crew liegt in ihren Händen, sie muss da jetzt durch.

Es ist Emilys erste Ozeanüberquerung als professionelle Skipperin, der Druck der Anfängercrew lastet schwer auf ihr. Sie hält das Steuerruder fest, die Beine weit gespreizt, um unter diesen mehr als widrigen Umständen maximalen Halt zu finden, und behält das aus der Tiefe aufsteigende Monster scharf im Auge. Eine gewaltige Welle rollt von steuerbord auf das Schiff zu, und es gibt nichts, was Emily ihr entgegensetzen könnte. Die meisten der Crewmitglieder erkennen die drohende Gefahr nicht, und nur Emily kann sich gegen das Unausweichliche wappnen.

Auf einmal läuft alles in Zeitlupe ab. Wenige Augenblicke, bevor die Welle das Schiff trifft, schmeckt Emily Salzwasser auf ihren Lippen. Donnernd kracht die Welle auf das Deck und schüttet tonnenweise kaltes Meerwasser ins Boot. Emily steht bis zur Taille darin, alle anderen wirbelt es über Deck.

Strampelnde, fuchtelnde Arme und Beine überall, die Crew triefnass in den dunklen Überresten der Welle, die ihnen den Atem aus dem Leib gepresst hat. Emily weiß, dass jede Einzelne angeschirrt und gesichert ist, dennoch ist die Erleichterung groß, als sie noch immer 14 Köpfe zählt.

Während die Sea Dragon *ihr Gleichgewicht wiederfindet, schütteln die Frauen das Salzwasser ab und blicken sich um, unsicher, was nun zu tun sei.*

Alle Augen sind auf Emily gerichtet, forschend, fragend, flehentlich: »Sind wir noch am Leben? Ist alles in Ordnung?«

Emilys Magen krampft sich zusammen, ihre Gedanken rasen. »Was zur Hölle tue ich hier? Was habe ich getan?« Doch dann sieht sie das Flehen in den Augen ihrer Amateurcrew und reagiert auf die ihr einzig mögliche Weise. Sie ringt sich ein Grinsen ab, wirft die Faust in die Luft und ruft: »Woo hoo!«

Die anderen Frauen nehmen sich ein Beispiel an ihrer jungen Skipperin und stoßen, statt in Panik zu verfallen, ebenfalls ein kollektives Jubelgeschrei aus. Sie sind stolz, dass sie es durch diese Monsterwelle geschafft haben.

Als dann noch eines der Crewmitglieder dem Meer zuruft: »Na, los doch! Zeig's uns!«, ist der Bund zwischen diesen vierzehn Frauen auf ewig besiegelt.

Emily war damals siebenundzwanzig Jahre alt. Sie ist Skipperin, setzt sich engagiert für den Schutz der Weltmeere ein und studiert als Künstlerin die Umwelt in den entlegensten Winkeln der Erde. Da sie weltweit Vorträge hält und zu Fragen hinsichtlich der Ozeane, unseres Planeten und der Zukunft der Gesellschaft berät, ist ihr Druck keineswegs fremd. Doch dies war etwas anderes. Diese Erfahrung sollte wesentlich zu Emilys Überzeugung beitragen, dass alles möglich ist, wenn eine kleine Gruppe von Freunden – in diesem Fall Freundinnen – einander die Hände reicht, sich gegenseitig ermutigt und zusammenarbeitet.

Als erfahrene Expeditionsleiterin war Emily schon auf unzähligen Segeltörns dabei und hatte unzähligen Stürmen getrotzt – doch diese ausschließlich weibliche »AntrittseXXpedition« wird ihr für immer am lebhaftesten im Gedächtnis bleiben.

»Es lag Magie in der Luft«, erinnert sie sich. Obwohl sie in jeder Hinsicht die Anführerin der Expedition gewesen war, hatte es keine spürbare Kluft zwischen bezahlter Skipperin und zahlender Crew gegeben. Ob Tiefseebiologin oder Produktdesignerin, ob Filmemacherin oder Ingenieurin – sie alle waren demselben Ruf des Abenteuers gefolgt, beflügelt von der Mission der Expedition, »das Unsichtbare sichtbar zu machen, vom Gift in unserem Körper bis zu den Giften in unseren Meeren«. Sie alle suchten gemeinsam nach einem Sinn und mussten zusammenarbeiten, wenn sie überleben wollten.

Nach dieser Feuertaufe erzählten die Frauen sich für den Rest der einmonatigen Reise ihre Geschichten, teilten ihr Wissen, lachten zusammen und führten tiefgehende Gespräche. Diese gemeinsame Erfahrung hat ihr Leben für immer verändert, und sie drehten weiter Filme, hielten Vorträge über den Plastikmüll in unseren Gewässern und organisierten Spin-off-Veranstaltungen für Hunderte anderer Frauen.

Doch was vielleicht noch wichtiger ist: Sie sind noch immer Freunde, umsorgen einander liebevoll, unterstützen sich gegenseitig, ungeachtet der Kilometer, die zwischen ihnen liegen mögen. Wie das alles begann? Mit einem kleinen Schwarm an seelenverwandten Seevögeln, die Freiheit suchten und einander fanden.

Alte Freunde, neue Freunde

Wahrscheinlich unterscheidet sich der Schwarm, in dem du fliegst, deine Community, die Gleichgesinnten, von deinem langjährigen Freundeskreis. Und obwohl beide Freundschaft bieten, spielen sie ganz unterschiedliche Rollen in deinem Leben.

Du musst dich nicht von deinen alten Freunden trennen, um Platz für neue zu schaffen. Alte Freunde können ein wahrer

Segen sein, wenn du dich an dein früheres Ich erinnern willst und wenn sie wirklich nur das Beste für dich wollen.

Doch wenn du einer älteren Version deiner selbst entfliehen willst, wenn du die alten Geschichten hinter dir lassen und dich in jemand anderen verwandeln willst, können alte Freunde dich auch bremsen. Manchmal ist es für sie bequemer oder angenehmer, wenn du bleibst, wie du bist. Du liegst ihnen vielleicht wirklich am Herzen, und dennoch versuchen sie, dir die Flügel zu stutzen – angeblich damit du nicht abstürzt, eigentlich aber damit du nicht flügge wirst und das Nest verlässt. Sollte das der Fall sein, musst du eine Entscheidung treffen.

Du kannst versuchen, sie auf deine Reise mitzunehmen, oder du kannst sie zurücklassen, vielleicht nur für eine Weile, so lange, bis du dich in deiner neuen Form wohlfühlst. Es lohnt sich, mit ihnen über deine Gefühle zu sprechen, über das, was dich beschäftigt, denn sie können dich ebenso gut überraschen. Wir alle wollen wahrgenommen werden; vielleicht öffnen sie sich sogar und enthüllen dir den eigenen Wunsch, aus ihrem ganz persönlichen Käfig zu entkommen.

Möglicherweise gibt es auch Menschen, die in beide Kategorien fallen, in die der alten, wirklich engen Freunde und in die des Schwarms. Diese Menschen sind ein unglaublich kostbares Geschenk. Indem ihr euch gegenseitig als Freiheitssuchende erkennt, könnt ihr euch gemeinsam auf eine atemberaubende Wandlungs- und Entdeckungsreise begeben.

Übung 21
Meine Gleichgesinnten

Denke einen Augenblick über die Art von Menschen nach, die zu deinem »Schwarm« gehören könnten:

1. Ich möchte mehr Zeit mit Menschen verbringen, die ...

2. Und die nicht ...

3. Ich möchte weniger Zeit mit Menschen verbringen, die ...

4. Und die nicht ...

5. Zu den Menschen in meinem Leben, die bereits zu meinem Schwarm gehören, zählen: ...

6. Wenn ich über die Möglichkeit nachdenke, mehr verwandten Seelen zu begegnen, fühle ich mich ...

Denke immer daran: Wenn du die ersten Schritte in Richtung deiner Freiheit unternimmst, wirst du garantiert auf andere Menschen stoßen, die ebenfalls nach ihrer Freiheit suchen.

Gemeinsam ziehen

Es birgt eine ungeheure Macht, wenn sich Menschen, die nach Freiheit suchen, zusammentun, in aller Verletzlichkeit und Offenheit, voller Hoffnung und Entschlossenheit. Wenn wir zusammenkommen, um uns zu unterstützen und zu feiern, bauen wir gegenseitig Selbstvertrauen auf und bewegen uns in die richtige Richtung.

Gleich und Gleich gesellt sich nicht nur gern – es zieht auch gern gemeinsam weiter.

Unterstützung zu bekommen war für alle Menschen in diesem Buch, die sich auf die Suche nach Freiheit gemacht haben, ein wesentlicher Teil des Befreiungsprozesses, und dies funktioniert in beide Richtungen. Je tiefer wir uns anderen verbunden fühlen, desto höher fliegt der ganze Schwarm.

Schwesterliche Gemeinschaft

Tief inmitten der walisischen Landschaft wird eine alte Well-blechscheune für eine ganz besondere Zusammenkunft vorbereitet. Zwei lange Esstische sind üppig mit immergrünen Zweigen und Wildblumen geschmückt. Kerzenlicht bricht sich in altmodischem Tafelgeschirr und Gläsern und verleiht dem Raum einen weichen Schimmer. Schlichte Tischläufer aus weißem Leinen und Eukalyptus erwarten die Gäste. Der Tisch aus Holz, von Generationen von Ellbogen auf Hochglanz poliert, erzählt von Geschichten und Geheimnissen, die man im Laufe der Jahre hier miteinander teilte. Ein Ort des Feierns und der Freundschaft, der Verbundenheit und Gespräche, der Wünsche und des Staunens.

In der Luft liegt das wunderbare Summen letzter Vorbereitungen, von draußen dringen gedämpfte Gesprächsfetzen der dort versammelten Frauen herein. Als sich das Scheunentor schließlich öffnet, ist ein kollektives freudiges Aufatmen zu hören. Die Mitglieder der schwesterlichen Gemeinschaft nehmen ihre Plätze ein, das Fest kann beginnen.

»Wie in einem Hexenzirkel«, beschreibt mir Lou Archell, die Gründerin des Sisterhood Camps, *das Ereignis. Und bedenkt man die heilende Wirkung des Wochenendes, die Ehrfurcht, das Ritual, die Veränderungen, die in der Vollmondnacht in den Seelen der Teilnehmerinnen stattfinden, ist Lou mit ihrer Beschreibung vielleicht näher an der Wahrheit, als sie denkt. Im »wahren« Leben ist sie Lifestyle- und Reisebloggerin, das Sister-*

hood Camp hat sie geschaffen, um ihrem Bedürfnis nach der Gesellschaft anderer Frauen gerecht zu werden. Sie verbringt den Großteil ihres Tages damit, sich an dem zu weiden, was sie online sieht, sehnte sich aber auch nach dieser »Offline-Verbundenheit« mit Menschen, die ruhige Schönheit ebenso schätzen wie sie selbst und die wissen, wie wichtig es für die Seele ist, etwas mit den eigenen Händen zu schaffen.

Die Frauen des Sisterhood Camps *beschäftigen sich in Workshops mit dem Arrangieren von Wildblumen, Töpfern, Strandkochen, Kieselsteinkunst und vielem mehr. Doch das eigentlich Wichtige findet unter der Oberfläche statt, während die Hände Ton formen, Blumen pflücken oder Steine bemalen.*

Die meisten der dort versammelten Frauen sind Mütter mit anstrengenden Jobs und einem hektischen Alltag, doch findet jede von ihnen immer wieder einen Weg, am Sisterhood Camp *teilzunehmen – auch wenn sie dafür Opfer bringen muss. Sie organisieren jemanden, der sich um die Kinder kümmert, damit sie sich auch einmal um sich selbst kümmern können. Und aus jedem dieser Treffen gehen sie voller Tatendrang und neuer Inspiration hervor, körperlich, geistig und seelisch erfrischt.*

Retreats wie das *Sisterhood Camp* sind mehr als die Summe ihrer Teile. Irgendwie hüllt die berauschende Kombination aus Fest, Feuer und Freundschaft die Frauen auch nach der unmittelbaren Erfahrung des Camps in eine sanft schimmernde Magie, die sie aus diesem beinahe heiligen Rückzugsort mit nach Hause nehmen. Mit der Zeit verblasst die Magie zwar etwas, in der Erinnerung, die mit der Stimulation der Sinne geweckt wird, ist sie jedoch stets zugänglich: der Duft einer Pfingstrose, der Dampf, der aus einer Porzellantasse mit Kamillentee aufsteigt, das Rascheln von Blättern ... Es sind die kleinen Dinge, die uns an diesen

Zufluchtsort zurückführen, an dem wir die Gemeinschaft mit anderen gefeiert haben.

Wir Freiheitssuchenden genießen die Wärme und Herzlichkeit des Schwarms, helfen einander in stürmischen Zeiten und knüpfen Bande über gemeinsame Erfahrungen, Fehler, Tipps von Mutter zu Mutter, Scherze, geteilte Sorgen, Leseempfehlungen, Rezepte, Kuchen und Wein. Wir nähren einander mit Geschichten, Mitgefühl und Liebe, bauen Vertrauen und Verständnis auf.

Auf der Suche nach Mutterglück

Jessica Hepburn und ihr Lebensgefährte wünschten sich nichts sehnlicher als ein Baby, doch nachdem sie vor zwei Jahren Unmengen an Zeit und mehr als 100.000 Pfund in die In-vitro-Fertilisation (IVF), eine Methode der künstlichen Befruchtung, investiert hatten, gab Jessica den Wunsch, ein eigenes Kind zur Welt zu bringen, schließlich auf.

Diesen beschwerlichen Weg ist Jessica größtenteils schweigend gegangen. Die zu den jüngsten leitenden Angestellten des britischen Theaters zählende Frau wollte sich nicht mit ihren Kolleginnen über ihre Erfahrungen austauschen. Ihre Freundinnen wussten zwar, was sie durchmachte, konnten es aber nicht wirklich nachempfinden, da sie es selbst nie erlebt hatten. Letzten Endes schloss Jessica jeden aus und trennte sich eine Zeit lang sogar von ihrem Partner, als ihr Kinderwunsch zu einer unüberwindbaren Mauer zwischen ihnen geworden war.

Stattdessen hielt Jessica ihre Geschichte in The Pursuit of Motherhood *(dt. »Auf der Suche nach Mutterglück«) fest, dem Buch, das sie nirgends fand, als sie es brauchte. Darin berichtet sie mit ungeheurer emotionaler Aufrichtigkeit von der Heimlichtuerei, den Depressionen und dem Schmerz, die so oft mit Unfruchtbarkeit einhergehen. Sie wollte deutlich machen, dass es*

*manchmal vielleicht kein Happy End gibt – zumindest nicht
das, was wir uns wünschen –, wie sehr wir uns auch anstrengen,
aber dass auch aus Enttäuschung und Verzweiflung etwas Neues,
etwas Wundervolles entstehen kann.*

*Die Reaktion auf ihr Buch war so überwältigend, dass Jessica
Fertility Fest gründete, das erste Kunstfestival Großbritanniens,
bei dem sich alles um Fruchtbarkeit, Unfruchtbarkeit und IVF
dreht. Es zog Menschen aller Gesellschaftsschichten an, die sich
auf andere Art vielleicht nie kennengelernt hätten, sich durch
das Thema des Festivals aber verbunden fühlten. Man erzählte
sich gegenseitig die eigene Geschichte, Tränen wurden vergossen,
Freundschaften geschlossen, und jeder ging etwas weniger einsam
wieder nach Hause.*

*Obwohl Jessica noch unentschlossen ist, ob sie auf anderen We-
gen weiter versuchen wird, sich ihren Kinderwunsch zu erfüllen,
so hat sie jedoch auf ihrer schmerzhaften Reise der vergangenen
Jahre ein unendlich kostbares Geschenk erhalten: Sie hat die volle
Wucht der Menschlichkeit zu spüren bekommen, die uns trifft,
wenn wir unsere Geschichte mit denjenigen teilen, die dasselbe
erlebt haben wie wir.*

Darüber hinaus bietet uns die Gemeinschaft Sicherheit. Die
kollektiven Stimmen vieler Menschen, die nach Freiheit suchen,
hört man viel leichter als einzelne Stimmen, und als Gruppe
stehen uns viel mehr Möglichkeiten der Unterstützung offen.

Die Verbindung zum Schwarm zu halten, zu kommunizieren,
sich regelmäßig auszutauschen ist sowohl für dich als auch für
deine Gleichgesinnten wichtig. Bleib dran, bleib in Kontakt. Ver-
schick Liebesbotschaften, und erinnert euch gegenseitig daran,
warum ihr einander so wertschätzt. Trefft euch persönlich, wenn
ihr könnt. Setzt euch füreinander ein.

Das Alter ist auch nur eine Zahl

Das Alter der Freiheitssuchenden in diesem Buch umfasst eine Zeitspanne von einem halben Jahrhundert; sie reicht von den 20- bis zu den Über-70-Jährigen, wobei ich mich irgendwo in der Mitte befinde. Die meisten jungen Menschen verbringen ihre Zeit mit Gleichaltrigen. Ob Schule, Studium oder unmittelbar danach – es ist wichtig, Freunde um sich zu haben, die sich in der gleichen Lebensphase befinden wie man selbst. Zu den kostbarsten und schönsten Erfahrungen, die ich auf meiner Suche nach Freiheit bislang gemacht habe, zählt es allerdings, Freundschaften auch über Altersgrenzen hinweg zu schließen. Jeder von uns hat etwas zu geben und jeder hat etwas zu nehmen – egal, wie alt wir sind.

〜 Bikerbraut 〜

Karen Walklin hatte 35 Jahre lang als Fachkrankenpflegerin für Psychiatrie gearbeitet, bevor sie sich vor einiger Zeit mit 55 zur Ruhe setzte. Zuerst war sie begeistert und dankbar für ihren Ruhestand, denn schon lange hatte sie sich ausgemalt, wie sie sich in dieser Zeit ihre Wünsche nach Reisen und Kreativität erfüllen würde. Niemals allerdings hätte sie sich träumen lassen, wie schwer der Ruhestand dann tatsächlich wurde. Karen zog um und fand sich plötzlich in einer neuen Umgebung wieder, ohne die Routine der Arbeit, der sie jeden Tag hätte nachgehen können. Ihre ehemaligen Kollegen und Kolleginnen waren noch berufstätig, ihre Freunde außerhalb der Arbeit über das ganze Land verstreut.

Etwa zu dieser Zeit meldete sich Karen für mein Do What You Love*-Online-Seminar an und dachte intensiver über die Richtung nach, die sie nun einschlagen wollte. Vielfach assoziieren wir die*

Wendung »Tu, was du liebst« mit beruflichen Dingen, doch nach ihrer Pensionierung wurde sie für Karen zu einer Art Mantra. Mittlerweile ist sie sogar ihre Lebensphilosophie und wichtigstes Instrument der Entscheidungsfindung. Sie hat ihr dabei geholfen, das Schöne am Ruhestand zu entdecken, und stellt sicher, dass sie stets das tut, was sie wirklich liebt: Zeit mit ihrer Enkelin verbringen, sich als Künstlerin weiterentwickeln und mit ihrem geliebten Motorrad in der Gegend herumsausen.

Ihr erstes Motorrad kaufte sich Karen für zehn Pfund vor fast 40 Jahren, um damit zur Arbeit zu fahren. Danach hatte sie Blut geleckt: Motorradfahren wurde ihre Leidenschaft, die ihr Abenteuer fern der Alltagsroutine bot. Doch erst der Ruhestand ermöglichte es ihr, tiefer einzusteigen, ihre Liebe zum Motorrad und ihre Sehnsucht zu reisen miteinander zu verbinden.

Als ich das letzte Mal mit Karen gesprochen habe, plante sie gerade eine Motorradtour durch ganz Europa – mit ihrer Ducati Monster 821, ihrem Ehemann und einigen befreundeten Bikern. Ich fragte sie, wie sie sich fühlt, wenn sie unterwegs ist.

»Motorradfahren verleiht mir dieses großartige Gefühl der Freiheit – dann heißt es nur: ich und mein Bike. Ich tauche jedes Mal regelrecht in das Erlebnis ein: pure Aufmerksamkeit und Konzentration. Ich höre den Wind und das Geräusch des Motorrads, sauge auf, was ich unterwegs sehe, höre und rieche. Selbst kurze Ausflüge werden zu Abenteuern, da ich jedes Mal vor einer neuen Herausforderung stehe. Manchmal drängt sich mir dabei das Bild von einem Vogel im Flug auf. Es kann so anmutig sein, fast wie beim Tanzen. Ich befinde mich vollkommen in der Gegenwart, achte auf alles um mich herum. Es ist wie eine Meditation.«

In meinen Augen ist Karen ein Rockstar. Ich bewundere, wie sie sich ihren Weg durch die schwierige Anfangszeit des Ruhestands gebahnt hat, und sie hält für alle, die sich in einer ähnlichen Situation befinden, folgenden Rat bereit:

>Nehmt euch Zeit und denkt darüber nach, wer ihr wirklich seid und wie ihr eure neu gewonnene Freiheit nutzen wollt, damit ihr das Beste aus eurem Leben machen könnt. Vielleicht braucht ihr Vorbereitung und einen Plan. Vielleicht wollt ihr euch aber auch einfach entspannen und treiben lassen. Was auch immer auf euch zutrifft: Haltet an euren Träumen fest, gebt sie nicht auf, denn sie sind es, die euch Flügel verleihen. Habt Geduld, wenn es nicht gleich auf Anhieb klappt – Veränderung braucht Zeit.<

Menschen verschiedenen Alters verfügen über unterschiedliche Weisheiten, unterschiedliche Blickwinkel, ein unterschiedliches Energieniveau, und sie haben andere Geschichten zu erzählen. Seien wir großzügig mit unserer Freundschaft. Vielleicht revanchiert sich der Beschenkte mit frischer Energie, neuer Hoffnung oder einem wohltuend anderen Blick auf die Dinge. Vielleicht ernten wir friedvolle Ruhe, mütterliche Fürsorge oder einen väterlichen Erfahrungsschatz. Und vielleicht überrascht es uns, wer sich womit für unser Geschenk der Freundschaft bedankt.

Wie alt auch immer du sein magst:
Du hast etwas Wichtiges zu geben.
Denk darüber nach, was das sein könnte,
und finde eine Möglichkeit, dies mit anderen,
die auch nach Freiheit suchen, zu teilen.

Übung 22
Versuch's mal mit ... Schwarmwerken!

Netzwerken einmal anders: Suche dir eine Idee aus der Liste unten aus oder wähle eine eigene, die dich mit deinen Gleichgesinnten, deinem Schwarm, in Verbindung bringt. Ergreife mindestens eine der vorgeschlagenen Maßnahmen sofort.

1. Erinnere dich an deine Schlüssel zur Freiheit und versuche herauszufinden, wo sich Menschen, die eine Affinität zu diesen Themen haben, treffen könnten. Besuche diese Orte oder organisiere dein eigenes Treffen.

2. Schließe dich einer Interessengruppe oder einem entsprechenden Netzwerk an, entweder vor Ort oder online.

3. Informiere dich über lokale Veranstaltungen oder Festivals in deiner Umgebung und kaufe dir eine Karte.

4. Stelle dich einer körperlichen, sportlichen Herausforderung, entweder gemeinsam mit einem Bekannten oder im Rahmen einer bereits existierenden Veranstaltung, oder trete einem Sportverein, Fitnessclub o. Ä. bei.

5. Buche einen Platz bei einem Retreat – die berauschende Mischung aus Essen, Kaminfeuer und offenherzigen Menschen birgt geradezu alchemistisches Potenzial. Ob Kreativitäts-, Yoga-, Achtsamkeits-, Spiritualitäts- oder Business-Retreat: Wähle aus, was dich anspricht, auch wenn du noch nicht viel darüber weißt.

6. Melde dich für einen Workshop an oder buche einen Online-Kurs.

7. Begib dich auf ein Abenteuer.

8. Berichte in den sozialen Netzwerken darüber, was dich beschäftigt, was dich interessiert, was dich inspiriert. Sei kreativ und wähle das Medium, das dir am meisten zusagt.

9. Lies und kommentiere Blogs und/oder verfasse selbst einen.

10. Chatte in Online-Foren mit Menschen, die ähnliche Interessen haben wie du.

11. Verabrede dich mit jemandem auf einen Kaffee, in der Absicht, dich mit diesem Menschen über eure Träume auszutauschen.

12. Tritt meinem Geheimbund bei, der *Society of Freedom Seekers*, um Gleichgesinnte kennenzulernen und dir Unterstützung für deine Reise zu holen.

Halte die Erfahrungen, die du nun gesammelt hast, in einem Tage- oder Notizbuch fest. Diese Übung empfiehlt sich immer dann, wenn du dich einsam oder antriebslos fühlst.

Kapitel 14

Am Himmel navigieren: Das Universum als Orientierungshilfe

Die Frage, wie genau Vögel am Himmel navigieren, ist seit vielen Jahren Gegenstand wissenschaftlicher Debatten. Einig ist man sich darüber, dass die meisten Vögel eine Kombination dreier verschiedener Instrumente benutzen, die ihnen Aufschluss darüber geben, wo sie sich befinden und wie sie an ihr Ziel kommen: Landschaftsmerkmale, Sonne und Sterne und das Magnetfeld der Erde.

Natürliche Landschaftsmerkmale wie Berge und Flüsse sowie von Menschenhand geschaffene Landschaftsmerkmale wie hohe Gebäude geben Vögeln nützliche Anhaltspunkte – vorausgesetzt, sie sind vorher schon einmal auf dieser speziellen Route geflogen. Bei diesem ersten Navigationsinstrument geht es also ausschließlich um **Wissen und Erfahrung**.

Sonne und Sterne sind grundsätzlich verlässliche Indikatoren der aktuellen Position und eine wichtige Orientierungshilfe, insbesondere bei gutem Wetter. Bei diesem zweiten Navigationsinstrument geht es demnach ausschließlich um **Information und Führung**.

Zu guter Letzt vermutet man, dass sich Vögel beim Navigieren am Magnetfeld der Erde orientieren. Wie genau sie das schaffen, weiß man nicht, allerdings gehen die Wissenschaftler von einem speziell dafür entwickelten Sinn, der sogenannten Magnetorezeption, aus. Dieser Magnetsinn, eine Art innerer Kompass, ermöglicht es ihnen, anhand des Magnetfelds Standort, Höhe und Richtung zu bestimmen. Beim dritten Navigationsinstrument geht es also ausschließlich um die Wahrnehmung über den **sechsten Sinn**.

Dies lässt sich folgendermaßen auf uns Menschen übertragen, wenn wir herausfinden wollen, wo wir uns befinden und wie wir an unser Ziel kommen.

Zunächst müssen wir uns an **Wissen und Erfahrung** halten, daran, was wir auf unserer bisherigen Reise gelernt haben, an unseren Hintergrund, unsere Erziehung und (Aus-)Bildung, an die Bücher, die wir gelesen haben, die Gespräche, die wir geführt haben, an Äußerungen von Menschen, die uns inspirieren, an die beruflichen Aufgaben, die wir erledigt haben, die Orte, die wir besucht haben, an alles.

Anschließend müssen wir die Lücken, die sich dabei unweigerlich auftun, mit **Information und Führung** füllen. Hierbei geht es um Recherchen, darum, Fragen zu stellen, mit Menschen zu reden, die die Reise schon einmal gemacht haben, Vorbilder und Mentoren zu finden, Kurse zu besuchen, Informationen zu sammeln und sich auch darauf einzustellen, um Hilfe zu bitten.

Und schließlich das dritte und letzte Instrument, mit dessen Hilfe wir durchs Leben navigieren: unser **sechster Sinn**, die Intuition, die innere Weisheit, die Antworten, die wir bereits in uns tragen, wenn wir nur danach fragen und auf sie hören.

Wer das erste Navigationsinstrument ignoriert, riskiert, Fehler aus der Vergangenheit zu wiederholen. Wer das zweite nicht nutzt, stürzt sich blindlings ins Unbekannte. Am gefährlichsten aber ist es, das dritte Instrument nicht zu beachten, denn dieses ist die Stimme unseres freien Ichs, die nach uns ruft.

~ Wunder am Rand des Abgrunds ~

Als Darin McBratney beschloss, nicht mehr mit der unendlich kräftezehrenden, rätselhaften Krankheit leben zu wollen, die von seinem Körper Besitz ergriffen hatte, hatte er über 400.000 Dollar für Arztrechnungen ausgegeben, stand seine Firma vor dem Bankrott, seine Ehe vor dem Aus. Dabei war Darin nicht allein, denn 22 weitere Einwohner seiner Stadt wiesen ganz ähnliche Symptome auf, zwei Menschen waren bereits an der Krankheit gestorben. Ohne auch nur einen letzten Funken von Hoffnung nahm er sich vor, mit seinem Oldtimer-Porsche die kalifornische Küste hinaufzufahren und sich irgendwo von einer Klippe zu stürzen.

Doch als er sich Big Sur näherte, erinnerte er sich daran, dass ganz in der Nähe ein alter Freund von ihm wohnte, und verspürte plötzlich das Bedürfnis, ihm einen Besuch abzustatten. Und bevor er wusste, was er da eigentlich tat, war Darin von der Straße abgebogen und fand sich vor der Haustür seines Freundes wieder. Nachdem er sich Darins Leidensgeschichte angehört hatte, sagte er: »Ich kenne eine Kinesiologin, die dir vielleicht helfen könnte.«

Dieser Arztbesuch war ganz anders als alle vorhergehenden. Die Medizinfrau holte eine ganze Sammlung alter, ramponierter Koffer hervor, jeder einzelne mit Hunderten winziger Fläschchen gefüllt, die leer zu sein schienen, aber alle mit dem Namen einer Krankheit beschriftet waren.

Nachdem sie mit Darin etwas Energiearbeit durchgeführt hatte, hielt sie ihre Hände über die Koffer, bis sie zunächst von einer kleinen Gruppe von Fläschchen, dann von einem einzelnen wie magisch angezogen wurden. »Du leidest an Ciguatera«, sagte sie ihm.

Weitere Tests bestätigten die Diagnose. Darin litt tatsächlich an Ciguatera, einer Fischvergiftung, die durch die sogenannte rote Flut hervorgerufen wird, eine Algenblüte, bei der extrem hohe Mengen an Giftstoffen produziert werden. Diese Giftstoffe lagern sich in Speisefischen an und gelangen so in den menschlichen Körper. Vielleicht hatte sich Darin aber auch beim Surfen infiziert. Wie dem auch sei: Er brauchte nun dringend ein Heilmittel und war zutiefst verzweifelt, als er zu hören bekam, dass eine spezifische Therapie oder ein Antidot bislang nicht existierten.

Darin zufolge hatte die Medizinfrau bei der Diagnose buchstäblich wahre Wunder vollbracht, und so druckte er sich eine Liste mit allen möglichen bekannten Wirkstoffen aus und bat sie, die gleiche Energiearbeit nun mit den Händen über dem Papier durchzuführen, die Wörter gewissermaßen zu erspüren. Sie war skeptisch, willigte aber ein, verteilte die Blätter überall auf dem Fußboden und ließ ihre Hände über den Wörtern schweben, so wie sie über den Fläschchen geschwebt hatten. Hin und wieder rief sie Darin ein Wort zu, das dieser notierte. Einige davon waren ganz normale Gartenkräuter, andere seltene Pflanzen, von denen er noch nie gehört hatte. Darin sammelte sie alle zusammen und brachte sie der Medizinfrau, die sie für ihn zubereitete.

Und was geschah dann? Die Behandlung war erfolgreich! Darins Symptome verschwanden, und er erholte sich vollständig von der heimtückischen Vergiftung. Einfach so.

Sollte dieses Wunder wirklich so geschehen sein, wie Darin es mir erzählte, ist das nicht nur eine frohe Botschaft für alle, die ebenfalls an Ciguatera erkrankt sind, sondern es ist auch ein ausgesprochen schlagkräftiger Beweis dafür, wie wichtig es ist, uns neben dem, was wir wissen und was wir von anderen erfahren, auch von dem leiten zu lassen, was wir in unserem tiefsten Inneren spüren. Darins Geschichte ist ein wunderbares Beispiel dafür, wie wichtig es ist, auf unsere Intuition zu hören. Wäre Darin dem Impuls, seinen alten Freund zu besuchen, nicht gefolgt, hätte er auch nie die Medizinfrau kennengelernt, deren alternative Behandlungsmethoden Darin das Leben gerettet haben.

—

Die Wissenschaftler nehmen an, dass Vögel je nach Umgebung zwischen den verschiedenen Navigationsinstrumenten wechseln, und so können auch wir die drei oben genannten Methoden ganz nach Bedarf einsetzen.

Wenn du die Richtung deiner Reise bewusst wählst und die drei Navigationsinstrumente als Orientierungshilfe nutzt, stehen die Chancen außerordentlich gut, dass du genau da ankommst, wo du ankommen willst.

Mehr als bloßer Zufall

Früher glaubte ich fest an Zufälle. Wie ich etwa zum ersten Mal im Künstlerstädtchen Hebden Bridge im Norden Englands war, dort gerade die Straße hinunterschlenderte, als mein Telefon mir durch Summen mitteilte, dass ich eine E-Mail bekommen hatte. Die Mail war von einer Frau, die ihre Geschichte gern auf meinem Blog erzählen wollte. Ihr Name war Alison Bartram, Inhaberin der Heart Gallery – in Hebden Bridge. »Ist ja witzig!«, dachte ich. »Ich bin gerade in ihrer Stadt.«

Dann sah ich auf und las das Schild des Ladens, vor dem ich stand: Heart Gallery. *Die* Heart Gallery. Einfach unglaublich.

Ich ging hinein, um Alison kennenzulernen und mich vorzustellen. Sie war ebenso überrascht wie ich und lud mich zur Feier des ungewöhnlichen Anlasses zum Tee ein. Als ihre herzzerreißende, aber letztlich Mut machende Geschichte schließlich auf dem Blog erschien – Alison berichtet vom Selbstmord ihrer Schwester und wie sie danach ihren alten Job aufgegeben und sich ihren Traum, die Heart Gallery, verwirklicht hat –, fand sie bei meinen Leserinnen ungeheuren Anklang.

Ein weiteres Beispiel: Ich saß mit einer Gruppe Mitreisender an einem Lagerfeuer in der Namib im südlichen Afrika, als der Mann neben mir uns erzählte, dass hinter seiner Farm im Norden Japans seit einiger Zeit viele Gleitschirmflieger unterwegs waren. Kurz vor Antritt der Reise hatte er beobachtet, wie einer dieser Gleitschirmflieger gestartet und gleich darauf in den Abhang gekracht war. Dieser Gleitschirmflieger, so stellte sich heraus, war mein älterer Bruder gewesen, der sich bei dem Absturz glücklicherweise nur etwas den Stolz verletzt hatte. Sofort war ein Band zwischen mir und meinen Mitreisenden geknüpft, und wir unterhielten uns weiter bis tief in die Nacht.

Und dann der Morgen, an dem ich gegen fünf in San Francisco umherspaziert war, weil der Jetlag mich nicht mehr hatte schlafen lassen und mir die Idee für ein neues Online-Seminar – »Tu, was du liebst in deinem Job« – im Kopf herumging. Die Grundinhalte waren mir aufgrund meiner Erfahrung in der Geschäftswelt klar, doch da ich mein eigenes Unternehmen nur ein paar Jahre geführt hatte, brauchte ich einen Partner, um die Idee auch wirklich zum Leben zu erwecken.

Ich überlegte, wer wohl mein Traumpartner für dieses Unterfangen wäre, und hatte den Gedanken noch nicht zu Ende gedacht, als der Name Kelly Rae Roberts vor meinem geistigen Auge erschien. (Dieselbe Kelly Rae übrigens, an deren Retreat-Workshop ich ein Jahr zuvor teilgenommen hatte, siehe Seite 88.) Seitdem hatte ich allerdings nicht viel Kontakt mit ihr gehabt, während sie gerade einen Riesendurchbruch erlebte, mit unzähligen Online-Followern und Megaerfolg in der Welt des Art Licensing. Kelly Rae spielte also nicht im Entferntesten in meiner Liga. Aber fragen kostet ja nichts, dachte ich mir.

Ich ging ins Hotel zurück, um rasch meine Mails abzufragen, und da war sie: eine Mail von Kelly Rae im Posteingang. Sie schrieb ungefähr Folgendes:

»Ich weiß, das kommt etwas überraschend, aber ich werde das Gefühl nicht los, dass wir einmal gemeinsam an etwas arbeiten sollten. Vielleicht irgendetwas zum Thema kreative Unternehmensführung? Da bin ich mir noch nicht ganz sicher. Was meinst du?«

Daraus wurden letztlich das Online-Seminar *The Business Soul Sessions* und die gemeinsame mitgliedschaftsgebundene Website *Hello Soul Hello Business*, die kreativen Gründern aus aller Welt dabei helfen, Unternehmen mit Charakter aufzubauen, auf deren Umsätze sie stolz sein können.

Ich schreibe diese Zeilen in Portland, Oregon, wo ich mit Kelly Rae den Meilenstein ihres zehnjährigen Geschäftsjubiläums feiere. Die Tiefe und Dauerhaftigkeit unserer Verbindung erfüllen mich mit großer Dankbarkeit und immer noch ein wenig mit Staunen.

Hilfe aus dem Universum

Tatsächlich passiert mir so etwas die ganze Zeit. Und dir vielleicht auch. Es ist alles eine Frage der Wahrnehmung. Sicherlich kann man hier von Koinzidenzen sprechen – diese gehen allerdings weit über die landläufige Bedeutung von »zwei Dinge, die gleichzeitig geschehen« hinaus. Es handelt sich eben nicht nur um pure Zufälle, sondern vielmehr um das gleichzeitige Auftreten zweier ganz bestimmter Dinge: der von dir gewählten Richtung, in die deine Reise gehen soll, und der Führung, die dir das Universum zuteilwerden lässt. Das kann man sich etwa so vorstellen:

Sobald du deinen Käfig verlassen hast, wählst du die Richtung, in die du fliegen willst (siehe Abbildung 2 unten). Diese ist als gerade Linie dargestellt. Während du dich also generell in die »richtige« Richtung bewegst, nämlich in Richtung deiner angestrebten Freiheit, weiß das Universum gleichzeitig von einer »Guten Sache«, die dir in der Zukunft widerfahren könnte, wenn du deine Flugbahn minimal korrigierst.

✳ Gute Sache

Anfängliche Richtung, in die du fliegst

Abbildung 2: Richtung, in die du fliegst

Um dir dies mitzuteilen, sendet das Universum dir bezüglich der »Guten Sache« eine Botschaft. Es versucht, mit einer »Ko-Inzidenz« an Punkt A deine Aufmerksamkeit zu erregen: Dort kreuzt die Botschaft des Universums deinen Pfad (siehe Abbildung 3 unten). Vielleicht handelt es sich dabei um eine Kritzelei auf dem Bürgersteig, vielleicht auch um den Titel eines Artikels in einer Zeitschrift, die jemand auf deinem Tisch in einem Café hat liegen lassen.

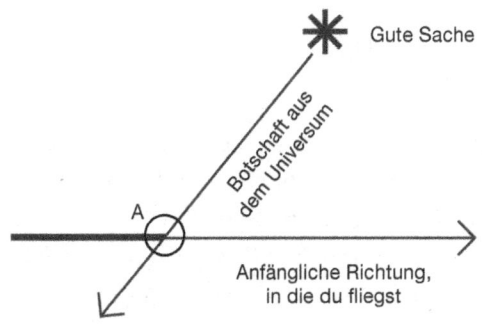

Abbildung 3: Ein Zeichen kreuzt deinen Pfad

Möglicherweise bemerkst du das Zeichen nicht und setzt deine Reise in dieselbe Richtung fort. Deshalb sendet dir das Universum eine weitere Botschaft, die deinen Pfad an Punkt B kreuzt, eine weitere Koinzidenz (siehe Abbildung 4, Seite 250). Vielleicht fällt dieses Mal ein Buch aus dem Regal, oder jemand, an den du gerade gedacht hast, ruft an. Vielleicht kommt es dir komisch vor, dass du ständig dieselben Wörter oder Namen liest, dass dir ständig dieselben Themen über den Weg laufen. Doch noch immer reagierst du nicht und behältst deine Flugrichtung bei.

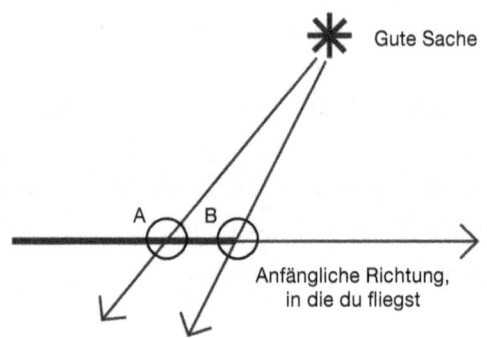

Abbildung 4: Ein weiteres Zeichen kreuzt deinen Pfad

Mittlerweile versucht das Universum *verzweifelt,* deine Aufmerksamkeit zu erregen. Du bewegst dich so schnell in die eingeschlagene Richtung, dass du gar nicht mehr mitbekommst, was um dich herum geschieht. Das Universum hat Sorge, dass du die »Gute Sache« endgültig verpassen könntest, und bombardiert dich nun mit allem, was ihm zur Verfügung steht: eine Sendung im Fernsehen, ein wiederkehrender Traum, ein Anrufer, der sich »verwählt« hat, aber nach jemand Bestimmtem fragt, ein Graffiti an einer Mauer, die Ankündigung eines neuen Workshops in deinem E-Mail-Eingang, vielleicht sogar etwas so Drastisches wie ein Kündigungsschreiben oder eine körperliche Erkrankung.

Das Universum ist darauf vorbereitet, es mit allem zu versuchen, damit du die »Gute Sache« nicht versäumst. Punkt C (siehe Abbildung 5 rechts) kennzeichnet den Moment, in dem dir der »Zufall« endlich bewusst wird, in dem du die Richtung änderst – durch die fette Linie dargestellt – und in dem du schließlich direkt auf die »Gute Sache« zusteuerst.

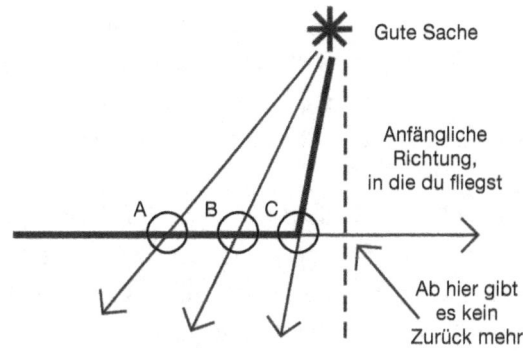

Abbildung 5: Du erreichst
den Zeitpunkt der Entscheidung

Jede dieser Koinzidenzen stellt einen Entscheidungspunkt dar. Wenn du die Zeichen erkennst, die dir gesandt wurden, um dir zu helfen, und dich dann dafür entscheidest, die Richtung zu ändern, wirst du bestimmt bald auf die »Gute Sache« treffen, die die ganze Zeit über auf dich gewartet hat.

Wie du siehst, wird der Winkel, in dem du die Richtung ändern musst, immer steiler, je länger du brauchst, um die Zeichen wahrzunehmen. Je länger du also zögerst, deinen Kurs zu korrigieren, desto dramatischer wird die Veränderung ausfallen und desto mehr wird sie dich erschüttern. Oder umgekehrt: Je früher du die Zeichen erkennst, desto sanfter und weniger beängstigend wird dir die Veränderung erscheinen.

Mit den folgenden drei Möglichkeiten kannst du deine Chancen, zur »Guten Sache« zu gelangen, verbessern:

1. Drossle das Tempo.

2. Mach die Augen auf und sieh dich um.

3. Werde ruhig und höre zu.

Natürlich kannst du ein Zeichen auch wahrnehmen, dich aber dafür entscheiden, es zu ignorieren und weiterzumachen wie bisher. Dann allerdings wirst du den Punkt, an dem es kein Zurück mehr gibt (siehe Abbildung 5, Seite 251), überschreiten und die »Gute Sache« letztlich auf jeden Fall verpassen.

In ihrem brillanten Buch *Big Magic: Nimm dein Leben in die Hand und es wird dir gelingen* legt Elizabeth Gilbert ihre geniale Theorie über Ideen dar und wie sie nach einem Menschen suchen, der sie zum Leben erweckt. Sie versuchen es mehrere Male mit einem bestimmten Individuum; ist diese Person jedoch noch nicht bereit dafür oder hört sie schlicht nicht zu, zieht die Idee schließlich weiter zu jemand anderem.

Genauso stelle ich es mir mit den »Guten Sachen« vor, die das Universum uns mitteilen möchte. Wenn wir die Zeichen andauernd ignorieren und nicht auch nur in Erwägung ziehen, von unserem eingeschlagenen Pfad abzuweichen, verpassen wir jede »Gute Sache«, auf die uns das Universum aufmerksam machen will, sei es nun eine neue berufliche Aufgabe, die Aussicht auf eine neue Liebe oder etwas ähnlich Reizvolles. War es nicht der richtige Zeitpunkt oder haben wir nicht zugehört, wird das Angebot einem anderen Menschen zugutekommen. Das heißt nicht, dass es nicht noch andere »Gute Sachen« gäbe. Die gibt es bestimmt. Doch je mehr »Gute Sachen« uns auf unserem Weg begegnen, desto schöner und erfüllender ist die Reise.

Manchmal sehe ich mein Gegenüber die Augen verdrehen, wenn ich von »Zeichen« spreche – doch du und ich, wir beide wissen, wovon wir reden. Eine meiner Freundinnen, Kari Chapin, hat mir neulich die folgende wunderbare Geschichte geschickt, und ich musste laut lachen, als ich sie las.

~~ Botschaften des Universums ~~

Als ich heute Nachmittag mit meinen Hunden Gassi ging, fiel mir ein Stück Papier auf, das auf der Straße herumflatterte. Da ich sehr ordentlich bin, hob ich es auf und wollte es wegwerfen, in der Annahme, es sei Abfall. Ich bin mittlerweile über vierzig und konstant auf der Suche nach Zeichen vom Universum, die mir bei meinen ... nun ja ... großen Entscheidungen im Leben helfen sollen. Als ich also sah, dass es sich bei dem Stück Papier um eine Auflistung handelte, musste ich sie einfach lesen.

Auf dem Zettel stand:

Glasbrennofen / Pinselschachteln / Glasscheiben / ausgeblasene Eier / Kunstvideos / Kühlschrank, Toaster, Mikrowelle, Geschirr-spüler / Ton / ein Hühnchen / Papier! / Skelett-Mobile / Glasuren / Reparaturanleitung Brennofen / Stecker / Fliesenschneider / Bücher

Meine Fantasie schlug Purzelbäume! Mal überlegen ... Die Liste ist offensichtlich für ein Atelier gedacht, vielleicht für ein Glasmalereiatelier – wo man (dank des Kühlschranks) ein Glas kühlen Rosé bekommt, während man auf das Kunstwerk (vermut-lich Glasperlen) aus dem Brennofen wartet. Die ausgeblasenen Eier haben mich etwas verwirrt, aber jeder, wie er will ... So inter-pretierte ich die Liste, die ich unbedingt für ein Zeichen des Uni-versums hielt. Bis ich sie zum zweiten Mal las und das Hühnchen entdeckte. Wozu um alles in der Welt brauchte die Person ein Hühnchen? Und warum ist ihr das Hühnchen mitten beim Zusammenstellen der Liste eingefallen? Wie passte es zu den anderen Gegenständen auf der Liste? Was ist das überhaupt für ein Zeichen? Was soll es in meinem Leben bewirken?

Ein wunderbares Beispiel dafür, wie unser Gehirn einen Ball auffängt und losrennt, um damit zu spielen. Wir haben die Wahl: Wir können das Stück Papier mit der willkürlichen Aufzählung im Wind flattern lassen oder wir können es aufheben und zulassen, dass es unsere Vorstellungskraft kitzelt und daraus alle möglichen Zeichen lesen.

Irgendwo darin versteckt verbirgt sich eine Geschichte von Eiern, Hühnern, Wiedergeburt und dem Zyklus des Lebens. Und Tatsache ist, dass Kari sich letztes Jahr für einen Töpferkurs angemeldet hat, der ganz unerwartet eine zehn Jahre andauernde Phase der Depression beendete. Wer hätte gedacht, dass ein paar schief getöpferte Schüsseln und Becher, in denen jetzt Stifte aufbewahrt werden, einen solch positiven Einfluss ausüben könnten? Nach dem Kurs hatte sich die Depression wieder bemerkbar gemacht, und so fragte Kari sich, ob die Liste nicht ein Zeichen war, sich wieder in das Töpferstudio zu begeben.

Denn so ist das eben mit den Zeichen: Für den einen haben sie eine Bedeutung, für den anderen nicht. Vielleicht ist nicht alles ein Zeichen, das wir für eines halten – doch spielt das eine Rolle, wenn wir die Dinge dadurch mit anderen Augen sehen, wenn wir etwas Neues entdecken oder uns etwas einfällt, das wir längst vergessen glaubten? Zeichen sind sehr hilfreich, und beim Navigieren am großen, weiten Himmel ist mir jede Hilfe äußerst willkommen.

Im Übrigen braucht das Universum unsere Erlaubnis nicht

Als ich fünf war, fuhr meine Mum mit mir und meinem älteren Bruder nach London. Wir probierten die Flüstergalerie unter der riesigen Kuppel der St Paul's Cathedral aus und hatten im Natural History Museum eine Verabredung mit dem Skelett eines gewaltigen Diplodocus. Es war einer dieser Tage, bei denen man sich später an jede noch so kleine Einzelheit erinnert, vom Schmerz im Nacken, weil man zu dem Blauwalgerippe an der

Decke des größten Raumes, in dem man je gewesen ist, hinauf-
gestarrt hat, bis zur klebrigen Süße des pinkfarbenen Wham-Rie-
gels, den man in einem Happs auf einer Parkbank verschlungen
und dabei über die auf der Zunge bitzelnden Brausestückchen
gestaunt hat.

Der letzte Leckerbissen des Tages war ein Besuch im Science
Museum mit seinem Discovery Centre. Dort durfte man alles an-
fassen und ausprobieren, und das meiste erfüllte meinen jungen,
aufnahmefähigen Geist mit Ehrfurcht. Doch eines fesselte mich
mehr als alles andere: die Plasmalampe. Die Glaskugel war so
groß, dass ich wahrscheinlich hineingepasst hätte. Von ihrem
leuchtenden Zentrum aus zuckten violette Lichtblitze in anscheinend jede beliebige Richtung und wechselten jedes Mal die Farbe,
wenn sie am Innenrand der Kugel abprallten, wie Pfeile, die zu
entkommen versuchten. Der Gegenstand schien aus einer anderen Welt zu kommen und befeuerte meine Fantasie wie nichts,
was ich bisher gesehen hatte.

»Leg mal deine Hand auf das Glas und pass auf, was passiert«,
sagte Mum.

Ich war mir zwar nicht sicher, ob das wirklich eine gute Idee
war – vielleicht ließ ich damit ein Alien frei oder setzte mich
selbst unter Strom –, hob jedoch zögernd die Hand und berührte
die Kugel. Sofort schossen die leuchtenden Lichttentakel in meine
Richtung, um meine kleine Hand mit dem Zentrum der Kugel
zu verbinden. Ich presste meine Handfläche fester auf das Glas.
Nun schien das Licht nicht mehr dem Inneren der Kugel zu
entspringen, sondern direkt aus mir zu kommen. Ich war wie
gelähmt vor Angst und Faszination, und das Bild hat sich für
immer in mein Gedächtnis eingebrannt.

Drei Jahrzehnte später bemerkte ich kurz nach meiner kreativen Erweckung in jenem künstlerischen Retreat plötzlich eine
riesige Anzahl von Koinzidenzen in meinem Leben. Ich schien

meine Entscheidungen nicht nur aufgrund von rationaler Analyse zu treffen, sondern immer öfter auch aufgrund des lebhaften, aber dennoch vagen Gefühls von Intuition und Führung. Als logische Denkerin, die in mathematischen Disziplinen geschult war, versuchte ich, die Vorstellung eines »wohlwollenden Universums« wissenschaftlich zu begreifen. Die Beweise konnte ich mit eigenen Augen sehen, die Methodik allerdings blieb mir verborgen. Tatsächlich habe ich eine wissenschaftliche Erklärung auch nie gefunden, wenngleich mir die Wissenschaft beim Verstehen geholfen hat, als das Bild der Plasmalampe mit einer neuen Bedeutung vor meinem geistigen Auge wieder auftauchte.

Heute stelle ich es mir in etwa so vor: Die Plasmakugel ist wie die Erde. Sie pulsiert vor universeller Energie und streckt ihre Finger beständig in alle Richtungen aus, um dort Unterstützung zu gewähren, wo sie gebraucht wird. Dabei wartet sie nicht auf unsere Erlaubnis, sie tut es einfach, die ganze Zeit. Und wenn wir ganz still stehen, erdverbunden sind und Führung suchen, ist das wie die fünf Jahre alte Version meiner selbst, die ihre kleine Hand auf die Oberfläche der Glaskugel legt: Die knisternden Energieblitze werden in ihre Richtung gezogen.

Wenn du die Oberfläche nur leicht berührst – wenn du dich ablenken lässt oder nicht richtig zuhörst –, ist auch die Wirkung nur minimal. Doch wenn du alles gibst, wenn du innehältst, dich wirklich mit der Erde verbindest und an die Möglichkeit der Führung glaubst, wenn du also gewissermaßen die ganze Hand fest auf die Oberfläche der Plasmakugel presst, können die Auswirkungen erstaunlich sein. Klarheit, Energie und das Gefühl immenser persönlicher Kraft können dich dann wie ein Blitz treffen, als brandete die Energie von innen gegen die Hülle deines Körpers.

Vergiss dabei aber nicht, dass du selbst deinen Teil dazu beitragen musst. Die »Ko-Inzidenz-Theorie« funktioniert nur, wenn du in Bewegung bleibst. Die Zeichen werden dir nicht in den Schoß fallen, wenn du auf dem Sofa sitzt und auf sie wartest. Du musst dich aktiv auf die Suche nach ihnen begeben.

> *Magie findet nur dann statt,*
> *wenn wir einerseits aufmerksam sind*
> *und andererseits aktiv werden.*

Das meine ich damit, wenn ich davon spreche, das Universum um Hilfe zu bitten, um Führung, Botschaften, Zeichen und Unterstützung. Vögel im Flug schwimmen buchstäblich mit dem Strom, da sie sich von Luftströmungen tragen lassen. Auch du kannst die Thermik nutzen, die dich mühelos trägt, indem du mit dem Universum zusammenarbeitest, auf Zeichen achtest und deinen Navigationsinstrumenten – Wissen und Erfahrung, Information und Führung sowie deinem sechsten Sinn – folgst.

Das Licht anmachen

Vor Kurzem zog ich in meine Heimatstadt zurück, um meine Familie um mich zu haben, solange die Kinder noch klein sind. Ich war deshalb etwas angespannt, weil sich die Rückkehr wie ein Schritt zurück anfühlte. Doch als ich nach Zeichen Ausschau hielt, die mir signalisieren sollten, dass ich das Richtige tat, fand ich sie auch, und so fiel mir der ganze Umzug wesentlich leichter.

Etwa eine Woche bevor wir Brighton verließen, ging ich zu einer Tarot-Lesung im Two Feathers im Viertel North Laine bei einem Mann namens Lee. Er hatte durchdringend blaue Augen, und die Tarotkarten waren so abgenutzt, dass man die Bilder auf ihnen kaum mehr erkennen konnte. Ich brauchte ein Zeichen, irgendeines, dass ich das Richtige tat.

Vom ersten Augenblick an spürte ich eine Einfühlsamkeit bei Lee, die mir einen Schauer über den Rücken jagte. Ich hatte noch nicht einmal Platz genommen, da fragte er mich: »Ich spüre eine Veränderung. Sind Sie gerade dabei umzuziehen?«

Vielleicht nur ein Glückstreffer, dachte ich – bis er anfing, unser neues Haus in allen verblüffenden Einzelheiten zu beschreiben. Er sagte, es sei für unsere Familie im Augenblick der absolut perfekte Ort; das Haus habe eine ausgesprochen schützende Aura, was bedeutete, dass wir dort sehr glücklich werden würden. Anschließend überraschte er mich noch mit Details aus privaten Unterhaltungen, von denen er auf keinen Fall wissen konnte.

Und dann kam die Sache mit dem Frosch.

In den Wochen vor der Lesung hatte Sienna das Wort »Frosch« wieder und wieder gesagt. Sie kam zu mir, starrte mich an und krähte »Frosch«, immer wieder, völlig ohne Kontext zu dem, worüber wir gerade sprachen oder was wir gerade taten. Da sie gerade erst anfing zu sprechen, dachte ich, dass sie vielleicht nur mit dem Wort spielte, ausprobierte, wie es sich auf der Zunge anfühlte. Doch komisch war es schon, dass sie es so oft sagte, öfter als jedes andere Wort und ausschließlich zu mir.

Gegen Ende der Lesung sagte Lee: »Ach übrigens: Als Sie hier saßen, schwebte die ganze Zeit ein Frosch über Ihrem Kopf.« Wie bitte? Er erklärte mir, der Frosch stünde für Wandel und Wachstum, für Wiedergeburt, Chancen und Glück. Na, das nenne ich doch mal ein Zeichen! Ich fragte mich, ob Sienna es auch gesehen und mir hatte mitteilen wollen, dass alles gut werden würde.

Zufälligerweise – oder auch nicht – ist das japanische Wort für Frosch *kaeru*, das auch so viel wie »nach Hause zurückkehren« bedeutet. Und, ach ja: Als wir dann in meine Heimatstadt zurückgezogen waren, hörten Siennas »Frosch-Ausbrüche« spontan auf.

Die Zeichen sind da, wir müssen nur
das Licht anmachen, um sie zu sehen.
Wir müssen ganz genau hinhören
und dann vertrauen.

Übung 23
Genau hinhören

Schenke dem, was um dich herum vorgeht, auch wirklich Aufmerksamkeit. Geh spazieren – ohne Kopfhörer, ohne Handy. Sieh auf, sieh dich um. Suche nach irgendetwas, das sich wie ein Zeichen anfühlt und das in einem Zusammenhang mit der Richtung steht, die du einzuschlagen versuchst.

Fotografiere. Mach dir Notizen. Halte Gedanken und Beobachtungen in deinem Notizbuch fest, sammle Zitate, Aufkleber, Etiketten, Eintrittskarten, Fahrkarten, Postkarten, Flyer, alles, was dir vielleicht etwas sagen will. Am Anfang weißt du möglicherweise noch nicht, wonach du suchst oder was dir die Gegenstände mitteilen wollen, doch du wirst dich von manchen mehr angezogen fühlen als von anderen. Botschaften werden dir dann ins Auge springen, wenn du sie am wenigsten erwartest.

Dokumentiere die Zeichen in deinem Tagebuch. Halte fest, was du findest. Rede darüber. Und achte darauf, was geschieht.

Höre auf deinen Körper

Dein Körper ist ein mächtiger Kommunikator deiner Intuition. Manchmal spricht er voller Wonne, manchmal voller Schmerz. Manchmal ist es nur ein dumpfes Unwohlsein, das dir zeigt, dass irgendetwas nicht stimmt.

Wenn du versuchst, eine neue Richtung einzuschlagen, höre auf deinen Körper, denn er hält vielleicht genau die Hinweise bereit, die du brauchst, um deinen Weg zu finden.

⌣ Das Gefühl, geerdet zu sein ⌣

AnneLiese Nachman zählte die Tage bis zum Ende ihres Arbeitsprojekts in Seattle und sehnte sich so sehr nach der freien Natur, dass sie gleich im Anschluss an ihren Vertrag einen Flug nach Arizona buchte. Sie wollte ein paar Wochen lang frische Luft schnappen, bevor sie sich in das nächste Projekt stürzte. Es sollte ihr erster Kletterausflug im Freien statt in der Kletterhalle werden, und sie genoss jeden einzelnen Augenblick.

Als sie nach Seattle zurückgekehrt war, bewarb sich AnneLiese wieder für verschiedene Jobs, bemerkte aber bald, wie deprimiert sie war. Sie kletterte wieder in der Halle, um etwas Stress abzubauen; das funktionierte auch, solange sie zu Hause war, auf der Arbeit jedoch quälte sie sich weiter. Je länger sie ein »normales« Leben in der Stadt führte, desto mehr tat ihr ihr Körper weh.

Schließlich machte sich ein schmerzhafter Knoten in ihrem unterem Rücken bemerkbar, und so besuchte sie einen Yogakurs, der ihr Linderung verschaffen sollte. Zufälligerweise – oder auch nicht – war das Thema des Kurses »Geerdet sein«, genau das, was AnneLiese zu dieser Zeit in ihrem Leben am meisten brauchte.

Die Yogalehrerin schlug den Teilnehmerinnen vor, Dinge in ihren Wochenalltag einzubauen, bei denen sie sich geerdet fühlten. AnneLiese musste lächeln, wenn sie daran dachte, einmal in der Woche im Freien zu klettern, und spürte augenblicklich, wie die Anspannung in ihrem unteren Rücken nachließ. In der indischen Philosophie und Heilkunde gilt der untere Rücken als Sitz des Wurzelchakras und dort entspringt auch das Gefühl des Geerdetseins, das AnneLiese so dringend benötigte.

Heute arbeitet AnneLiese als Filmemacherin und hat sich auf Kurzfilme über das Klettern und andere Abenteuer spezialisiert. Seit sie begonnen hat, auf ihren Körper zu hören, hat sie ihren Weg zu einem neuen Leben gefunden – über die atemberaubende Landschaft des Yosemite-Nationalparks, des Red Rock Canyon und der sagenhaften Umgebung von Moab, Utah. Sie war nie glücklicher und hat sich nie freier gefühlt.

Übung 24
Entscheidungen
mithilfe des Universums treffen

Wenn du das Gefühl hast, die Richtung, in die du fliegst, ändern zu müssen, solltest du Kontakt zu deiner Intuition aufnehmen, die dir eine wertvolle Entscheidungshilfe sein kann. Das fällt dir schwer, oder du weißt nicht, wie du das machen sollst?

Probiere es einmal mit Folgendem:

1. Sieh dir deine Wahlmöglichkeiten an. Nehmen wir der Einfachheit halber an, es handle sich um JA und NEIN. Nimm die erste Möglichkeit wie ein Kleid vom Kleiderbügel und probiere sie an. Stell dir vor, du hast JA gewählt.

Richte deine Aufmerksamkeit nun darauf, wie du dich in deiner Haut fühlst. Wie sieht es mit deiner Energie aus? Wie ist deine Atmung? Fühlt sich etwas besonders schwer oder besonders leicht an? Hast du schweißige Hände? Freust du dich oder hast du Angst? Falls Letzteres: Ist sie eher mit Aufregung oder mit dem Gefühl von »Oh Gott, was habe ich nur getan?« vergleichbar? Verspürst du Anspannung oder Weite? Rast dein Herz, oder verspürst du Herzflattern? Halte in deinem Tagebuch fest, wie du dich fühlst.

2. Probiere nun die zweite Möglichkeit wie ein Kleid an. Stell dir vor, du hast NEIN gewählt. Geh die Checkliste oben noch einmal durch. Was versucht dein Körper dir zu sagen? Halte wieder fest, wie du dich fühlst.

3. Triff nun deine Entscheidung. Welche Möglichkeit wählst du?

Kapitel 15

Turbulenzen: Wenn das Leben dir unangenehme Überraschungen beschert

Eines habe ich im Wechsel von Eingesperrtsein und Befreiung ganz sicher gelernt: Im Leben kommt es immer anders, als wir denken. Manchmal werden wir mit unerwarteten Freuden und Wohltaten regelrecht überschüttet, manchmal geschehen traurige oder unangenehme Dinge. Ich bezeichne das als Turbulenzen.

Wir können auf unserem Flug jederzeit in Turbulenzen geraten. Beschert uns das Leben unangenehme Überraschungen, kann uns dies ganz schön aus der Bahn werfen – wie ein Schlag in den Magen kann sich das anfühlen. Alles, was du für sicher gehalten hast, wird plötzlich infrage gestellt, ein Strudel scheint dich mitzureißen. Oft geht das so rasend schnell vonstatten, dass du schon mittendrin bist, bevor du weißt, wie dir geschieht. Du schaltest auf Überlebensmodus und bist dir manchmal nicht sicher, ob du es schaffen wirst. Deine Prioritäten sind auf einmal ganz klar, nichts scheint eine Zeit lang wichtiger zu sein als deine aktuelle Situation.

Jeder, der schon einmal während eines Flugs Turbulenzen zu spüren bekommen hat, weiß, wie unangenehm diese sein können. Das Rütteln, Schlingern, plötzliche Absacken und der scheinbare Kontrollverlust verursachen zwar selten richtige Verletzungen, machen aber Angst. Weiß der Pilot, dass Turbulenzen bevorstehen, warnt er die Passagiere. Die am häufigsten vorkommende Form von Turbulenzen – die sogenannte *Clean Air Turbulence* (CAT), Turbulenzen in wolkenfreier Luft – ist jedoch gleichzeitig auch die beängstigende, denn sie kann nicht vorhergesagt werden. Man kann sie weder mit bloßem Auge noch auf dem Radar sehen.

Im Leben außerhalb der Luftfahrt entspricht der *Clean Air Turbulence* die schockierende Neuigkeit, die aus heiterem Himmel über uns hereinbricht. Der Telefonanruf, bei dem dir mitgeteilt wird, ein Freund habe einen Unfall gehabt, dein Kind sei krank, der Vermieter kündige dir die Wohnung. Eine eigene Krankheit oder der Augenblick, in dem du erfährst, dass dein Mann eine Affäre oder dein Geschäftspartner dich über den Tisch gezogen hat.

Und manchmal ist es tatsächlich dein schlimmster Albtraum, der da wahr wird.

⌒ Die Welt in Scherben ⌒

»Ich fühlte mich wie eine Vase, die jemand fallen gelassen hatte und die in tausend Stücke zersprungen war«, erinnert sich Holly Deacon, meine Freundin aus der Kindheit, als sie versucht, ihre Gefühle nach dem Selbstmord ihrer jüngeren Schwester Bryony zu beschreiben. »Als hätte mich ein Zusammenstoß in Stücke gesprengt, die ich dann in Zeitlupe davonschweben sah. In den

folgenden beiden Wochen griff ich immer wieder nach einzelnen Bruchstücken, aber das war ungeheuer anstrengend, und manchmal drifteten die Scherben schlicht außerhalb meiner Reichweite an mir vorbei.«

In diesen beiden Wochen markerschütternder Turbulenzen, in denen Holly auf die Ergebnisse der Obduktion und die Bestattung wartete, funktionierte sie wie auf Autopilot. Die Einladungen für den bevorstehenden zehnten Geburtstag ihres Sohnes zu schreiben dauerte acht Stunden. Freunde scharten sich um sie, doch rückblickend hatte sie keine Ahnung, was sie zu ihr sagten. Die Nächte waren die Hölle, die Tage voller schwarzer, wirrer Gedanken. Sie kochte das Essen für ihre Kinder und setzte einen Fuß vor den anderen – mehr brachte sie nicht zustande. Nichts würde jemals mehr wie früher sein.

Kurz nach Bryonys Tod stand ein Treffen mit einigen Freunden im Norden an. Eigentlich hatte Holly absagen wollen, doch dann beschloss sie, dass es ihr vielleicht guttun würde, ein paar Tage wegzufahren. Ihre Freunde nahmen sie in ihre Mitte, hüllten sie in warme, wohltuende Liebe und halfen ihr dabei, doch noch einige der Bruchstücke ihrer selbst wieder einzufangen.

Als sie nach Einbruch der Dunkelheit nach Hause fuhr, spürte sie plötzlich eine Veränderung. Im Radio lief Mumford & Sons' »I Will Wait«, und plötzlich liefen Holly die Tränen in Strömen über das Gesicht.

»Diese Fahrt im Auto nach Hause war meine erste klare Erinnerung seit dem Tag, an dem es geschehen war«, so Holly. Während sie mir das erzählt, hält sie plötzlich erstaunt inne: Genau das gleiche Lied dringt gerade über die Lautsprecher des Cafés zu uns herüber, als wollte Bryony uns eine Botschaft senden.

Jetzt weinen wir beide.

Ich frage Holly, ob die Zeit wirklich alle Wunden heilt. »Sie hilft zumindest«, sagt sie. »Die Traurigkeit wird immer da sein, doch jetzt weiß ich, wie sie aussieht. Ich erkenne sie, ich lasse sie zu und kann trotzdem weiterleben.«

Die Bruchstücke der Vase sind wieder zusammengefügt, mit Liebe, Hoffnung und Mut. Einige der Bruchstellen sind noch immer sichtbar, und hier und dort fehlt ein Splitter, doch gerade das verleiht der Vase Charakter und Schönheit. In gewisser Hinsicht ist das Gefäß nun bruchsicherer als vorher.

Holly fand sich nach den Turbulenzen in einem Käfig aus Angst und Trauer wieder; sie benutzte den Schlüssel zur Freiheit, der unter dem Motto »Kreativität + Innovation« steht, um dem, was sie durchmachte, Ausdruck zu verleihen und dem Käfig zu entkommen. Künstlerisch tätig zu werden unterstützte ihren Heilungsprozess. Stück für Stück fügte sie die Vase wieder zusammen und eroberte sich dabei den Raum in ihrem Inneren, ihr eigenes Ich zurück.

Die Schönheit in der seelischen Versehrtheit

Wenn wir einen Menschen nach einem traumatischen Erlebnis leiden sehen, möchten wir diesem Menschen meist unbedingt helfen, doch in der Regel ist dies weder das, was derjenige in diesem Augenblick braucht, noch das, was wir demjenigen anbieten sollten. Es wird nicht alles wieder so wie vorher, weil sich etwas für immer verändert hat. Wir können ihm nur beim eigenen Rekonstruktionsprozess helfen und uns klarmachen, dass es ein heikler und vermutlich auch langer Weg werden wird.

Führen wir uns noch einmal vor Augen: Freiheit bedeutet, bereit und in der Lage zu sein, seinen eigenen Weg zu wählen und sein Leben als sein wahres Ich zu erleben. Diese Freiheit anderen ebenfalls zuzugestehen bedeutet, auch sie den Weg zum eigenen, wahren Ich gehen zu lassen.

Turbulenzen gehören zum Leben unweigerlich dazu. Durch sie wachsen wir. Manchmal lernen wir dabei etwas, das uns näher an unser wahres Ich heranführt. Manchmal müssen wir auch nur eine Möglichkeit finden, mit dem Schmerz umzugehen.

In Japan kennt man das traditionelle Handwerk des *kintsugi*, die Kunst, zerbrochene Vasen und andere Gefäße mit Goldstaublack wieder zusammenzufügen. Sie erkennt das Zerbrechen als Teil der reichen Geschichte des Gegenstands an. Ganz ähnlich ist es auch mit uns Menschen: Wir müssen die Risse und Bruchstellen nicht verbergen. Sie sind Teil dessen, was einmal aus uns werden wird.

Es ist sicherlich nicht leicht, die Dinge auf diese Weise zu betrachten, wenn man im Chaos unterzugehen droht. Doch eines steht fest: Auch die schlimmsten Turbulenzen gehen einmal vorüber, und danach kehrt wieder Ruhe ein.

Was tun bei Turbulenzen?

Meist meinen wir mit Turbulenzen etwas Negatives, doch auch positive Dinge können uns ganz schön aus der Bahn werfen. Die unerwartete Beförderung, die einen Umzug nach sich zieht; der plötzliche Erfolg eines kreativen Unterfangens, der dazu führt, dass man vor sehr vielen Menschen öffentlich sprechen muss; eine ungeplante Schwangerschaft. Was auch immer dich überraschen mag: Es kommt für gewöhnlich aus dem Nichts und bringt dich ordentlich durcheinander.

Sicher ist nur eines: Wir können jederzeit in Turbulenzen geraten. Du kannst sie nicht verhindern, aber du kannst dich vorbereiten.

Aus meinen eigenen Erfahrungen und den Geschichten Hunderter von Menschen in meiner Community habe ich drei Möglichkeiten abgeleitet, wie mit Turbulenzen umzugehen ist. Sie haben mir in der Vergangenheit schon sehr geholfen, und auch Holly hat bestätigt, dass sie nach Bryonys Tod auch so vorgegangen ist. Wenn du dich im Voraus mit den Schritten vertraut machst, kannst du die Turbulenzen unbeschadeter überstehen, wenn sie auftreten.

1. Durchatmen

2. Flügel anlegen

3. Im Schwarm zusammendrängen

Schritt 1: Durchatmen

Halte inne und atme tief durch. Konzentriere dich auf deinen Atem: ein, aus, ein, aus. Setz dich, wenn du möchtest. Atme weiter. Atme so tief ein und aus, wie es nur geht, lass Sauerstoff dein Gehirn fluten.

Mach dir dann die Tatsachen bewusst. Insofern irgend möglich, eliminiere Vermutungen und halte dich an das, was du im Augenblick sicher weißt. Dadurch kannst du notwendige Schritte unternehmen, ohne panisch zu reagieren.

Was auch immer du beim Unternehmen der Schritte fühlst – lass das Gefühl zu und atme weiter.

Schritt 2: Flügel anlegen

Genau wie Flugzeuge geraten auch Vögel in Turbulenzen, reagieren aber anders darauf. Im Rahmen einer wissenschaftlichen Studie an der Oxford University, die 2014 von der Royal Society veröffentlicht wurde, verfolgte man den Flug eines Steppenadlers, der mehr als 2500 Mal in Turbulenzen geriet, und stellte fest, dass der Vogel immer ausgesprochen klug darauf reagierte. Um vom Wind nicht allzu sehr vom Kurs abgebracht zu werden, schloss der Adler etwa 0,35 Sekunden lang die Schwingen unter seinem Körper – er ließ sich also kurz fallen und ging damit dem Schlimmsten aus dem Weg. Die Wissenschaftler bezeichneten die Strategie als *wing tuck*, als das Anlegen der Flügel. Dazu Professor Graham Taylor, der Leiter der Studie: »Die Technik ist mit der Radaufhängung beim Auto vergleichbar; die Vögel wenden sie an, um das potenziell gefährliche Durchgerütteltwerden während der Turbulenzen zu dämpfen.«

Die Technik lässt sich mühelos auch auf uns und die Turbulenzen in unserem Leben übertragen. Wenn es hart auf hart kommt, hilft es, die Flügel anzulegen, unsere Verpflichtungen zurückzuschrauben, uns zurückzuziehen und auf das Wesentliche zu besinnen, und sei es auch nur für kurze Zeit. Auf diese Weise kann der Schlag gedämpft werden.

Es ist völlig in Ordnung, diese oder jene Besprechung abzusagen, auf diese oder jene berufliche Anfrage mit Nein zu antworten. Es ist völlig in Ordnung, dieses Jahr einmal keinen Kuchen für die Spendensammlung in der Schule zu backen. Es ist völlig in Ordnung, um eine Fristverlängerung zu bitten oder sich eine Woche freizunehmen. Natürlich ist es wichtig, den Betreffenden diesen *wing tuck* zu kommunizieren, doch noch wichtiger ist es, nicht einfach weiterzumarschieren, weil man gebraucht wird.

In turbulenten Zeiten bist DU es, der dich braucht! Mache einen langen Spaziergang, versuche dich gut und gesund zu ernähren, nimm ein heißes Bad. Schreibe Tagebuch. Zünde eine Kerze an. Schlafe, wenn du kannst. Tu dir etwas Gutes, etwas, das Leib und Seele nährt. Sei freundlich und sanft zu dir.

Schritt 3: Im Schwarm zusammendrängen

Wenn du je die Unterstützung des Schwarms gebraucht hast, dann jetzt. Er kann dir nicht nur den Druck bestimmter Verpflichtungen nehmen, er hilft dir auch durch die Turbulenzen, wenn du nicht nach vorn sehen kannst. Natürlich gibt es auch Menschen, die nicht wissen, was sie sagen sollen, doch mach dir darüber im Augenblick keine Gedanken.

Wenn Freunde helfen wollen, ist es gut, ihnen praktische Aufgaben zu geben: Sie können für dich kochen, die Kinder zur Schule bringen, mit dem Hund Gassi gehen, die Wohnung putzen. Sie können als Puffer zwischen dir und dem Rest der Welt dienen oder dich einfach in die Arme nehmen und festhalten.

Sollte jemand, den du kennst, gerade in Turbulenzen geraten sein, kannst du ihm oder ihr den Rat geben, durchzuatmen, die Flügel anzulegen und sich in den Schwarm zu drängen. Mach dir ebenfalls keine Gedanken, falls du nicht weißt, was du sagen sollst oder wie du es in Ordnung bringen kannst. Es ist nicht deine Aufgabe, es in Ordnung zu bringen. Am wichtigsten ist, dass du da bist. Tu einfach, was du kannst – und liebe.

Übung 25
In den Turbulenzen gefangen

Überlege, wann du einmal in Turbulenzen gefangen warst und wie du damit umgegangen bist. Halte in deinem Tagebuch fest, was genau damals geschehen ist, wie du dich gefühlt hast und wie du damit fertiggeworden bist.

Lies dir nun noch einmal die drei Schritte oben – durchatmen, Flügel anlegen, im Schwarm zusammendrängen – durch und überlege, was dir damals hätte helfen können. Mach dir Notizen, damit du dich im Ernstfall daran erinnern kannst.

Wenn du gerade selbst in Turbulenzen steckst, atme durch, leg die Flügel an und dränge dich mit deinem Schwarm zusammen.

Selbst verursachte Turbulenzen

Turbulenzen sind die chaotische, unangenehme Seite rascher Veränderungen; sie treten meist dann auf, wenn uns das Leben Steine in den Weg legt.

Manchmal verursachen wir die Turbulenzen allerdings auch selbst: Wir wirbeln Luft auf, wenn wir selbst Veränderungen herbeiführen wollen – zu früh und zu viele auf einmal.

Dies ist vor nicht allzu langer Zeit auch uns passiert. Nachdem wir in rascher Folge einige große Veränderungen in unserem Leben vorgenommen hatten, dachten mein Mann und ich, endlich durchstarten zu können. Doch kaum hatten wir abgehoben, waren wir mittendrin in den Turbulenzen, und unser ganzes Leben geriet ins Trudeln.

Mein Mann wachte mitten in der Nacht mit Schmerzen in der Brust und Kurzatmigkeit auf. Binnen Kurzem standen drei Rettungssanitäter in unserem Schlafzimmer und untersuchten meinen Mann auf einen potenziellen Herzinfarkt. Mr K ist neununddreißig, fit und kräftig und außerdem die Liebe meines Lebens. Ich war am Boden zerstört.

Wie ferngesteuert packte ich ein paar Sachen fürs Krankenhaus zusammen, holte den Kindersitz für den Rettungswagen und suchte nach dem Ladegerät für mein Handy sowie nach etwas Kleingeld. Mein älterer Bruder Jon war gleich nach meinem Anruf zu Hause losgefahren, um auf unsere zweite, schlafende Tochter aufzupassen, doch er würde frühestens in einer halben Stunde da sein.

Also klingelte ich bei einer Nachbarin, um sie zu bitten, bei meiner Tochter zu bleiben, bis Jon kam. Hazel öffnete die Tür im Pyjama, die Haare zerzaust, mit verschlafenen Augen und einem mehr als verständlichen Blick der Bestürzung. In diesem Moment löste ich mich in Tränen auf, kaum ein Wort herausbringen konnte ich vor lauter Schluchzen. Mein wunderschöner Ehemann, der großherzigste Mensch, den ich kenne, hatte vielleicht gerade einen Herzinfarkt gehabt!

An die nächsten paar Stunden kann ich mich nur noch verschwommen erinnern: medizinische Geräte, Untersuchungen, Fragen, weitere Untersuchungen … Ich saß da mit meiner kleinen Tochter im Arm und konnte nichts anderes denken als »Was, wenn …?« und »Bitte nicht …«.

Gott sei Dank wurde nach den Herzuntersuchungen Entwarnung gegeben, und Mr K erholte sich wieder vollständig. Später erfuhren wir, dass es sich wahrscheinlich »nur« um eine Panikattacke gehandelt hatte, ausgelöst vermutlich durch die jüngsten turbulenten Veränderungen in unserem Leben – die Geburt unseres zweiten Kindes mit den unweigerlich folgenden schlaflosen Nächten; ein Kleinkind im Trotzalter; ein Umzug in eine neue Stadt, in der wir kaum jemanden kannten; eine geschäftige Zeit mit unserem Unternehmen und sehr wenig Zeit für uns.

Uns war klar gewesen, dass wir mit wirklich vielen Tellern jonglierten, hatten aber nicht das Gefühl gehabt, überfordert zu sein. Es machte uns Spaß, die neue Konstellation unserer kleinen Familie zu erkunden, das Geschäft lief gut, mehr als gut. Inmitten all dieses Tohuwabohus hatten wir nicht gemerkt, wie gestresst wir tatsächlich waren.

Für Mr K und uns alle ist die Sache gut ausgegangen, er hatte danach auch keine Panikattacken mehr. Das haben wir zweifelsohne der Tatsache zu verdanken, dass wir uns von der einen oder anderen Verpflichtung befreit und besser auf uns achtgegeben haben.

Wenn dir bewusst wird, dass du deine Flugrichtung ändern möchtest und klare Sicht nach vorn hast, ist es verführerisch, die

Dinge zu übereilen. Lass es langsam angehen, ein Schritt nach dem anderen, damit du die Turbulenzen nicht selbst verursachst. Führe nicht zu viele Veränderungen auf einmal durch. Achte stets auf dein Wohlbefinden und das deiner Familie und Freunde.

Turbulenzen oder Käfig?

In Turbulenzen zu geraten kann schwierig sein, ebenso wie in einem Käfig gefangen zu sein. In gewisser Hinsicht fühlt sich beides ähnlich an, tatsächlich aber besteht ein großer Unterschied zwischen ihnen.

Turbulenzen gehen relativ rasch vorüber. Bei Turbulenzen hat sich unser Lebenskontext ganz plötzlich geändert, Verwirrung und Orientierungslosigkeit sind die Folge dieses Seitenhiebs des Lebens. In einem Käfig gefangen zu sein zieht sich länger hin, der Alltagstrott hat uns träge gemacht. Dennoch verspüren wir das Bedürfnis, an den Gitterstäben zu rütteln. Wer in Turbulenzen geraten ist, schnappt hingegen nur noch nach Luft. Beides erschöpft uns, ist stressig und schränkt uns ein. Das eine kann zum anderen führen, und beides behindert dich im Flug. Lisas wundervolle und aufbauende Geschichte zeigt den Unterschied.

~ Allen Widrigkeiten zum Trotz ~

Als Lisa Moncrieff erfuhr, dass sie mit einem Mädchen schwanger war, war sie ganz aus dem Häuschen. Sie stellte sich vor, was sie alles gemeinsam tun würden, wohin sie gehen, was sie gemeinsam erleben würden. Doch als Rosie dann zur Welt kam, stellte sich heraus, dass sie an einer angeborenen Krankheit litt: Nemalin-Myopathie, einer seltenen Form der Muskeldystrophie. Zwei Drittel aller Babys mit Nemalin-Myopathie werden kaum älter als zwei Jahre.

Die ersten Monate nach Rosies Geburt bedeuteten eine unge-
heuer schwierige und traurige Phase der Turbulenzen für Lisa
und ihren Mann Iain. Ihr ganzes Leben war auf den Kopf gestellt.
Doch sie hielten zusammen, sagten alles ab, was nicht wichtig
war, und baten Familie und enge Freunde um Unterstützung.
Durchatmen. Flügel anlegen. Im Schwarm zusammendrängen.

Mit der Zeit richteten sie sich in dem sehr schwierigen neuen
Kontext ein. Lisa arbeitete wieder, Iain kündigte, um sich Voll-
zeit um Rosie zu kümmern. Dennoch fühlten sie sich in einem
Käfig aus Sorgen, Monotonie, Frustration und Schuldgefühlen
gefangen.

Kurz vor ihrem ersten Geburtstag bekam Rosie eine Erkältung.
Da ihr Immunsystem nichts dagegenzusetzen hatte, kam es zu
einem Atemstillstand, und Rosie – von ihrem Vater im Arm
gehalten – war für kurze Zeit klinisch tot. Wie durch ein Wunder
war das Krankenhauspersonal noch rechtzeitig an Ort und Stelle
und belebte Rosie wieder, genau in dem Augenblick, in dem Lisa
die Station betrat.

Nach Rosies Genesung gelang es Lisa und Iain irgendwie, zu
Hause ein halbwegs normales Leben zu führen, auch mit all den
Apparaten, Geräten und Medikamenten, die Rosie am Leben er-
halten sollten. Wiederum kümmerte sich Iain Vollzeit um seine
kleine Tochter, während Lisa ihre Arbeit wiederaufnahm. Einige
Zeit später stellte sie fest, dass sie sich zunehmend von Freundin-
nen distanzierte, die etwa zur gleichen Zeit ein Baby bekommen
hatten – es war einfach zu schmerzhaft für sie. Ohne dieses unter-
stützende Netzwerk wurde der Druck allerdings noch größer. All-
mählich litt auch die Beziehung zwischen Lisa und Iain.

Die Gitterstäbe des Käfigs schienen sich immer enger um sie
zu schließen, bis zu diesem ersten Weihnachtsfeiertag wenige
Monate vor Rosies zweitem Geburtstag. Eigentlich hatten die drei
Weihnachten gemeinsam mit der Familie verbringen wollen, doch

hatte sich Rosies kleiner Cousin eine Erkältung eingefangen, und so sagten Lisa und Iain die Reise in letzter Minute ab. Die beiden wachten am Weihnachtsmorgen allein mit ihrem kleinen Mädchen auf, ohne Pläne, ohne irgendwo sein zu müssen.

Lisa spürte, wie sie auf einmal tief ausatmete. Sie hatten nicht erwartet, Rosie zu diesem Zeitpunkt noch immer um sich zu haben, doch da war sie: für ihre Verhältnisse gesund und voller Persönlichkeit. Sie waren eine glückliche Familie und stolz darauf, was sie im vergangenen Jahr ausgehalten hatten.

Nach dem Ausatmen folgte ein tiefes Einatmen, voller Frieden und Ruhe. Fröhlich und entspannt verbrachten sie den Tag zusammen und schmiedeten sogar Pläne für das kommende Jahr. Plötzlich hatte sich irgendetwas verändert.

Unbewusst hatten Lisa und Iain an diesem Weihnachtstag die beiden Schlüssel zur Freiheit »Verspieltheit + Neugier« sowie »Beziehungen + Kommunikation« aktiviert, um dem Käfig zu entfliehen, in dem sie beide gefangen waren. Seitdem achten sie sorgsam darauf, auch wirklich miteinander zu reden, versuchen herauszufinden, wie sich der andere fühlt, und unterstützen einander auf völlig neue Weise. Sie planen mehr Ausflüge mit Rosie und feierten vor Kurzem den gewaltigen Meilenstein von Rosies zweitem Geburtstag.

Während sich die äußere Situation der beiden nicht geändert hat, sind die Gitterstäbe praktisch verschwunden. Statt Schuld, Frust und Einsamkeit ist es nun Dankbarkeit, die Lisa für das, was ihre tapfere Tochter ihr beigebracht hat, empfindet. Sie fühlt sich tiefer denn je mit ihrem wundervollen Ehemann verbunden, auch weil sie diese Erfahrung gemeinsam als Familie machen.

In Lisas Fall kam es zu Turbulenzen, als sie erfuhr, wie krank ihre kleine Tochter war. Die Nachricht stürzte ihr gesamtes Leben, ebenso wie das ihres Ehemannes, ins Chaos. Sie waren auf die Auswirkungen, die Rosies Krankheit auf ihr Leben haben sollte, gänzlich unvorbereitet.

Schließlich verwandelte sich der Schicksalsschlag in den neuen Kontext, in dem sich Lisas Leben nun abspielte. Von Zeit zu Zeit fühlte sie sich gefangen, doch als ihr der Kontext allmählich vertraut wurde und sie ihren Käfig wahrgenommen hatte, machte sie Gebrauch von ihren Schlüsseln zur Freiheit und ließ den Käfig hinter sich. Heute ist sie unendlich dankbar für das kostbare Geschenk, das ihre kleine Tochter so, wie sie ist, für sie darstellt.

Turbulenzen lassen sich nur dann todsicher vermeiden, wenn man gar nicht erst fliegt, doch ist in diesem Fall das Leben auch nicht lebenswert.

Wappne dich, doch flieg ohne Angst. Denk immer daran, dass Vorbereitung die halbe Miete ist und dass du als Mensch, der sich frei fühlen will, etwas geschafft hast, das dich bereits stärker und belastbarer denn je macht. Du hast alles, was du brauchst, um dem Sturm zu trotzen, welche Steine auch immer dir das Leben in den Weg legen mag. Es ist ganz einfach: Atme durch, leg die Flügel an und dräng dich im Schwarm zusammen.

Du schaffst es

Falls du gerade selbst in Turbulenzen geraten bist, möchte ich, dass du Folgendes weißt:

Du schlägst dich großartig. Es wird alles gut werden.

Vielleicht hast du das Gefühl, dass der Himmel einstürzt, dass du im freien Fall umherwirbelst und nicht weißt, wo oben und unten ist.

Vielleicht möchtest du laut schreien, vielleicht in Schweigen versinken.

Vielleicht suchst du verzweifelt nach Antworten, vielleicht kennst du noch nicht einmal die Fragen.

Das ist in Ordnung. Es wird dir gut gehen.

Atme durch, leg die Flügel an und dräng dich im Schwarm zusammen.

Kapitel 16

In der Luft bleiben:
Treibstoff für die Reise

Als ich Schuldgefühle, Sorgen und die Ansprüche, die andere an mich stellten, beiseiteschob, schuf ich Raum für Frieden, Ruhe, neue Inspiration, neue Ideen, eine ganz neue Sicht auf mein wahres Ich. Ich entdeckte meine Liebe zum Schreiben wieder, meine Liebe zur Natur, die schiere Lust am Lachen. Und als ich meine vorgefassten Meinungen bezüglich der Mutter, Ehefrau und Freundin, die ich sein müsste, verwarf, fand ich den Weg zu der Mutter, Ehefrau und Freundin, die ich immer schon war. Ich horchte in mich hinein, entdeckte mein eigenes tapferes Herz und fühlte mich wieder stark.

Nach dem Moment auf dem Boden meines Schlafzimmers begann ich damit, jeden einzelnen Bereich meines Lebens genauestens unter die Lupe zu nehmen. Dabei kam mir plötzlich der schreckliche Verdacht, dass wir Monat für Monat viel zu viel Geld ausgaben. Ich ging in mein Lieblingscafé, bestellte mir einen Cappuccino und setzte mich mit meinen Konto- und Kreditkartenauszügen an einen Tisch in der Nähe des Frühstücksbüfetts.

Ich listete genau auf, wofür wir wie viel Geld ausgaben, und war schockiert darüber, was sich da vor meinen Augen auf dem Papier zusammenbraute. Im Laufe eines Jahres hatte sich meine tägliche Caféroutine zu einer Summe angehäuft, mit der ich zwei Mal um die Welt hätte fliegen können. Unsere Miete war so hoch wie ein ganzes Durchschnittsgehalt. Ganz zu schweigen davon, was wir für Essen ausgaben – meist Fertiggerichte aus teuren Supermärkten, um Zeit zu sparen. Ich rechnete zusammen, und mir wurde übel. Die Ironie an der Sache war, dass wir fast nie ausgingen. Wir hatten kein Auto. Wir kauften nicht viele »Sachen«. Allein in diesem großen Haus zu leben, die Finanzierung des ganz normalen Alltags blutete uns aus, während wir uns kontinuierlich abstrampelten, um … wohin zu gelangen? Schluss damit!

Ich fasste auf der Stelle einen Entschluss: Ich hatte genug wertvolle Ressourcen – Zeit, Geld, Energie – verschwendet. Statt auftauchende Probleme mit Geld vertreiben zu wollen, nahmen Mr K und ich umfassende Veränderungen vor, die uns mehr Freiheit einräumten. Wir mieteten ein kleineres Haus und zogen um, was unsere monatlichen Ausgaben bereits halbierte. Wir kochten öfter selbst. Ich räumte meinen Kleiderschrank auf, um mir einen Überblick darüber zu verschaffen, was ich wirklich hatte, statt einfach immer mehr zu kaufen.

Mr K und ich führten lange Gespräche über unsere Vorstellungen von Freiheit und wie wir unsere Kinder erziehen wollten, damit sie sich ebenfalls frei fühlten. Wir sprachen über die Umgebung, in der sie aufwuchsen, über die Energie und Atmosphäre zu Hause und wie wir aus dem Haus einen Zufluchtsort machen könnten. Wir luden unser freies Ich dazu ein, sich zu uns an den Küchentisch zu setzen und an den Familientreffen teilzunehmen. »Was wäre, wenn es überhaupt keine Einschränkungen gäbe? Was würden wir dann tun? Was, wenn wir noch einmal von vorn beginnen könnten? Was würden wir dann anders machen?

Was, wenn Zufriedenheit und Glück alles wären, was zählt? Was würden wir dann als Nächstes tun?«

Wir warfen auch einen frischen Blick auf unser Unternehmen *Do What You Love*, das ich sechs Jahre zuvor gegründet und dem sich Mr K kurz nach unserer Heirat angeschlossen hatte. Theoretisch gab uns das Online-Unternehmen die völlige Freiheit zu arbeiten, wann und von wo aus wir wollten. Doch wir waren zu Sklaven der Maschinerie geworden, die wir geschaffen hatten. Wir waren mehrere Partnerschaften eingegangen und hatten eine Plattform wirkungsvoller Kurse und Seminare errichtet, die es Tausenden von Menschen auf der ganzen Welt ermöglicht hatte, ein glücklicheres, kreativeres und erfüllteres Leben zu führen. Doch um mit dem Erfolg Schritt halten zu können, hatten wir einen Spurt nach dem anderen einlegen müssen, hatten das Team vergrößern müssen, um der Nachfrage gerecht zu werden – ohne uns je die Frage zu stellen, ob wir auch in die von uns gewünschte Richtung unterwegs waren.

Das Letzte, was ich wollte, war, jemanden im Stich zu lassen. Ich wollte als fähig wahrgenommen werden, als jemand, der jederzeit die Oberhand hat. Und so sagte ich weiter »Ja«, wenn ich vielleicht manchmal besser »Nein« oder »Im Augenblick nicht« hätte sagen sollen. Ich nahm immer mehr in meine Liste auf, statt sie wegzuwerfen und meinem Herzen zu folgen. Ich tat weiter, worin ich gut war, weil man es von mir erwartete und weil ich gesagt hatte, dass ich es tun würde – statt das zu tun, was ich brauchte, mich ausruhen, und tun wollte, was vieles war und meist nichts mit meinem Schreibtisch zu tun hatte.

Als ich mich auf meine kleinen Töchter und mein eigenes Wohlbefinden hätte konzentrieren sollen, übernahm ich mich beruflich und mutete mir auch sonst zu viel zu. Der Beruf kann ein Tor zur Freiheit sein, aber nur dann, wenn du dich auf den

Arbeitsalltag freuen kannst. Wenn du dich im Alltag und in der Routine gefangen fühlst, spielt es keine Rolle, ob das große Ganze dir Freiheit verheißt oder nicht – du wirst dich nicht frei fühlen.

Als ich *Do What You Love* ins Leben rief, war ich die Wegweiserin. In den Kursen und Seminaren, die ich entwickelte und leitete, teilte ich anderen meine Gedanken und Erkenntnisse mit. Mit der Zeit führte der Erfolg dieser Kurse weitere Menschen an meine Türschwelle – starke, inspirierende Frauen mit der Gabe und der Leidenschaft zu unterrichten. Eher zufällig als aufgrund einer bewussten Entscheidung wurde ich gewissermaßen zur Produzentin und sah es als große Ehre an, ihnen die Infrastruktur für ihre Arbeit zur Verfügung stellen zu können, die es ihnen ermöglichte, ihr Wissen so weit zu verbreiten. Die Kooperation mit diesen Frauen gehört zu den kostbarsten und wertvollsten beruflichen Erfahrungen, die ich je gemacht habe, und dafür bin ich sehr dankbar. Als ich jedoch den Entschluss fasste, meinem Käfig zu entkommen, und sich der Nebel allmählich lichtete, wurde mir bewusst, dass ich auch etwas für mich ganz allein brauchte. Das bedeutete nicht, dass ich das Unternehmen, das ich geschaffen hatte, würde opfern müssen; ich müsste es nur so umgestalten, dass meine eigenen Projekte neben den bereits existierenden gedeihen konnten.

Alles in allem war es eine ganz einfache Gleichung. Je mehr Zeit ich mit Sienna und Maia verbrachte, desto enger wuchsen wir zusammen. Je mehr Zeit ich mit Mr K verbrachte, desto mehr erinnerte ich mich daran, warum ich ihn geheiratet hatte. Je mehr Zeit ich für mich allein hatte, desto mehr konnte ich mich wieder mit meinem freien Ich verbinden und desto mehr entdeckte ich, wann ich mich lebendig fühlte. Und je mehr ich das alles tat, desto präsenter war ich auch in allen anderen Bereichen meines Lebens.

Wir glauben immer, wir hätten keine Zeit, doch im Grunde haben wir jede Menge. Entscheidend ist, wie wir sie verbringen. Das heißt natürlich nicht, dass ich keine hektischen Tage hätte oder keine To-do-Liste. Auch ich falle manchmal abends ins Bett und frage mich, wo der Tag geblieben ist. Doch immer öfter habe ich mittlerweile das Gefühl, dass ich ihn so verbracht habe, dass ich mich frei fühlen konnte – mit Augenblicken, die wirklich zählen, mit den Menschen, die ich liebe, beschäftigt mit dem, was mir am Herzen liegt. Das macht nicht nur mich, sondern auch die Menschen um mich herum glücklicher.

Abgesehen davon, dass wir mit unseren Ressourcen Zeit, Geld und Energie bewusster umgingen, stellte sich auch eine lebhafte Dankbarkeit bei uns ein. Für die kostbaren Momente der Kindheit, der Elternschaft und der Ehe. Für Schokolade, Schaumbäder und Kuscheldecken. Für Abende am Kamin und Nächte im Mondschein. Für Wanderungen in der Natur und barfuß im Gras zu stehen. Für Gespräche und gemeinsames, zufriedenes Schweigen. Für verrücktes Tanzen und Lachen, bis einem alles wehtut. Für alte und neue Freunde. Für Schmusen, geteilte Geheimnisse und Gutenachtgeschichten. Dafür, dass Mr K und ich es endlich geschafft hatten, unseres Glückes Schmied zu sein. Für einander und die gemeinsame Reise.

Ebenso wie die Verbindung zwischen mir und meinem freien Ich nicht in einem einzelnen, dramatischen Augenblick abgebrochen war, brauchte auch unsere Versöhnung ihre Zeit. Ganz langsam und vorsichtig tasteten wir uns wieder aneinander heran. Wir suchten uns kleine Momente der Freude, wendeten uns unseren Erfahrungen zu und erspürten uns darin.

Und schließlich erwuchs daraus unsere Wiedervereinigung – ich fühlte mich wieder frei.

Mit langem Atem

Das ideale Leben für jemanden, der nach Freiheit sucht, ermöglicht es ihm, sich an jedem einzelnen Tag frei zu fühlen.

Meiner Erfahrung nach kann man so nur leben, wenn man zwei Dinge gleichzeitig unternimmt:

1. Aktiviere deine Schlüssel zur Freiheit, um dich in so vielen Augenblicken wie möglich frei zu fühlen.

2. Nutze deine Schlüssel zur Freiheit als Orientierungshilfe, um Entscheidungen zu treffen, die die Freiheit langfristig in dein Leben einladen.

Mittlerweile weißt du, wie du deine Schlüssel zur Freiheit aktivieren und die wundervollen Momente der Freiheit in dich aufsaugen kannst.

Nun geht es darum, dass dies auch längerfristig funktioniert. Dafür musst du dir bewusst machen, was du zu opfern oder vorübergehend zu ertragen bereit bist, um dir dieses neue Leben zu erschaffen und deine Freiheit auch auf Dauer zu gewinnen.

Werfen wir einen Blick auf das Beispiel eines Gleichgesinnten, der wie so viele davon träumte, sein eigenes Café zu eröffnen: mein Freund Spencer Bowman.

~ Freiheit ein Leben lang ~

Spencer sucht von ganzem Herzen nach Freiheit und kündigte seinen ansehnlich bezahlten Job in einer Firma, um sich der Herausforderung zu stellen, ein eigenes Café zu eröffnen. Drei Jahre später hat das Mettricks vier Filialen über die ganze britische Grafschaft Hampshire verteilt und einen ausgezeichneten Ruf für köstlichen Kaffee, tolles Essen und eine herzliche, fami-

liäre Atmosphäre. *Ganz abgesehen davon ist es mein zweites Büro.*

Doch es bei diesen Worten zu belassen würde unangemessen beschönigen, was oft ein ausgesprochen steiniger Weg war.

In den vergangenen drei Jahren ist Spencer nichts erspart geblieben, von einem unfair erhöhten Immobilienpreis über sich hinziehende Bauarbeiten vor seinem Café bis zu Sachbeschädigung, explodierenden Personalkosten und vielem mehr. Das Geschäft war noch nicht aus den Kinderschuhen heraus, als es auch schon wieder unterzugehen drohte. Spencer kaufte sich keine neue Kleidung mehr, strich den Urlaub und bezahlt sich erst seit Kurzem selbst ein Gehalt. Am Ende hielt auch die Beziehung zu seiner Freundin dem ganzen Druck nicht stand.

In vielerlei Hinsicht war Spencer einem Käfig entkommen, nur um sich gleich darauf im nächsten wiederzufinden. Die Gitterstäbe dieses neuen Käfigs bestanden aus den Gehältern, die er bezahlen musste, einem enormen Zeitaufwand und der schlichten Tatsache, dass er fortan an einen festen Standort gebunden war.

Vor nicht allzu langer Zeit saß Spencer nach dem achten Einbruch in weniger als einem Jahr allein und tränenüberströmt abends in seiner Hauptfiliale. Er wusste nicht mehr ein noch aus und suchte verzweifelt nach einem Fluchtweg. Sollte er einfach alles hinschmeißen und verkaufen?

Doch dann hob er den Kopf und sah die Familienbilder an der Wand des Cafés. Er dachte an seine Kindheit zurück, an das Haus seiner Großeltern. Sie hatten fünf Kinder gehabt, Unmengen von Enkelkindern und noch viel mehr Urenkel, weshalb ihr Haus immer voll war von Menschen, Lachen und Liebe. Er erinnerte sich daran, dass er genau deshalb das Mettricks eröffnet hatte – er hatte einen Ort schaffen wollen, an dem sich Menschen jeglichen Alters wie zu Hause fühlen konnten. Menschen brauchen solche Orte in ihrer Umgebung. Plötzlich wurde Spencer *bewusst, wie glücklich er gewesen war, als er all das zum Leben erweckt hatte, allen Widrigkeiten zum Trotz.*

Er erinnerte sich auch daran, was seinen neuen Weg so liebenswert machte: die wunderbaren Mitarbeiter; die Kontakte; die Geschichten; die Gelegenheiten, kreativ zu werden und Initiative zu zeigen; die Chance, beim Gestalten der eigenen Stadt mitzuwirken und der Gemeinde Leben einzuhauchen.

Er malte sich aus, wie es sein würde, all das aufzugeben oder doch weiterzumachen. Keine Frage: Er würde bleiben. Dennoch half es ihm zu wissen, dass er jederzeit die Wahl hat.

Die Überlegungen bestärkten ihn darin, am Ball zu bleiben, sich klarzumachen, dass die Freiheit eines langen Atems bedarf. Spencer hat Mittel und Wege gefunden, kleine Augenblicke der Freiheit in seinen Alltag einzubauen, auch wenn Schwieriges ansteht. Und er baut sein Geschäft weiter so auf, dass er darin auch langfristig Freiheit finden kann.

Tatsache ist, dass viele Menschen, die nach Freiheit suchen, auch große Träume haben, und große Träume zum Leben zu erwecken erfordert Zeit. Die Flugbahn in Richtung großer Träume ist selten ohne Hürden und nie gerade. Das habe ich am eigenen Leib erfahren. Ich könnte es mir zwar nicht vorstellen, wieder einen Job in einer Firma anzunehmen, doch das bedeutet nicht, dass der Weg, den ich gewählt habe, ein leichter wäre. Es ist wichtig zu wissen, dass man die Wahl hat, und sie auch jedes Mal zu nutzen, um sich frei zu fühlen.

Vergiss nicht: Die Schwierigkeiten sind der Kontext. Ob du dich wieder in einen Käfig sperren lässt oder nicht, hängt davon ab, wie du auf diesen Kontext reagierst.

Mit gewissen Schwierigkeiten und Opfern musst du rechnen, doch wenn die Suche nach langfristiger Freiheit tagtäglich zu schmerzhaft wird, gibt es vielleicht noch einen anderen Weg für dich. Auch der Schmerz hilft uns beim Navigieren. Er warnt uns vor bestimmten Menschen und Situationen und manövriert uns stattdessen in Richtung anderer Menschen und Situationen. Er erinnert uns an Lektionen, die wir bereits gelernt haben. Im Grunde brauchen wir den Schmerz sogar, um uns am endlosen Himmel des Lebens zurechtzufinden.

Prüfe noch einmal deine Schlüssel zur Freiheit. Vielleicht findest du eine Möglichkeit, dich heute noch ein wenig freier zu fühlen, die gleichzeitig sicherstellt, dass du dich auch in Zukunft freier fühlen wirst.

Erfolg als Käfig

Manchmal streben wir jahrelang nach etwas, bekommen es endlich und stellen dann fest, dass es uns eigentlich gar nicht glücklich macht. Das kann verwirrend und verheerend sein, kann uns für einige Zeit orientierungslos machen. Manchmal geschieht dies, weil wir uns an dem gemessen haben, wie ein anderer Erfolg definiert. Oder wir haben uns ein Ziel gesetzt und es beharrlich verfolgt, ohne hin und wieder zu prüfen, ob es immer noch das ist, was wir wirklich wollen. Manchmal aber dauert es schlicht so lange, bis sich Erfolg einstellt, dass sich unser gesamter Kontext geändert hat, wenn wir endlich am Ziel angekommen sind.

⁓ Durch die Gitterstäbe ⁓

In der Schule galt Robert John Gorham weder als der sportliche noch als der intellektuelle oder der künstlerische Typ. Nein, seine Expertise lag auf einem anderen Gebiet: Er konnte prima Partys schmeißen. Dies führte zu einer Musikkarriere und enormem Erfolg als DJ bei BBC Radio 1 unter dem Künstlernamen Rob da Bank. Auf dem Höhepunkt seiner Karriere gründete er mit seiner Frau Josie und zwei weiteren Partnern das Musikfestival Bestival, das sich zur größten Party von allen entwickeln sollte und zahlreiche Preise, darunter »Best Major Festival in the UK«, gewann.

Es zog jährlich nicht nur Zigtausende von Besuchern an, sondern brachte auch zahlreiche Spin-off-Veranstaltungen hervor. Das engagierte Team sieht Rob mittlerweile als Teil der Familie an. Doch in letzter Zeit, während er sich zwischen den Festivals im Tagesgeschäft um Zulieferer kümmern muss, Verantwortung für ein Riesenbudget hat, aber eine mehr als schmale Gewinnmarge, und Entscheidungen treffen muss, die rein gar nichts mit Musik zu tun haben, hat er immer häufiger das Gefühl, dass irgendetwas nicht stimmt. Im Alter von dreiundvierzig Jahren, auf dem Gipfel des Ruhmes und seiner Karriere, fühlt sich Rob da Bank irgendwie gefangen.

»Bestival ist in vielerlei Hinsicht unglaublich – die Leute, das Erlebnis, die Energie, das ganze Fest. Aber ehrlich gestanden wünsche ich mir oft, ich hätte einen Acht-Stunden-Job mit regelmäßigem Gehalt und einem Vorgesetzten, der die Verantwortung trägt«, verrät er mir. Ich bin erstaunt: Meinen ersten Eindrücken nach ist Rob ein durch und durch unangepasster Mensch – und dennoch scheint er es sehr ernst zu meinen.

Das Problem ist: Als Rob und seine Ko-Gründer vor über zehn Jahren das Konzept für Bestival entwickelt haben, hätten sie sich nie träumen lassen, welchen Senkrechtstart es hinlegen würde. Es ist reine Ironie des Schicksals, dass der ehrgeizige Traum, der als Weg zu Unabhängigkeit und Freiheit begonnen hat, so erfolgreich war, dass er seinen Vordenkern nun die persönliche Freiheit raubt.

Der bescheidene Mann mit dem sanften Gesicht und dem frechen Lächeln hat mir gerade seine neueste Kreation präsentiert: die größte Hüpfburg der Welt, in Auftrag gegeben für Common People, *ein Spin-off-Festival in meiner Heimatstadt Southampton. Aufgeregt erzählt er mir vom Ursprung der Idee und kann es sichtlich nicht erwarten, die Hüpfburg selbst auszuprobieren. Rob ist ein Fan von Weltrekorden.* Bestival *ist auch Weltrekordhalter für die größte Diskokugel und die meisten verkleideten Menschen an einem Ort. Es ist genau diese Art von Spaß und Vergnügen, die* Bestival *zum Publikumsliebling im britischen Veranstaltungskalender gemacht hat. Weniger Spaß macht Rob allerdings der Arbeitsalltag, und so schrillen die Alarmglocken.*

Rob liegt Bestival *ungeheuer am Herzen. Er glaubt an dieses Festival und hat eine ehrgeizige Vision für seine Zukunft. Daneben aber schreibt Rob auch Soundtracks für Filme, besitzt ein Plattenlabel und will außerdem mehr Zeit mit seiner jungen Familie verbringen. Er will auch wieder mehr Musik für sich ganz allein machen, doch das Festival dominiert und nimmt mehr als neunzig Prozent seiner Arbeitszeit in Anspruch.*

Auf lange Sicht, hat Rob zahlreiche Optionen, sei es nun, den Mitarbeitern mehr Verantwortung zu übertragen oder das Festival an jemanden zu verkaufen, der ähnlich visionär ambitioniert ist wie er selbst. Doch im Augenblick ist Rob in einem Käfig gefangen und weiß nicht, wie er da herauskommen kann. Rob da Bank starrt durch die Gitterstäbe nach draußen und sieht sein freies Ich lächelnd an den Plattentellern stehen, Kopfhörer auf den Ohren und eine ganz besondere Party für seine junge Familie und seine engsten Freunde schmeißen. Diese Party heißt Leben, und er will wieder daran teilhaben.

Falls du jemand bist, der nach Freiheit sucht und im eigenen Erfolg gefangen ist, dann bist du nicht allein. Stell dir vor, du blickst von außen auf deinen Käfig. Ist es nicht verrückt und traurig, dass du dich eingesperrt fühlst, wo du doch so hart daran gearbeitet hast, genau da zu sein, wo du jetzt bist?

Überlege einen Augenblick lang, wie weit du gekommen bist, was du erreicht hast und wie stolz du sein kannst.

Viele Menschen gehen das Leben selbst wie ein Projekt an: Sie beginnen mit einiger Aufregung Neues, treiben die Dinge voran und verlieren dann allmählich das Interesse, wenn sich die Dinge und auch wir selbst uns verändern. Wir gedeihen und wachsen in Zyklen. In der Numerologie geht man davon aus, dass diese Zyklen jeweils neun Jahre lang sind. Vielleicht hast du aber auch kürzere »Projektzyklen«.

Die einzelnen Projekte bestehen aus verschiedenen Stadien – Ideenbildung, Gestaltung, Umsetzung, Lohn und Arbeitsrückschau –, die Länge der Projektzyklen variiert von Person zu Person. Bei mir ist ein Projektzyklus etwa drei Jahre lang, bei dir dauert es vielleicht nicht so lange oder länger, bevor deine Aufmerksamkeit abschweift und du ein neues »Projekt« brauchst – eine neue Lebensphase mit etwas Neuem, in das du dich verbeißen kannst, das dich begeistert und das dich weiter wachsen lässt.

Wie lang auch immer dein persönlicher Projektzyklus ist, es ist wichtig zu wissen, an welchem Punkt in diesem Zyklus du dich gerade befindest. Dann weißt du, wie du am besten mit deiner Energie haushaltest, wann du dich nach neuen Gelegenheiten umsehen solltest und warum sich deine emotionale Reaktion auf das betreffende Projekt mit der Zeit vielleicht ändert.

Wenn du dich zwingst, ein Projekt auch über seinen natürlichen Lebenszyklus hinaus weiterzuführen, oder es nicht immer wieder an deine aktuelle Situation anpasst, findest du dich bald in einem Käfig wieder. Das heißt natürlich nicht, dass du jedes

Mal, wenn du am Ende eines Zyklus angelangt bist, kündigen, dich von deinem Partner trennen oder irgendeine andere gewaltige Veränderung in deinem Leben vornehmen musst. Es heißt aber sehr wohl, dass du einen prüfenden Blick auf dich und deine Situation werfen solltest. Vielleicht ist ein neues Projekt genau das, was du jetzt brauchst.

—

Vor Kurzem sind meine Eltern umgezogen und haben auf dem Dachboden einen Karton mit meinen alten Sammelalben entdeckt. Jeder Band vergilbter Bastelpapierseiten atmet den Reporter vom Dienst, der minutiös festhielt, wo wir überall waren und was ich an jedem einzelnen Ferientag in meiner Kindheit gegessen habe. Wann immer mir langweilig war, bat ich meine Eltern um ein Projekt, irgendetwas, das ich machen oder erforschen konnte, ein Rätsel, das es zu lösen galt – einige Dinge scheinen sich nie zu ändern.

Der letzte Käfig, in dem ich mich gefangen fühlte – das Geschäft lief gut, und ich war dankbar für meine anregenden und engagierten Geschäftspartner –, war dadurch zustande gekommen, dass ich in dem Eifer, die gemeinsamen ehrgeizigen Ziele zu erreichen, meine persönlichen Träume geopfert hatte. Die Lösung dieses Problems bestand nun nicht darin, alles, was so gut lief, aufzugeben und von vorn anzufangen, sondern schlicht darin, auch ein Projekt für mich ganz allein zu schaffen. In der Rückschau liegt das vollkommen auf der Hand, doch zu der Zeit war ich blind für diese Lösung. Heute weiß ich, dass beides geht und es darauf ankommt, welche Wahl man trifft.

Übung 26
Projektzyklen ermitteln

Denke an die wichtigsten Meilensteine in deinem Leben zurück. Gibt es hinsichtlich der Zeit, die zwischen ihnen vergangen ist, ein Muster? Falls in diesen Zeiträumen unerwartete, bisweilen auch traumatische Dinge wie eine schwere Erkrankung oder ein Todesfall geschehen sind, könnten sie das Muster durcheinanderbringen. Sieh dir die Situationen, in denen du bewusst eine Veränderung herbeigeführt hast, besonders genau an.

Halte die Schlüsselprojekte in deinem Leben in deinem Tagebuch fest. Kannst du die ungefähre Länge dieser Projekte bestimmen? Wie lange bist du beispielsweise in einer bestimmten beruflichen Situation gewesen, bei einer bestimmten Firma, in einer bestimmten Beziehung oder an einem bestimmten (Wohn-)Ort? Es gibt keine richtigen und keine falschen Antworten. Jeder Mensch ist anders.

Wenn du ein Muster entdeckt hast, an welchem Punkt des momentanen Zyklus befindest du dich jetzt? Neigt sich etwas seinem Ende zu? Steckst du mitten in einem Projekt? Beginnt gerade ein neues?

Denke nun an die Schlüsselmomente zurück, in denen du dich wie in einem Käfig gefangen gefühlt hast. In welcher Beziehung stehen sie zu den Projektzyklen? Neigst du dazu, dich an einem bestimmten Punkt im Zyklus gefangen zu fühlen? Welche Veränderung hast du das letzte Mal vorgenommen? Wie bist du dem Käfig entkommen? Was sagt dir das darüber, wo du dich im Moment befindest und was du als Nächstes tun könntest?

Reich an Ressourcen

Was genau verstehst du unter »Erfolg«? Viele denken dabei an Geld, doch das ist nur eine von mehreren wertvollen Ressourcen, die uns zur Verfügung stehen. Andere sind beispielsweise Zeit, Energie und Aufmerksamkeit. Diese Ressourcen sind nur Mittel zum Zweck, nicht der Zweck selbst.

Es ist schon auffällig, dass wir unseren Umgang mit diesen Ressourcen meist mit Wörtern aus dem Finanzsektor beschreiben: Wir investieren Zeit, wir sparen Energie, wir schenken Aufmerksamkeit. Versuche, die Ressourcen einmal als »Input«, nicht als »Output« zu betrachten, um im Wirtschaftsjargon zu bleiben. Unter Input fasst man die Mittel zusammen, die man zur Produktion von Gütern braucht; der Output ist das Produkt. In unserem Zusammenhang bedeutet dies, dass wir die Ressourcen nicht mehr als Ziel, sondern als Treibstoff für unsere Reise sehen. Dann erst erkennen wir, dass es sich bei ihnen eigentlich um Transportmittel der Freiheit handelt. Wenn sie uns nützen sollen, müssen wir sie so effektiv und effizient wie möglich nutzen.

Welche Prioritäten setzt du im Umgang mit deinen Ressourcen? Wenn es dir ernst ist, wenn du wirklich etwas verändern und einem neuen Pfad folgen willst, musst du dir darüber Gedanken machen, um sicherzugehen, dass deine Ressourcen auf deinen Flugplan abgestimmt sind.

Doch keine Angst: Die Opfer, die du bringst, und die Investitionen, die du tätigst, um zu tun, was du liebst, werden sich mehr als bezahlt machen. Jede Minute, jeder Cent, jedes Quäntchen an Energie und Aufmerksamkeit, das richtig investiert ist, wird dir ungeheure Reichtümer bescheren – und zwar die, auf die es ankommt.

Und denke immer daran: Du hast die Wahl. Wirklich. Hast du.

～ Optionen offenhalten ～

*Kate Hadley lebt abgeschieden in einem Wald, in einem wunder-
schönen Holzhäuschen, das ihr Mann Geoff aus zwei Schindel-
wagen gebaut hat. Kate und Geoff leiten eine ländliche Kunst-
handwerkschule sowie eine im Freien arbeitende Theatergruppe,
veranstalten Waldbankette, unterrichten in der Kunst der Holz-
verarbeitung und geben im Sommer Workshops auf Musikfestivals. Erst vor ein paar Monaten ist ihr zweites Kind, ein Mädchen,
zur Welt gekommen; seitdem nehmen sich beide eine Auszeit, um
so viel Zeit wie möglich mit den Kindern zu verbringen. Ihrem
Zuhause und ihrem ganzen Leben haftet eine spür-, ja beinahe
greifbare Wahrhaftigkeit an.*

*Für Kate bedeutet Erfolg Autarkie und das Glück, in der Natur
sein zu dürfen. Die Familie lebt buchstäblich von der Hand in
den Mund, hat aber keine Schulden. Das können die meisten von
Kates Freunden aus der Stadt nicht von sich behaupten: Viele von
ihnen haben enorme Rechnungen offen und Berge von Schulden.
Kate urteilt nicht darüber, ob ein Lebensstil besser ist als der andere. Aber es ist ihr tausend Mal lieber, ihre Mahlzeiten mit
Schweiß und Zeit zu bezahlen, als jeden Morgen zu einer un-
geliebten Arbeit zu fahren, um abends im Supermarkt einkaufen
zu können.*

Kates Art zu leben erscheint mir für mich im Augenblick zwar
zu radikal, doch als ich sie besuchte, war ich von der Einfachheit
und Unkompliziertheit absolut hingerissen. Im Grunde geht es
darum, so zu leben, dass man sich frei fühlen kann – und diese
Möglichkeit steht uns allen offen.

Bis vor Kurzem wohnten Mr K und ich in einer geschäftigen
Stadt am Meer. Es war wunderbar dort, aber auch sehr teuer. Der

Umzug in eine günstigere Wohngegend nahm uns den Druck, über die Erschöpfung hinaus arbeiten zu müssen, nur damit wir uns diesen doch recht extravaganten Lebensstil leisten konnten. Wenn du deine Ausgaben einmal dahingehend betrachtest, was du sonst alles dafür bekommen könntest, gewinnst du bald Klarheit. Innerhalb weniger Monate nach dem Umzug hätte unsere gesamte Familie mit der gesparten Summe einmal um die Welt fliegen können. Letzten Endes war der Entschluss zu sparen ein einfacher Schritt zur größeren persönlichen Freiheit.

Was könntest du in deinem Leben vereinfachen, damit du freier wirst für die Dinge, die wirklich wichtig sind?

Leg dir einen Flugfonds an

Am besten legst du dir so schnell wie möglich einen persönlichen Flugfonds an, einen Notgroschen für den Augenblick in der Zukunft, in dem du das Gefühl hast, die Käfigstäbe wieder am Horizont auftauchen zu sehen und du deine Schlüssel zur Freiheit aktivieren musst. Leg auf die hohe Kante, was auch immer du dir monatlich leisten kannst, und sieh zu, wie die anfangs vielleicht bescheidene Summe allmählich wächst.

Vielleicht musst du dir ein Flugticket kaufen oder deinen Job kündigen und drei Monate ohne Gehalt überleben können. Vielleicht brauchst du Künstlerbedarf, um tief in deine Kreativität eintauchen zu können, oder Geld für eine Filmcrew, um einen Werbefilm über ein Projekt zu drehen, das dir am Herzen liegt. Vielleicht brauchst du das Startkapital für ein eigenes Unternehmen. Was auch immer es ist: Wenn du dem Käfig entkommen willst, stellt der Flugfonds sicher, dass dich Geldmangel nicht daran hindern wird. Möglicherweise wird aus »Ich kann es mir nicht leisten, dies oder jenes zu tun« dann »Ich kann es mir nicht leisten, dies oder jenes nicht zu tun«.

Wenn du dir den Flugfonds im Voraus anlegst, werden im Ernstfall Geldsorgen deine Situation nicht unnötig erschweren, und du wirst stolz auf dich sein, daran gedacht zu haben. Der Flugfonds stellt eine weitere Möglichkeit dar, dir Optionen offenzuhalten.

Das Beste aus der Situation machen

Wir richten unsere Aufmerksamkeit oft auf Dinge, die uns belasten. Doch indem wir uns über sie Sorgen machen, machen wir sie nur noch schwerer. Sich auf irgendetwas zu konzentrieren, das im Widerspruch zu deinen Schlüsseln der Freiheit steht, beeinflusst deine Reise negativ. Lass das nicht zu. Richte deine Aufmerksamkeit auf etwas anderes.

Ob du das, was du im Moment die meiste Zeit über tust, nun liebst oder nicht – es ist auf jeden Fall hilfreich, deine Aufmerksamkeit auch in diesem Kontext auf deine Schlüssel zur Freiheit zu richten.

Ein Beispiel: Wenn du dich in einem langweiligen Job gefangen fühlst und einer deiner Schlüssel zur Freiheit »Kreativität + Innovation« ist (siehe Seite 87), könntest du damit anfangen, deinen Arbeitsplatz schön zu gestalten, Schilder für Firmenveranstaltungen zu entwerfen oder neue Arbeitsmethoden anzuwenden.

Ist einer deiner Schlüssel zur Freiheit »Beziehungen + Kommunikation« (siehe Seite 109), könntest du es zu deiner Mission machen, das geheime Leben deiner Kollegen herauszufinden oder deine Firma dazu zu bringen, dir einen NLP-Kurs zu bezahlen. Es gibt immer, in jeder beliebigen Situation, einen Weg, subversiv einen Schlüssel zur Freiheit zur Anwendung zu bringen. Je schwieriger das ist oder je unwahrscheinlicher es dir vorkommt, desto stolzer wirst du sein, wenn du es geschafft hast, und desto interessanter wird jeder einzelne Tag werden.

~ Genieß es! ~

Nach sechs Jahren im selben Job nahm sich Lucy Hill eine dreimonatige Auszeit, um zu reisen, zu fotografieren und ausgiebig zu schreiben. Als sie unterwegs war, wurde ihr klar, dass sie ihren Job liebte, sich aber gleichzeitig nach einem kreativeren Leben sehnte. Statt nun eine große Veränderung vorzunehmen, entdeckte Lucy, dass sie sich schon erheblich freier fühlen könnte, wenn sie nicht nur in ihrer Freizeit, sondern auch bei der Arbeit kreativer war.

Nun hört sie sich beim Spazierengehen inspirierende Podcasts an, schreibt im Zug auf dem Weg zur Arbeit Beiträge für Blogs, liest in ihrer Mittagspause Bücher und trägt sowohl Kamera als auch Tagebuch immer bei sich. Doch die vielleicht größte Verwandlung fand statt, als sie an ihrem Arbeitsplatz neue Kreativität walten ließ. Sie hat sich freiwillig für die Entwicklung von Werbekampagnen, Ausbildungskursen und Broschüren gemeldet und damit nicht nur ihrer Kreativität freien Lauf gelassen, sondern auch das Augenmerk ihrer Vorgesetzten auf sich gezogen.

An den Wochenenden bildet sie sich weiter, um ihren Horizont zu erweitern, und hat sich auf dem Dachboden ein kleines Studio eingerichtet. Lucys Ziel ist ein eigenes Unternehmen, doch im Moment bleibt sie in ihrem Job und bildet nebenbei die Rücklagen für ihren großen Traum. Eine ausgesprochen vernünftige Herangehensweise, die zwar dauert, aber gute Aussichten auf Erfolg hat. Und Lucy? Lucy genießt es!

Versuche auch im Alltag immer darauf zu achten, worauf du deine Aufmerksamkeit richtest. Konzentriere dich auf das, was du ausbauen und fördern willst. Lass dich nicht von Dingen ablenken, die nicht wirklich wichtig sind.

Aufmerksamkeit gehört zum Gefühl der Freiheit wesentlich dazu, denn sie bestimmt, wie wir unser Leben wahrnehmen.

Übung 27
Der Freiheit auf der Spur

Wenn du dir einen Überblick darüber verschaffst, wie oft du deine Schlüssel zur Freiheit aktivierst, kannst du deine Energie besser bündeln. Zeichne die Tabelle rechts in dein Tagebuch und fülle sie eine Woche lang jeden Tag aus (oder lade sie dir als Vorlage unter *www.bethkempton.com/flyfree* herunter).

Legende

Raum für Kopf + Herz	Verspieltheit + Neugier	Unerschrockenheit + Mut	Tatkraft + Initiative
Abenteuer + Lebendigkeit	Kreativität + Innovation	Beziehungen + Kommunikation	Dankbarkeit + Bewusstes Leben

Verwende für jeden Schlüssel zur Freiheit eine andere Farbe und markiere die Zeiträume, in denen du den Schlüssel – in welcher Form auch immer – aktivierst. Achte dabei aber darauf, dass du wirklich einen Schlüssel zur Freiheit, keine Tätigkeit einträgst. Sieh dir die Tabelle am Ende der Woche an: Wie viel Zeit konntest du dir für deine Schlüssel zur Freiheit nehmen? Ist es dir gelungen, Alltagstätigkeiten so zu verrichten, dass du dabei deine Schlüssel zur Freiheit aktivieren konntest?

Fahre so fort, bis ein bedeutender Teil der Woche farblich markiert ist.

	Mo	Di	Mi	Do	Fr	Sa	So
Mitternacht–1 Uhr							
1–2 Uhr							
2–3 Uhr							
3–4 Uhr							
4–5 Uhr							
5–6 Uhr							
6–7 Uhr							
7–8 Uhr							
8–9 Uhr							
9–10 Uhr							
10–11 Uhr							
11–12 Uhr							
12–13 Uhr							
13–14 Uhr							
14–15 Uhr							
15–16 Uhr							
16–17 Uhr							
17–18 Uhr							
18–19 Uhr							
19–20 Uhr							
20–21 Uhr							
21–22 Uhr							
22–23 Uhr							
23 Uhr–Mitternacht							

Hege und pflege deine Träume

Während dir allmählich klarer wird, was »sich frei zu fühlen« für dich persönlich bedeutet, nehmen auch die Träume vor deinem geistigen Auge immer klarere Gestalt an. Allerdings ähneln diese Träume in ihrer Anfangsphase noch zarten, empfindlichen Pflänzchen, die es zu hegen und zu pflegen gilt. Vielleicht keimt in dir mehr als eine Idee auf, doch um herauszufinden, welche schließlich wachsen und gedeihen wird, musst du sie alle wässern und düngen.

Es ist deine Aufgabe, deine Träume zu schützen. Und zeigen sich die ersten hellgrünen Triebe, bedürfen sie deiner Fürsorge und der Unterstützung einiger sehr gewissenhaft ausgewählter Freunde, für die »Ich will doch nur dein Bestes« mehr als nur eine Floskel ist.

∼ Ideen kultivieren ∼

Josie Adams und Tom Steggall lernten sich bei der Arbeit in einem Wintersportort auf der japanischen Insel Hokkaido kennen. Als die Skisaison zu Ende ging, wollten beide noch nicht in ihre jeweilige Heimat zurückkehren – in Josies Fall England, in Toms Fall Neuseeland –, und so nahmen sie ihre Kochkenntnisse und ihre taufrische Romanze unter den Arm und flogen nach Ibiza, wo sie beide eine Anstellung als Küchenchef in einer privaten Luxusvilla fanden. Obwohl sie das Abenteuer liebten, war es ihnen doch ernst miteinander, und so kam die Zeit, über eine gemeinsame Zukunft zu sprechen.

Genau dann hatte Josie einen Traum: Sie und Tom könnten einen eigenen mobilen Cateringservice gründen, einen Lieferwagen umbauen und die Urlauber und Besucher alpiner Festivals in Europas Spitzenskiorten mit frisch geröstetem Kaffee versorgen.

Sie packten all ihr Hab und Gut in ihr altes Auto und fuhren von Ibiza zurück nach Großbritannien. Unterwegs machten sie in Italien einen Zwischenstopp am Gardasee und stießen dabei zufällig auf die ausrangierte Gondel einer Seilbahn – das perfekte Nest für ihren Traum!

Alles in allem kostete sie dieser Traum fast zwei Jahre, einige graue Haare und einen erheblichen finanziellen Aufwand, doch schließlich hatte »The Coffee Gondola« ihren ersten Auftritt bei der Telegraph's Ski and Snowboarding Show *in London, bevor sie ihre erste Saison auf Snowboarding-Festivals in den Alpen und Sommerveranstaltungen in ganz Großbritannien erlebte. Tagsüber ist die Gondel ein Coffeeshop auf Rädern, nachts ein Treffpunkt für DJs und Liebhaber von Espresso-Martinis.*

»Ganz persönlich wurde mir klar, dass etwas zu Ende zu bringen und zu seinem eigenen Wort zu stehen ein Prinzip ist, an das ich von ganzem Herzen glaube«, so Josie.

»Da ich großen Wert darauf lege, auch zu tun, was ich sage, war es für mich anfangs entscheidend, unseren gemeinsamen Traum zu hüten. Es war wichtig, genügend Menschen davon zu erzählen, damit wir auf Unterstützung hoffen konnten, aber wiederum nicht so vielen, dass ich mich damit selbst unter Druck setzte.«

Ob deine Träume nun klein, aber wunderschön sind wie ein wenig hauchdünnes Blattgold oder groß und aufbauschend wie Fallschirmseide – wenn du anderen zu früh davon erzählst, werden sie in sich zusammenfallen. Läuft ein Projekt erst, macht es ihm nichts aus, wenn andere es piken und piksen und unter die Lupe nehmen. Auch wenn es Wandlungen durchmacht, wird es im Großen und Ganzen doch seine Form behalten. Träume allerdings sind viel zarter und empfindlicher.

Offenbarst du deinen großen Traum zu früh und den falschen Menschen gegenüber, zerspringt er möglicherweise. Materialwissenschaftler sprechen von »frangible« oder brüchig, wenn ein Werkstoff bei Krafteinwirkung in mehrere Teile zerbricht, statt sich plastisch zu verformen. Als ich das Wort das erste Mal las, zerlegte mein Gehirn es augenblicklich in »fragil«, zerbrechlich, und »tangibel«, fühlbar – und genau das sind Träume. Sie bewohnen das Hinterland zwischen Fantasie und Realität und müssen zum Leben nicht nur erweckt, sondern regelrecht beschworen werden. Doch erfahren sie zu früh zu viel Druck, zerfallen sie zu Staub.

Schenke deinen Träumen also behutsame Aufmerksamkeit. Lass sie wissen, dass du weißt, dass sie da sind, dass du bereit bist, dich um sie zu kümmern. Dass du neugierig bist, mehr über sie zu erfahren. Bewahre sie in einer geheimen Sicherheitstasche auf und hole sie nur heraus, wenn ihnen nichts geschehen kann – in Gegenwart eines wirklichen Freundes etwa, eines Mentors oder deiner vertrauenswürdigen Online-Community.

Du hast bereits die Nase vorn

Wir alle tappen so leicht in die Falle, uns mit anderen zu vergleichen, vor allem seit sich immer mehr Menschen online selbst darstellen. Obwohl wir tief in unserem Innersten wissen, dass sie dort wahrscheinlich nur ihre Schokoladenseite präsentieren, werden wir das Gefühl nicht los, etwas zu verpassen, nicht genug zu leisten, nicht so schön zu wohnen, längst nicht da zu sein, wo wir zu diesem Zeitpunkt in unserem Leben sein sollten. Und wenn wir dann noch die Richtung ändern oder einen neuen Weg einschlagen, sind wir wieder blutige Anfänger, was noch schlimmer ist. Wir haben Angst, nicht genug zu wissen, dumm dazustehen und Fehler zu machen. Als Anfänger liegt man weit hinter allen anderen zurück, stimmt's?

Stimmt nicht. Du hältst gerade dieses Buch in den Händen. Du unternimmst etwas, um ein erfüllteres Leben zu führen. Du wächst, du schwingst dich zu neuen Ufern auf. Du hast einen aufgeschlossenen Geist und ein großes Herz, und dir sind andere Menschen nicht egal. Du willst dich der Welt von deiner besten, deiner wahren Seite zeigen. Und das bedeutet, dass du die Nase vorn hast. Weit vorn.

Nicht dass das wirklich eine Rolle spielen würde. Schließlich ist das hier kein Wettstreit. Der Himmel ist weit und grenzenlos. Dort gibt es kein »vorn« und »dahinter«, keine erste und keine letzte Reihe. Vögel fliegen in alle möglichen Richtungen, von Kontext zu Kontext, einmal um die Welt und wieder zurück. Einige sitzen im Käfig, andere sind frei. Einige fliegen im Schwarm, andere allein. Einige steigen hoch auf, andere nisten. In dieser riesigen Weite sind wir alle nur Vögel, die ihren Beschäftigungen nachgehen.

Jungvögel lernen das Fliegen nicht nur, indem sie ihren Eltern zusehen. Sie lernen es, indem sie es selbst ausprobieren. Sie schieben sich an den Rand des Nests, hüpfen darüber, schlagen wild mit den Flügeln und hoffen das Beste. Manchmal fallen sie herunter oder prallen gegen etwas und liegen dann eine Weile benommen auf dem Boden – bis sie wieder zu sich kommen, das Gefieder schütteln und es noch einmal versuchen. Sie versuchen es wieder und wieder und bauen dadurch allmählich Flugmuskulatur auf, angespornt von der Aussicht auf saftige Würmer und ihrem angeborenen Überlebensinstinkt.

Und nicht anders ist es mit uns. Es ist dein Leben. Darin geht es um Freude und die Aussicht auf deine ganz persönlichen »saftigen Würmer«. Und es geht um das langfristige Überleben deines freien Ichs. Konzentriere dich also auf deine eigene Flugroute und lass andere die ihre fliegen. Bist du bereit? Dann schlage mit den Flügeln und steige hoch auf!

Kapitel 17

Hoch aufsteigen und frei fliegen

Ich sitze auf dem Glastonbury Tor – »Tor« ist das keltische Wort für Hügel –, seit über 10.000 Jahren ein Pilgerziel. Gestern durften wir das Phänomen des sogenannten Erdbeermonds, des leuchtend roten Vollmonds zur Sommersonnenwende, erleben, ein Ereignis, das nur etwa alle siebzig Jahre stattfindet und die Luft mit Magie erfüllt hat. Vor mir schwebt über der Landschaft von Somerset ein riesiger, gold-orangefarbener Himmelskörper. Und während er seine Bahn über das Firmament zieht, beginnt eine elfenhafte Frau mit Blumen im hellblonden Haar zu singen:

»Öffne mir die Augen und lass mich sehen.

Öffne mein Herz und lass mich sein.

Öffne meinen Geist und lass mich frei.«

Die Musik dringt mir bis ins Mark, und ich weiß: Das ist der Ruf der Menschen, die nach Freiheit suchen.

Flugstunden

Auf meiner epischen Suche nach Freiheit, über Ozeane hinweg, in der Natur, in Träumen, in Hunderten von Gesprächen und unzähligen Stunden des Nachdenkens ist mir etwas elementar Wichtiges klar geworden.

Im Grunde will ich dieses Mädchen auf dem heiligen Berg in Bhutan gar nicht mehr sein. Was ich aber will, ist dies: Ich will mich wie dieses Mädchen fühlen, allerdings im Kontext des Lebens, das ich jetzt führe. Und das kann ich auch – ich kann mich so fühlen, wann immer ich will.

Welch eine Offenbarung! Nie mehr in der Vergangenheit stecken bleiben oder sich nach einer bestimmten Zukunft sehnen. Ich habe alles, was ich brauche, hier und jetzt. Es liegt an mir, eine Wahl zu treffen.

Und dasselbe gilt auch für dich. Was immer du unter persönlicher Freiheit verstehst: Du kannst sie wählen, wann immer du willst.

Versteh mich nicht falsch. Ich behaupte nicht, die Weisheit gepachtet zu haben. Ich behaupte nicht, mich in jedem einzelnen Moment meines Lebens frei wie ein Vogel zu fühlen, heiter wie ein Schwan durchs Wasser zu gleiten, mit zwei unglaublich wohlerzogenen Kindern im Schlepptau. Solltest du einmal an meiner Haustür klingeln, ist es eher wahrscheinlich, dass dir jemand öffnet, der gestresst oder genervt oder mit zu vielen Dingen gleichzeitig beschäftigt ist. Aber ich hoffe, dass ich mich mittlerweile schneller fangen kann, alles stehen und liegen lasse und stattdessen beim Picknick mit Teddybären mitmache, dem Chaos ins Gesicht lache und dankbar bin, dass ich noch immer staunen kann.

Endlich ist mir klar geworden, wie sehr ich meine Kinder, meinen Mann, mein Leben liebe. Mit dem Wissen, dass sowohl meine Schuldgefühle als auch meine Sorgen manchmal Ausdruck dieser Liebe waren, diese spezielle Reaktion auf meinen Kontext aber niemandem gutgetan hat, bin ich über mich selbst hinausgewachsen.

Ich habe entdeckt, dass es für mich keinen kostbareren Ort als in der Umarmung meiner Mädchen gibt. Das Beste daran ist allerdings nicht das Festhalten, sondern das Zurücktreten – einander in die Augen zu schauen und einander wirklich wahrzunehmen.

Und ich weiß jetzt, dass sie, wenn sie mich ansehen, mein freies Ich sehen sollen, das sich hoch in den Himmel hinaufschwingt. Ich habe erkannt, dass mein größtes Geschenk für sie darin besteht, ihnen vorzumachen, wie man herabstößt und wieder aufsteigt, und sie einzuladen, an meiner Seite zu fliegen, frei an einem Himmel voller Freude umherzuwirbeln.

Und du? Was hast du gelernt?

Übung 28
Aus der Vogelperspektive

Lies dir die Einträge in deinem Tagebuch noch einmal durch. Wie weit bist du gekommen? Nimm dir einen Augenblick Zeit und denke über die folgenden, letzten Fragen nach:

1. Inwiefern lebst du jetzt mehr, führst du jetzt ein erfüllteres Leben?

2. Inwiefern sorgst du dich nun weniger?

3. Wie tust du nun, was du liebst? Falls du dich noch in der Phase der Ideenbildung befindest: Welche Pläne hast du, um zu tun, was du liebst? Und womit könntest du jetzt sofort beginnen?

4. Denke an all die Schritte, die du unternommen hast, um dich freier zu fühlen. Wie fühlst du dich im Augenblick in deinem Körper?

5. Und wie fühlst du dich in Geist und Seele?

6. Was hast du dir für die kommenden Wochen, Monate und Jahre vorgenommen, um sicherzustellen, dass du weiterhin auf dein wahres Wesen zusteuerst, an den Ort, an dem du dich wahrhaft frei fühlst?

Das Tao des Flugs

Sieh noch einmal in den Spiegel: Wie sehr hast du dich verändert! Weißt du, warum? Weil dir daraus jetzt nicht mehr dein gefangenes Ich entgegenstarrt. Was du siehst, ist dein Spiegelbild in einem wunderschönen See tief unter dir, denn du fliegst ganz oben am Himmel.

Genau so sehe ich dich: als einen Vogel im Flug. Du bist in deiner Mitte, du bist präsent, du bist hoch aufgestiegen. Du nimmst die Kräfte zur Kenntnis, die dich vorwärtsschieben und ziehen, doch nun fliegst du nicht trotz alledem, sondern aufgrund all dessen.

Manchmal macht sich eine Kraft stärker als die anderen bemerkbar – ich sehe, wie du dich fallen lässt und wie du erneut aufsteigst. Jetzt wirst du langsamer, jetzt wirst du schneller. Manchmal schlägst du verzweifelt mit den Flügeln, um voranzukommen, und dann fühle ich besonders stark mit dir. Doch dann lächle ich wieder, denn eine warme Luftströmung hat dich erfasst und du lässt dich entspannt von ihr tragen.

Und jetzt steigst du wieder auf. Ein kostbarer, vollkommener Augenblick, in dem sich dein Körper mühelos erhebt und dein Flug einem wunderschönen Tanz gleicht.

Denn auch ich bin am Himmel, ich fliege direkt neben dir. Ich sehe dich. Du siehst mich. Ich sehe mich in dir. Ich sehe dich in mir. Wir gehören jetzt demselben Schwarm an und werden unsere Reise gemeinsam fortsetzen.

Hin und wieder gibt es einen Moment der perfekten Balance. In diesem dynamischen Gleichgewicht steigst du mühelos hoch in den Himmel auf und staunst über die unglaubliche Aussicht. Dies ist das Tao des Flugs und die wertvollste Belohnung überhaupt. Du hast sie verdient.

Je öfter du die bewusste Entscheidung triffst, in Richtung deines wahren Wesens zu navigieren, desto mehr Zeit kannst du in diesem herrlichen Flug verbringen.

Übung 29
Das Manifest der Freiheitssuchenden

Den letzten Eintrag in deinem Reisetagebuch sollte dein Manifest bilden, das Manifest eines Menschen, der nach Freiheit strebt. Es sollte eine motivierende Botschaft an dich selbst sein, die dich daran erinnert, was dir wichtig ist und warum.

Schreibe dir selbst einen Liebesbrief, der dich tröstet, wann immer du dich wieder gefangen fühlst. Verwende Wörter, die dich dazu ermutigen, hoch in die Lüfte aufzusteigen. Lies den Brief, wann immer du dich daran erinnern willst, dass du auf ewig nach Freiheit streben wirst.

Auch ich habe mein Manifest geschrieben und möchte es dir gern schenken. Du kannst es in englischer Sprache unter *www.bethkempton.com/flyfree* herunterladen.

Drucke dein Manifest aus und hänge es dort auf, wo du es jeden Tag siehst. Es soll dich daran erinnern, warum deine Suche so lebenswichtig ist und der Preis so wertvoll.

Ein Leuchtfeuer für andere

Deine Suche nach Freiheit ist deine ganz persönliche. Doch wenn du findest, was dich lebendig macht, wirst du immer mehr Menschen anziehen, die ebenfalls nach Freiheit suchen. Du wirst wie ein Leuchtturm sein, der anderen den Weg weist.

Auch wenn du nicht selbst Kinder hast, wird die Art, wie du dein Leben lebst, die nächste Generation deutlich beeinflussen. Nach dem momentanen Stand der Dinge lenken wir Menschen in ein Erziehungs- und Bildungssystem, das nicht funktioniert. Wenn sie am anderen Ende herauskommen, sind sie schlecht für die Realität gerüstet und schleppen eine erdrückende Last falscher Erwartungen mit in ihr Arbeitsleben.

Unzählige Menschen lassen sich in Jobs, die sie nicht gern tun, versklaven, opfern ihre wertvolle Zeit Dingen, die sie nicht wirklich wollen, und sie wählen ihre nächsten Schritte auf der Basis dessen, was sich ein anderer unter Erfolg vorstellt. Genug ist genug.

Wir wollen das Beste für unsere Kinder und die Kinder derer, die uns am Herzen liegen. Wir versuchen sie zu ermutigen, wissen oft jedoch nicht, wie wir den Rat, den wir ihnen geben, gestalten sollen.

Als jemand, der nach Freiheit sucht, hast du die Mittel und Möglichkeit, Dinge zu verändern. Jeder von uns kann anderen dabei helfen, frei zu fliegen – indem wir selbst frei fliegen. Wir können die nächste Generation dazu anregen, die erste wahrhaft freie Generation zu sein. Stell dir nur vor, welches Potenzial das in unserer Welt entfesseln würde!

Flieg, Vogel, flieg

Von einem Menschen, der nach Freiheit sucht, zu einem anderen möchte ich dir Folgendes mit auf den Weg geben:

*Das Aktivieren deiner Schlüssel
zur Freiheit ist eine Entscheidung,
die du tagtäglich treffen kannst.
Das Leben geschieht.
Die Dinge verändern sich.
Aber du bist jetzt vorbereitet
und hast die Wahl, jeden Tag.*

Wenn du eine Regung, ein Sehnen oder Unzufriedenheit verspürst, wenn du das Gefühl hast, dass die Gitterstäbe wieder näher rücken, dass die Farben um dich herum verblassen und die Schatten dunkler werden, dann weißt du, was zu tun ist. Sorge dafür, dass du nicht wieder in einen Käfig eingesperrt wirst. Falle nicht in deine frühere Handlungsweise zurück. Behalte dieses Buch auf deinem Schreib- oder deinem Nachttisch und blättere darin, wenn die Gitterstäbe wieder in Sicht kommen. Versuche es mit einem Schlüssel zur Freiheit, dann mit einem anderen. Öffne dich. Strecke die Hand aus. Tu irgendetwas. Tu etwas.

Denke immer daran, dass sowohl das Gute als auch das Schlechte vorübergeht. So kannst du alles, was geschieht, in dem ruhigen Wissen erleben, dass nichts von ewiger Dauer ist. Sei dankbar für alles Schöne und atme tief durch das Schmerzhafte hindurch. Mach weiter, flieg weiter, denn du fliegst der Freiheit entgegen.

Das ist *dein* Leben. Es liegt in deiner Hand, ob du mehr lebst und dich weniger sorgst oder nicht. Ob du tust, was du liebst. Ob du den eingeschlagenen Weg zur Freiheit beibehältst und dein Leben als dein wahres Ich lebst.

Es liegt in deiner Hand, mit wem du fliegst oder ob du allein fliegst. Du entscheidest, wie du deine Tage verbringst und ob du die kostbaren Momente darin wahrnimmst.

Dieses Versprechen stellt keine Bedingungen: Du kannst dich jederzeit dafür entscheiden, frei zu sein, komme, was da wolle, sei es Regen, Sonne, Graupel oder Hagel. Seien es ruhige oder stürmische Tage. Durch dick und dünn, durch Turbulenzen oder Rausch und Wiedergeburt. Du trägst deine Schlüssel zur Freiheit immer bei dir, und sie werden dir immer einen Weg aus dem Käfig weisen.

Die Suche nach Freiheit ist ein lebenslanger Prozess. Eine anhaltende Reise der Erweckung, auf der wir erkennen, was wirklich wichtig ist – in der Schönheit wie im Staub. Was wir tun können und was wir tun müssen.

Das Leben ist ungestüm und wunderbar
und schwer und traumhaft schön.
Wir Freiheitssuchenden dürfen nicht aufhören,
mit jeder Entscheidung jedes Mal
die Freiheit zu wählen, bei jedem Detail,
mit jedem Cent, jeden Tag.
Denn erst die Summe unserer Erfahrungen
macht aus unserem Leben ein schönes Leben.
Lebe es also mit allen Kräften und allen Sinnen.
Flieg, Vogel, flieg, der Freiheit entgegen.

Epilog

An einem warmen Aprilabend breite ich meine Yogamatte auf dem glänzenden Teakholzboden eines Freiluft-Yogastudios in Costa Rica aus und ahne nicht, dass mir eine der außergewöhnlichsten Erfahrungen in meinem Leben bevorsteht.

Über der Nicoya-Halbinsel geht die Sonne unter, und ich nehme gerade an einem Kundalini-Kurs teil. Die kreisrund angelegte Ranch besitzt ein riesiges, kegelförmiges Dach, gestützt von einzelnen Baumstämmen, die den Dschungel dahinter einrahmen. Wir befinden uns in einiger Höhe, vielleicht 300 Meter oder mehr über dem Meeresspiegel, und in der Ferne kann ich den Ozean sehen.

Die Abendsonne spiegelt sich in dem winzigen Traumfänger, den ich um den Hals trage, Kolibris huschen durch die Bäume. Ein rosa-perlmuttfarbener Himmel kündigt das baldige Ende des Tages an.

Die Stellung, die wir im Moment üben, ist nicht schwierig: Wir drücken die Hände über dem Kopf zusammen, Finger und Daumen sind verschränkt, nur die Zeigefinger weisen nach oben. »Streckt euch nach eurem Leben aus«, höre ich unsere Lehrerin Angie sagen, die sich der Macht ihrer Worte aber nicht bewusst ist. Während ich mich der Decke entgegenrecke, spüre ich, wie ich mich öffne.

Aus dem Augenwinkel nehme ich eine Bewegung wahr. Ein Greifvogel kreist über dem Pazifik, lässt sich fallen und steigt wieder auf. Er breitet die Schwingen noch etwas weiter aus, lässt sich von der sanften Brise tragen und gleitet über den Dschungel.

Es ist ein Tyrannenadler, und voller Staunen sehe ich dabei zu, wie er mühelos am Himmel segelt. Er kommt näher, seine Silhouette zeichnet sich gegen die untergehende Sonne ab.

Die Kursteilnehmer haben die Stellung gewechselt, nun legen wir die Hände vor dem Herzen aneinander. Angie sagt, wie schön es doch sei, dass wir hier sein und eine Yogastunde bei Sonnenuntergang an diesem atemberaubenden Ort erleben können. Und wenn wir das schaffen, alles schaffen können.

Plötzlich läuft vor meinem inneren Auge ein Film ab, Szenen aus meinem Leben schießen mir durch den Kopf: mein wunderbarer Ehemann, meine bezaubernden Kinder, die Abenteuer nah und fern, die Kämpfe, die Verluste, die Siege, die Freundschaften, die Liebe, einfach alles. Und eine ungeheure Dankbarkeit für jeden einzelnen Menschen, jedes einzelne Gefühl durchströmt mich.

Als ich aufblicke, sehe ich, dass der Adler noch näher gekommen ist. Er fliegt direkt auf uns zu.

Im allerletzten Augenblick rauscht der mächtige Vogel ganz knapp an der Yoga-Shala vorbei. Ich bin wie elektrisiert, als wäre der Geist des Adlers auf meine Seele übergesprungen.

Für den Bruchteil einer Sekunde wird mir weiß vor Augen. Mein Herz ist gesponnenes Feuer, Tränen strömen mir über die Wangen. Die Sonne lodert und taucht den Himmel in Flammen. Und plötzlich weiß ich es.

Die Freiheit ist zurückgekehrt, endlich.

Sie ist ich. Ich bin sie.

Wir sind zu Hause.

Danksagung

Wie dankst du den Menschen, die dir dabei geholfen haben, ein Buch so zu schreiben, dass es das Ergebnis all dessen darstellt, das du auf deinen bisherigen Wegen gelernt hast? Wie dankst du den Wegweisern und Führern, die dich von deiner besten und schlimmsten Seite kennen und nie aufgehört haben, dich zu lieben? Die dir gezeigt haben, was du alles aus deinem Leben machen kannst? Und wie dankst du den vielen Tausend Menschen in deiner Community, die dir mit ihrem Mut täglich Flügel verleihen? Ich weiß es nicht, aber ich will es versuchen.

Ich bin euch allen unendlich dankbar, darunter vor allem:

Denjenigen, die mich auf verrückten Ausflügen und noch verrückteren Abenteuern begleitet haben, die mir ihre kostbaren Erfahrungen und unvergesslichen Geschichten anvertraut haben, die mir den Geist geöffnet, mich zum Lachen gebracht und mir wunderschöne Erinnerungen geschenkt haben: meinen Brüdern Jon und Matt Nicholls, Alison Qualter Berna, Carol Couse, Chris Convey, Courtney Rumbolt, Dan Steel, David Phillips, Gillian Tabor, Heather Yates, Hidetoshi Nakata, Hilary Frank, Iain Ferry, James Nesbitt, Johann Koss, Kathy Heslop, Kelly Rae Roberts, Ko Fujiwara, Kristen Bromley, Kyoko und Michiyuki Adachi, Lara Schlotterbeck, Mrs Tanaka, Norifumi Fujita, Ollie Stone-Lee, Ricardo Betancourt, Ross McAuley, dem verstorbenen und schmerzlich vermissten Matt Dunn, Tricky Turner, Val Lord, Yvonne Dawson, den Yamagata JETs, der Crew von ex-WCABJ, meinen Kollegen bei UNICEF, den CCs der 40. Peaceboat-Reise, dem England-2018-Bieterteam, den Artful-Journey-Mädels und den Mädels von *I Am Courage*.

Den Freedom Seekers, die mich in ihr Leben gelassen und mir so großzügig ihre Geschichten erzählt haben.

Meiner Superstaragentin Caroline Hardman von Hardman & Swainson.

Dem Dream-Team bei Hay House, darunter Michelle Pilley, Amy Kiberd, Julie Oughton, Jo Burgess, Diane Hill, Sian Orrell, Tom Cole und Richelle Fredson, meiner wunderbaren Lektorin Sandy Draper und der Designerin Leanne Siu Anastasi. Ich kann euch gar nicht genug danken.

Denjenigen, deren Erkenntnisse, die sie so offenherzig mit mir teilten, dieses Buch mitgeformt haben: Sandra Cress, Lex Chalat, Frances Booth, Nele Duprix, Kari Chapin, Pia Jane Bijkerk, Duncan Flett, David Bull, Donna Gallyot, Esme Wang und Professor Graham Taylor, Professor der Zoologie an der University of Oxford (Jesus College).

Lord David Puttnam, Kanya King, Joy Sander und Gail Larsen, meinen großmütigen Mentoren.

Xavier Rudd, dessen Song »Follow The Sun« meine Hymne beim Verfassen dieses Buchs war. Es ist übrigens kein Zufall, dass das Album, auf dem der Song erschienen ist, *Spirit Bird* heißt.

Angie Howell für die unvergesslichste Yogastunde meines Lebens (siehe Epilog!).

Emily Bett Rickards/Felicity Smoak für eine Folge von *Arrow*, die alles verändert hat.

Den klugen jungen Menschen in meinem Leben: Will, Holly, Freya, Finley, Zack, Baby, Emmie und Aya.

Meinen wunderbaren Gastgebern während des Schreibens, die mich in ihrer Welt – Costa Rica Yoga Spa, Bahia Rica Fishing & Kayak Lodge, Limewood, Berachah und Mettricks – so herzlich aufgenommen haben.

Lilla Rogers und Rachael Taylor, meinen treuen Freundinnen und Geschäftspartnerinnen, sowie meinen großartigen Kolleginnen und Kollegen Louise Gale, Kelly Crossley, Vic Dickenson, Lisa Moncrieff, Rachel Kempton, Fiona Duffy, Joanne Hus,

Reine Sloan, Rachael Hibbert, Mark Burgess, Margo Tantau und Zoe Tucker.

Meiner unglaublichen *Do What You Love*-Community, für alles.

Meiner geliebten Mum und meinem geliebten Dad, die mir so viel beigebracht haben, und meinen tollen Schwiegereltern Joan und Bob Kempton. Danke, dass ihr euch um meine Familie gekümmert habt, als ich mich um mein Manuskript kümmern musste.

Meinen Mädchen Sienna und Maia, die mein Leben mit Sonne füllen.

Meinem Mann Paul (Mr K), meinem Partner in allen Liebes-, Lebens- und Geschäftsdingen und dem besten Vater, den sich unsere Mädchen nur wünschen können. Deine Liebe hat mir die Freiheit geschenkt.

Und schließlich dir, die du ebenfalls auf der Suche nach Freiheit bist – dafür, dass du deinen Käfig erkannt und den Mut gefasst hast, ihm zu entkommen. Wir brauchen mehr Menschen wie dich, Menschen, die frei fliegen und deren Stern hell in der Welt erstrahlt.

Deine Mitreisenden
auf der Suche nach Freiheit

Ich bin den Menschen, die ebenfalls nach Freiheit suchen und die mir erlaubt haben, ihre bewegenden Geschichten in diesem Buch zu erzählen, auf ewig zu Dank verpflichtet.

Alastair Humphreys
Alastair ist Abenteurer, Autor und Blogger. Für seine Microadventures – kleine Alltagsabenteuer, die sich perfekt für viel beschäftigte Menschen eignen – ist er zum »National Geographic Adventurer of the Year« gekürt worden.
www.alastairhumphreys.com

Ali de John
Ali liebt alles Handgemachte und Gemütliche. Sie gründete ein kreatives Retreat namens *The Makerie*, mit dem sie Menschen die Möglichkeit schenkt, gemeinsam mit einer liebevollen Community ungestört kreativ tätig zu sein. Sie lebt mit ihrem Mann und ihren beiden kleinen Kindern im wunderschönen Boulder, Colorado.
www.themakerie.com

Alison Bartram
Alison blieb nie lange bei einer Sache, bis der unerwartete Tod ihrer Schwester ihr klarmachte, dass das Hier und Jetzt ein Geschenk ist, das nicht alle Menschen erhalten. Als Alison die Chance bekam, ihre persönlichen Träume von Freiheit und Glück zu verwirklichen, ergriff sie sie. Sie führt die *Heart Gallery* in Hebden Bridge, Großbritannien.
www.heartgallery.co.uk

Alison Qualter Berna

Alison ist stolze Mutter dreier Kinder. Sie arbeitete in der Produktionsabteilung von NBC News und leitete ein weltumspannendes Projekt bei UNICEF. Nachdem ihre Zwillingsmädchen das Licht der Welt erblickt hatten, gründete Alison *Apple Seeds*, eine Einrichtung, in der Kinder spielen, musizieren und lernen können. Sie führt drei Niederlassungen in New York City und eine landesweite Franchise-Musikschule. Ihre Leidenschaften – Yoga und Ausdauer-Challenges – führten zur Gründung der gemeinnützigen Organisation *Team See Possibilities.*
www.appleseedsplay.com und *www.teamseepossibilities.com*

Allan Girod

Allan ist Schauspieler, Clown, Geschichtenerzähler, Moderator und der größte Ehemann, den Julia je hatte. Nach Jahren des Umherziehens ist er momentan im australischen Perth ansässig, aber auch der Meinung, dass es Zeit für ein weiteres Abenteuer wird, bei dem er die Welt aus einer anderen Perspektive kennenlernen will.

AnneLiese Nachman

AnneLiese wuchs in der Wildnis von Pennsylvania, USA, auf und entdeckte so schon früh ihre Liebe zur Natur. Da sie sich an der Penn State University Fachkenntnisse im Filmemachen angeeignet hatte, beschloss sie, ihre beiden Leidenschaften miteinander zu verbinden und Naturfilme zu drehen. AnneLiese wohnt in Seattle, von wo aus sie und ihr Hund Humphrey oft Ausflüge ins Kaskadengebirge und die Olympic Mountains unternehmen, um sich für ihre Filme inspirieren zu lassen.
www.anneliesenachmanfilms.com

Darin McBratney

Darin ist passionierter Surfer und Immobilienunternehmer; ihm gehört das wunderschöne *Costa Rica Yoga Spa*. Nachdem er lebensbedrohlich krank geworden war und eine aktive Rolle dabei gespielt hatte, ein Mittel gegen diese Krankheit zu finden, leitet er nun das *Global Nurture Project*, dessen Ziel und Anspruch es ist, »das Erscheinungsbild der modernen Medizin und Heilkunde zu verändern«.
www.costaricayogaspa.com

Emily Penn

Die frühere Architektin ist nun Skipperin und setzt sich für den Erhalt der Weltmeere ein. Im Auftrag der Organisation *Pangaea Explorations*, die sie mitgründete, segelte sie sechs Jahre lang um den Globus, um Ozeanwirbel und die damit verbundenen riesigen Ansammlungen von Plastikmüll zu erforschen. Emily hält weltweit Vorträge und berät zu Fragen des marinen Umweltschutzes, womit sie ein Umdenken in der Gesellschaft zu erreichen hofft.
www.emilypenn.co.uk

Emma McGowan

Emma ist Illustratorin sowie Textil- und Flächendesignerin und wohnt im britischen Brighton. Ihre Arbeit fußt auf ihrer Liebe zum Zeichnen, Malen und Drucken. Für ihre frischen und dekorativen Karten, Textilien und Illustrationen greift sie auf zeitgenössische Farbpaletten zurück.
www.emmamcgowan.co.uk

Hidetoshi Nakata

Hidetoshi, ehemals japanischer Profifußballer, spielte nicht nur für die japanische Nationalmannschaft, sondern auch für zahlreiche andere Profiligamannschaften. Nachdem er sich 2006 zur Ruhe gesetzt hatte, bereiste er erst einmal drei Jahre lang die Welt. Anschließend kehrte er nach Japan zurück und entwickelt seitdem weltweit Projekte zur Förderung der japanischen Kultur, des Handwerks und des Kunsthandwerks.

nakata.net

Holly Deacon

Die Fotografin und Papierkünstlerin lebt im britischen Hampshire. Ihre Welt besteht aus Bildern, ihre Inspiration bezieht sie aus allem um sich herum. Sie will in der bildenden Kunst als auch in der Fotografie etwas von anhaltender Bedeutung schaffen.

www.hollybobbins.com

Jennifer Barclay

Jennifer ist Autorin von *An Octopus In My Ouzo, Falling In Honey* und *Meeting Mr Kim.* Die Buchlektorin und Literaturagentin wuchs im Norden Englands auf und lebte einige Zeit in Kanada und Frankreich. Dann zog sie auf eine griechische Insel und hat es nie bereut.

www.jennifer-barclay.blogspot.com

Jessica Hepburn

Jessica ist Direktorin des *Fertility Fest*, des weltweit ersten Kunstfestivals, das sich der Wissenschaft der künstlichen Befruchtung widmet. Sie ist zudem Autorin von *The Pursuit of Motherhood* und *21 Miles to Happiness: A Swim in Search of the Meaning of Motherhood.*

www.thepursuitofmotherhood.com und *www.fertilityfest.com*

Josie Adams und Tom Steggall

Josie und Tom führen ein erfolgreiches mobiles Kaffeegeschäft,

das in einer umgebauten Skigondel beheimatet ist. Als Kaffee-
verrückte, Reisejunkies und Schnee-Enthusiasten fahren sie mit
ihrer Coffee Gondola durch ganz Europa.
www.thecoffeegondola.com

Karen Walklin
Karens kreativer Wind unter den Flügeln besteht aus Abenteuern und der Begegnung mit anderen Menschen, die sich für die
gleichen Dinge begeistern können wie sie selbst. Karen ist Ehefrau, Mutter und Großmutter und wohnt in Lincoln in Großbritannien. Sie spielt mit der bildenden Kunst der Mixed Media
und der Töpferei und könnte ohne ihr Motorrad nicht leben. Am
kreativsten ist sie, wenn sie ihre meistgeliebten Dinge miteinander kombinieren kann.
www.creative-adventures.net

Kari Chapin
Kari ist Bestsellerautorin und Verfechterin kreativer Arbeit. Sie
verwendet ihre Fachkenntnisse und Fähigkeiten dazu, anderen
dabei zu helfen, ihr eigenes kreatives Unternehmen aufzubauen,
wobei sie den Schwerpunkt auf Zielsetzung, Time Mapping und
Detailplanung legt. Sie lebt glücklich im Pazifischen Nordwesten
der USA.
www.karichapin.com

Kate Eckman
Kate ist Empowerment-Coach, Motivationsrednerin und Autorin des Blogs *Love Yourself, Love Your Life*, bei dem es um Selbst-
liebe, ein gesundes Körperbild, persönliches Wachstum, Schönheit und Fitness geht. Sie ist zudem zertifizierte Reiki-Meisterin,
Moderatorin bei QVC On-Air Beauty und Wilhelmina-Model.
www.kateeckman.tv

Kate Hadley

Kate ist Mitinhaberin des *Spinney-Hollow*-Waldprojekts und Mitgründerin von *TreeCreeper Theatre CIC*. Sie war immer der Meinung, dass kreatives Spiel, Verbundenheit mit der Natur und die Fähigkeit, still zu sein, die Grundlage jeglicher positiver Entwicklung und gesellschaftlicher Veränderung bilden. Kate lebt völlig autark mit ihren beiden kleinen Kindern, ihrem Partner und verschiedenen Tieren in der Nähe von Winchester in Großbritannien.
www.spinneyhollow.co.uk und *www.tree-creeper.co.uk*

Kelly Rae Roberts

Kelly Rae ist international gefeierte Künstlerin, Autorin und Possibilitarierin. Ihre sanfte Art, die Wahrheit zu sagen, und ihre Herangehensweise an das Leben, die Arbeit und die Kunst – sie hält grundsätzlich nichts für unmöglich – haben ihr breit gestreutes Lob in zahlreichen Publikationen eingebracht. Ihre Kunst findet sich weltweit auf allerlei Geschenkartikeln. Darüber hinaus gibt Kelly Rae beliebte Online-Kurse und ist Komoderatorin der mitgliedschaftsgebundenen Webseite *Hello Soul Hello Business*, die sich an kreative Unternehmer wendet.
www.kellyraeroberts.com

Kerry Roy

Dass sie mit Ende zwanzig ihren Job verlor, sollte sich für Kerry schließlich doch als Segen herausstellen, denn sie nahm es als ein Zeichen, sich ihren Traum vom eigenen Glampingplatz zu erfüllen. Von zahllosen Reisen in alle Winkel der Erde inspiriert, gründeten Kerry und ihr Partner Dave in einem idyllischen Eckchen von Yorkshire in Großbritannien *Camp Kátur*, das nach dem isländischen Wort für »glücklich« benannt ist. Nachdem sie dieses Projekt erfolgreich abgeschlossen hatten, fangen sie

nun ein neues Kapitel in ihrem Leben an, dieses Mal in den italienischen Abruzzen, und schaffen sich dort ihren eigenen Veranstaltungsort.
www.campkatur.com

Kevin Carroll
Kevin ist Autor dreier höchst erfolgreicher Bücher. Er hat schon vielen Firmen, darunter Starbucks, Walt Disney, Nike und Mattel, dabei geholfen, ihre kreativen Ideen in die Tat umzusetzen. Er widmet sich der Förderung von Bildung, Sport und Spiel als Mittel der gesellschaftlichen Veränderung.
www.kevincarrollkatalyst.com

Lisa McArthur-Edwards
Lisa wuchs in Athen, Rom und London auf. Sie studierte Innen-architektur, bevor sie sich dem Location Management beim Film zuwandte und an mehreren preisgekrönten TV-Serien und Wer-bespots mitarbeitete. 1997 zog sie nach Australien und gründete mit ihrem Ehemann eine Eventagentur, eine Familie und eine biodynamische Farm. Später kehrte sie zu ihrer Kunstleiden-schaft zurück und ist heute multidisziplinär künstlerisch tätig.
www.lisamcarthuredwardsartist.com

Lisa Moncrieff
Lisa ist die hingebungsvolle Mutter von Rosie, einem kleinen Mädchen, das mit einer unheilbaren und lebensbedrohlichen Muskeldystrophie zur Welt kam. Sie schreibt einen ungeheuer aufbauenden Blog und ist als Life-Coach tätig, um Familien mit behinderten Kindern dabei zu helfen, zu Freiheit, Positivität und Glück zu finden. Zudem erklimmt sie Berge und läuft Marathons, um Spenden für wohltätige Zwecke zu sammeln.
www.myweakmuscles.com

»Lotus« Juri Zalzala

Lotus setzt sich fortwährend für die Freiheit ein. Nachdem er ein mehrere Millionen Dollar schweres Unternehmen aufgebaut hatte, stellte er fest, dass sein Leben nur noch auf der Überholspur stattfand und der Kontakt zu sich selbst abgebrochen war. Durch einen veganen Lebensstil und die Liebe zur Wahrheit hat er seine Gesundheit und seine Lebensfreude wiedergefunden und unterstützt nun als Yogi, Surfer, Farmer, Unternehmer und Künstler auch andere dabei, sich frei zu fühlen. Er lebt in Costa Rica.

Lou Archell

Lou ist Schriftstellerin, Fotografin und Mutter zweier Kinder. Sie lebt in Bristol in Großbritannien. In ihrem Blog *Littlegreenshed* geht es um Reisen, Ideen für den Garten und praktischen Rat zum einfachen Leben. 2015 gründete Lou das *Sisterhood Camp*, ein jährlich stattfindendes kreatives Retreat, bei dem ohnehin schon starke, brillante Frauen neue Kraft schöpfen können.
www.littlegreenshedblog.co.uk und *www.sisterhoodcamp.co.uk*

Lucy Hill

Lucy ist Vollzeit in der Medienbranche tätig, ihre wahren Leidenschaften liegen jedoch außerhalb ihres Alltagsjobs. Sie bloggt über ein kreatives Leben durch alle Jahreszeiten hindurch sowie über ihre Passion für alles Handgearbeitete und ist zudem zertifizierter Life-Coach und NLP Practitioner.
www.thepinkbuttontree.com

Mandy Henry

Die lebenslustige Reisebloggerin, TV-Moderatorin und Veranstalterin fasste 2012 den mutigen Entschluss, sich selbstständig zu machen und eine eigene Firma zu gründen. Sie wollte sich neuen

Herausforderungen stellen und das Leben in vollen Zügen genießen. Denn: »Schließlich ist das Leben keine Generalprobe!«
www.travellightbulb.blogspot.co.uk

Nicola Moss
In ihrer Arbeit als Coach engagiert sich Nicola dafür, Menschen Wege aufzuzeigen, wieder mit sich selbst in Kontakt zu treten, ihrem inneren Kompass zu folgen und Veränderungen von innen heraus herbeizuführen. Sie bietet sowohl Einzelsitzungen als auch Retreats in der Natur an.
www.nicolamoss.co

Paul Kempton
Paul ist ein hingebungsvoller Ehemann und Vater sowie ein Sport-, Film- und Comic-Enthusiast. Nach über zehn Jahren Bauwesen änderte er beruflich grundlegend die Richtung und schloss sich *Do What You Love* an. Dort leitet er heute stolz ein Team, das Online-Kurse gibt und andere zu persönlicher, professioneller und finanzieller Freiheit inspiriert.
www.dowhatyouloveforlife.com

Pia Jane Bijkerk
Pia ist eine international anerkannte Stylistin, Fotografin und Schriftstellerin und hat in den vergangenen zehn Jahren rund um den Globus gearbeitet. Sie ist Autorin und Fotografin von *Paris: Made by Hand* (2009), *Amsterdam: Made by Hand* (2010), *My Heart Wanders* (2011) und *Little Treasures: Made by Hand* (2013).
www.piajanebijkerk.com

Rob da Bank
Der Rundfunksprecher und Trendsetter Robert Gorham, alias Rob da Bank, gehört zu Großbritanniens beliebtesten Musik-

kuratoren. Erste Aufmerksamkeit erregte er mit seiner Clubnacht *Sunday Best*, die 1995 in London gegründet wurde und aus der mittlerweile ein Plattenlabel und drei mehrfach preisgekrönte Musikfestivals – *Bestival*, *Camp Bestival* und *Common People* – hervorgegangen sind.
www.bestival.net

Rohan Gunatillake

Rohan ist eine der originellsten und kreativsten Stimmen im Bereich moderne Achtsamkeit und Meditation. Mit seiner Firma Mindfulness Everywhere hat er *Kara*, *Sleepfulness*, *Cards for Mindfulness* und die Bestseller-App *buddhify* geschaffen. Rohan ist Autor von *Buddhify Your Life* und lebt in Glasgow.
www.rohangunatillake.com

Sam Reynolds

In den vergangenen zehn Jahren hat Sam dreimal die Diagnose Brustkrebs bekommen. In der Absicht, den weitreichenden Auswirkungen von Krebs auf vielen verschiedenen Ebenen nachzugehen, gründete sie *Samspaces*, ein virtuelles Netzwerk der Unterstützung für jeden, der sich von einer Krebsbehandlung erholt und versucht, danach wieder im Leben Fuß zu fassen.
www.samspaces.co.uk

Spencer Bowman

Mit unternehmerischem Geist, kreativ und engagiert widmet sich Spencer dem Aufbau eines Geschäfts, das auf Menschen ausgerichtet und tief im Herzen von Southampton in Großbritannien verwurzelt ist. Für ihn ist es der Katalysator seiner persönlichen Mission: seiner Heimatstadt dabei zu helfen, ihr riesiges Potenzial zu entfalten.
www.mettricks.com

Vigdis Vatshaug

Vigdis ist eine unverbesserliche Optimistin und ein durch und durch positiver Mensch. Ihre Leidenschaft ist die freie Natur, sie liebt es, den »Pura Vida«-Lifestyle von Costa Rica mit anderen zu teilen. Mit der *Bahia Rica Fishing & Kayak Lodge* hat sie sich gemeinsam mit ihrem Mann einen Traum erfüllt und hält für ihre Gäste unvergessliche Erlebnisse bereit.

www.bahiarica.com

DO WHAT YOU LOVE

Unter *www.bethkempton.com* findest du alles Wissenswerte zu deinem Weg in die Freiheit; außerdem kannst du hier meinem Geheimbund, der *Society of Freedom Seekers* beitreten, um Gleichgesinnte kennenzulernen und dir Unterstützung für deine Reise zu holen.

Und wenn du möchtest, teile deine Entdeckungen in den sozialen Netzwerken unter *#freedomseeker*, damit wir ebenfalls über sie staunen können.

EINE POETISCHE ERZÄHLUNG ÜBER DIE GLÜCKSSUCHE

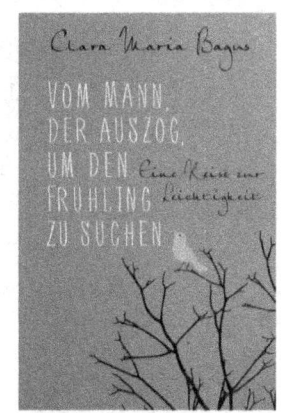

Clara Maria Bagus
Vom Mann, der auszog,
um den Frühling zu suchen
Eine Reise zur Leichtigkeit

Traurig und einsam blickt der Mann auf die trübe Landschaft des nicht enden wollenden Winters. Doch plötzlich setzt sich ein kleiner Vogel unverhofft auf den Ast eines kargen Baumes, der wie von Zauberhand unmittelbar anfängt zu blühen. Kaum fliegt der Vogel davon, kehrt der Winter jedoch zurück.

Der Mann erkennt, wie sehr er sich nach der Wärme und Schönheit des Frühlings sehnt, und macht sich auf, den geheimnisvollen Vogel zu finden. Auf seiner Reise erwarten ihn Abenteuer, und er begegnet Menschen, die ihn daran erinnern, was im Leben wirklich wichtig ist.

»Lesen Sie sich glücklich!« Kai Diekmann

208 Seiten
€ [D] 14,00 / € [A] 14,40 / sFr 15,90
ISBN: 978-3-7934-2307-2
Auch als E-Book erhältlich.
www.allegria-verlag.de

>EIN POETISCHER UND
KRAFTVOLLER AUFRUF
ZU PERSÖNLICHER
FREIHEIT ICH LIEBE
DIESES BUCH.«

Paul Coelho

Brendon Burchard
Das MotivationsManifest
9 Versprechen,
das Leben zu meistern

Jeder Mensch strebt nach persönlicher Freiheit
und Glück. Der international bekannte Motivations-
experte Brendon Burchard gibt in seinem Buch
anschaulich praktische Anleitungen, wie wir freier
und unabhängiger von äußeren Erwartungen und
Ängsten werden.

Ein inspirierender und stärkender Impuls vom Moti-
vationstrainer Nummer eins, der nach einem persönlichen Schicksalsschlag heute weiß, wie wichtig es ist,
den Menschen ganzheitlich zu betrachten.

288 Seiten
€ [D] 18,00 / € [A] 18,50 / sFr 20,50
ISBN: 978-3-7934-2310-2
Auch als E-Book erhältlich.
www.allegria-verlag.de